Niveau intermédiaire

Exercices

grammaire expliquée du français

Sylvie Poisson-Quinton
Reine Mimran
Michèle Mahéo-Le Coadic

CLE

INTERNATIONAL

www.cle-inter.com

Direction éditoriale : Michèle GRANDMANGIN
Édition : Anne-Florence BUYS
Illustrations : Eugène COLLILIEUX
Couverture : Laurence DURANDEAU

© CLE International-2003
ISBN : 2-09-033704-4

AVANT-PROPOS

Ce cahier d'exercice accompagne la *Grammaire expliquée du français*. Comme elle, il s'adresse à des étudiants de niveau intermédiaire et avancé.

Il illustre par des exercices aussi précis et variés que possible les règles et les explications apportées par la Grammaire.

Ces exercices sont précis : ils suivent exactement et dans l'ordre où ils apparaissent les points de grammaire traités.

Ils sont variés : outre les exercices à trous, qui sont par ailleurs fort utiles, les étudiants trouveront dans cet ouvrage d'autres types d'exercices ; exercices de réflexion, exercices de reconnaissance, exercices de substitution, etc.

De plus ces exercices sont progressifs, allant du plus simple au plus complexe, ce qui permet aux étudiants de poursuivre pas à pas leur découverte, et leur apprentissage de la langue.

À la fin de chaque chapitre sont proposés des bilans qui offrent aux étudiants l'occasion de faire le point de leurs connaissances.

Ce cahier d'exercices peut s'utiliser seul ou en complément de la grammaire à laquelle il fait référence.

Les corrigés qui se trouvent à la fin de l'ouvrage donnent aux étudiants la possibilité de travailler en auto-apprentissage.

SOMMAIRE

GÉNÉRALITÉS

I

1. GÉNÉRALITÉS

Les liaisons à l'oral

1. Utilisez le signe ➥ pour marquer la liaison obligatoire et le signe / pour marquer la liaison interdite.

1. J'aime tous les opéras de Mozart.

2. Quel beau jardin ; il y avait des fleurs : des iris, des anémones, des azalées et quelques arbres fruitiers : des orangers, des abricotiers…

3. Les vieillards affirment que dans leur jeunesse les hivers étaient plus froids et les étés plus chauds.

4. Pour régler cette question, adressez-vous à vos élus locaux.

5. Cet arbre est très haut, trop haut, je n'y grimperai pas.

6. « Tu as de beaux yeux, tu sais », lui dit-il en la regardant tendrement.

7. Le nord-est de la France est couvert de forêts, le sud-est est plus accidenté.

8. Ça fera dix euros, madame, non, pardon, dix euros et onze centimes.

2. Utilisez le signe ➥ pour marquer la liaison obligatoire, le signe / pour marquer la liaison interdite et le signe ~ pour marquer la liaison facultative.

1. L'actrice, récompensée, était trop émue pour faire un long discours, elle a seulement dit « merci ».

2. Les savants ne sont pas tous d'accord ; les uns disent que le terre se réchauffe, les autres qu'elle se refroidit ; quelques-uns ont des idées très précises, les autres sont moins affirmatifs.

3. Ils ont acheté une maison et ils y ont rapidement emménagé.

4. Les Halles à Paris sont devenues un grand espace commercial.

5. Les héros et les héroïnes des romans de Victor Hugo sont extraordinaires, au sens propre du terme.

6. Nous sommes allés aux États-Unis cet été et nous les avons traversés de part en part.

7. Voilà un endroit très agréable pour pique-niquer, il est peu fréquenté et assez ombragé.

8. Il était dix heures du matin ; trois hommes sont montés dans une rame du métro, ils ont chanté tout un répertoire sud-américain mais ils n'ont rien demandé.

L'élision

1. Mettez ou non l'apostrophe (élidez ou non les mots entre crochets [...]).

1. [Elle] a quitté la conférence parce [que] il était tard et [que] elle [ne] avait plus envie [de] écouter [le] orateur.
2. [Le] hors-jeu a été sanctionné par le coup de sifflet de [le] arbitre. C'est [la] onzième faute de [la] équipe.
3. [Elle] a retrouvé [le] ami avec [qui] [elle] avait fait toutes ses études à [la] université.
4. [Qui] a mangé [le] yaourt [qui] était sur la table ?
5. [Tu] aimes le livre [que] on [te] a offert ?
6. Ce couple ne [se] entend pas : [si] il dit blanc, elle dit noir, [si] elle dit oui, il dit non.
7. [Cette] armoire est très ancienne. Elle ne [se] ouvre [que] avec difficulté. [Je] ai envie de [me] en débarrasser.
8. Avez-vous entendu le [oui] de la mariée ?

2. Même consigne.

1. [Le] homme [ne] est pas seul dans [le] univers.
2. [Le] yoga est-il un art, un sport, une sagesse ?
3. [Comme] il le fait chaque jour, le vieil homme est sorti bien [que] il y ait du vent.
4. [Même] effrayant, le film était beau.
5. Il avait faim : il [se] est jeté sur son assiette comme [si] il [ne] avait pas mangé depuis trois jours.
6. [Quelle] est [la] hauteur de la tour Eiffel ?
7. [La] histoire finit bien. [Ce] est une belle histoire.
8. [Tu] as [le] air fatigué, tu [te] épuises au travail. Est-ce [que] il [ne] est pas [la] heure [de] aller au lit ?

Le découpage des mots

1. Introduisez ce texte dans le cadre donné en découpant correctement les mots, en ne débordant pas du cadre et en allant au bout de la ligne.

L'automne dans l'hémisphère nord est une saison qui a un grand charme. Peu à peu, toutes les feuilles des arbres jaunissent et tombent à terre. Elles s'entassent les unes sur les autres et dessinent un patchwork éclatant qui est à la fois doux et craquant sous les pieds. Parfois, tout est enveloppé d'une brume blanchâtre qui cache les formes et donne au monde un aspect étrange et féerique.

> L'automne dans l'hémisphère nord est une sai-
> son qui a un grand charme. Peu à peu, toutes
> les feuilles des arbres jaunissent
>
> ....
> ....
> ....
> ....
> ....
> ....
> ....
> ....
> ....
> ....
> ....
> ....

La ponctuation

1. Rétablissez la ponctuation dans ce texte de façon à lui donner plus de sens et à respecter sa « respiration ».

C'est la rentrée une année de plus qui commence durant laquelle des milliers de lycéens vont entendre dès qu'il leur prendra l'envie de paresser ces quelques mots d'une cruauté toute parentale et ton bac ou le fameux passe ton bac d'abord alors en guise de soutien nous avons décidé d'apporter chaque semaine dans notre petit journal un peu de réconfort aux élèves stressés en leur parlant de ce qu'ils aiment le cinéma le sport la musique les copains les voyages

2. Quelles différences de sens existe-t-il entre ces phrases ?

1. Pour ce festival, les artistes arrivaient de Madrid, de Rome, d'Athènes et de Lisbonne.
Pour ce festival, les artistes arrivaient de Madrid, de Rome, d'Athènes, de Lisbonne…

2. – Manuel, apporte les fruits sur la table !
Manuel apporte les fruits sur la table.

3. Gros titre dans le journal : Enquête suspendue sur l'assassinat à Lille de notre correspondant Max Sirius.
Gros titre dans le journal : Enquête suspendue sur l'assassinat à Lille, de notre correspondant Max Sirius.

4 – Attention ! Le chien mord Monsieur Perrin.
– Attention ! Le chien mord, Monsieur Perrin.

3. Dans les phrases suivantes, quel sens ont :

– les guillemets ?
« Selon que vous serez puissant ou misérable, les jugements de cour vous rendront blanc ou noir », cette morale de La Fontaine est hélas encore d'actualité.
Le mot « moule » peut avoir deux sens, l'un féminin, l'autre masculin.

– les points de suspension ?
Dans son sac, il y avait un mélange inimaginable de choses : des stylos, des bonbons, des kleenex, des tickets de métro…
Euh… Excusez-moi… S'il vous plaît… Où se trouve l'arrêt du bus ?

– la parenthèse ?
Le premier couple (un grand homme maigre et une jolie jeune femme) entra à la mairie à 10 heures.
Aujourd'hui, au travail, tout le monde fait des « breaks » (pauses), utilise des fax (télécopies) et envoie des e-mails (courriels).

Les accents et marques orthographiques

1. Le français est une langue accentuée. Sans ces marques orthographiques, un texte est illisible. Faites-en l'expérience puis restituez aux mots l'accent qui leur convient.

Helene va de succes en succes : elle cree des vetements, en particulier des vestes aux couleurs chaudes et des bracelets de perles multicolores. Elle achete ses tissus et ses materiaux partout ou elle se promene sur la planete. Tous les premiers dimanches du mois, de mai a septembre, elle est presente au marche de l'art, boulevard Quinet, ou nous lui achetons regulierement ses creations.

2. Attention, l'accent (grave ou circonflexe) évite de confondre certains mots : *a / à ; ou / où ; la / là ; mur / mûr ; tache / tâche ; sur / sûr ; du / dû.* **En vous aidant du contexte, rendez à chaque mot l'accent qui lui revient.**

Fatigué, le jardinier a posé ses outils sur le mur ; il est allé dans le fond du jardin et il a choisi un abricot bien mur. Il est sur que le fruit est délicieux puisque c'est lui qui a planté l'arbre, l'a arrosé, l'a entretenu. C'est une tache qu'il aime, ou il trouve du plaisir. La, dans ce jardin, il est en paix, sur de lui ; rien ne lui est du mais tout lui est donné : la joie, les bruissements, les parfums, les couleurs.

3. Placez correctement le tréma dans les phrases suivantes pour les rendre compréhensibles.

1. Le mais est mûr.
2. Loic vient pour Noel.
3. Cette phrase est ambigue et cette ambiguité nuit à sa clarté.
4. Le mal de dents provoque une douleur aigue.
5. Cette chanteuse est bien naive.
6. Dans ce conte, l'héroine est une chèvre blanche.
7. Encore vous ! Quelle coincidence !
8. Détester et hair sont deux verbes synonymes.

LA SPHÈRE DU NOM

1. LE NOM

Le genre

1. Reliez.

1. l'homme   a. la femme
2. l'oncle   b. la fille
3. le fils   c. la poule
4. le mari   d. la femelle
5. le garçon   e. la tante
6. le neveu   f. la nièce
7. le mâle
8. le coq

2. – Classez les noms suivants en deux colonnes (masculin / féminin).
– Vérifiez ensuite dans le dictionnaire.
– Pourquoi les mots *silence*, *lycée* et *musée* ont-ils un astérisque (*) ?

socialisme, solution, maison, nation, oranger, patience, élégance, définition, réflexion, *silence, bonté, écriture, *lycée, beauté, philosophie, élément, passion, ouverture, boucher, méfiance, sociologie, document, appartement, arrivée, destinée, tolérance, décision, raison, bâtiment, économie, capitalisme, saleté, émotion, pommier, intelligence, gouvernement, *musée.

Masculin	Féminin
....	....
....	....
....	....
....	....
....	....
....	....
....	....
....	....

– Maintenant complétez.

Tous les noms terminés par : ***-er, -isme, -ment***, sont ....

Tous les noms terminés par : ***-aison, -ance*** ou ***-ence, -ée, -ie, -sion, -tion*** ou ***-xion, -té, -ure*** sont ...., sauf ....

Le nombre

1. Mettez ce qui est souligné au pluriel.

Ex. : La vendeuse a rangé <u>le pantalon bleu</u> et <u>le pull-over gris</u>.
→ *La vendeuse a rangé* **les pantalons bleus** *et* **les pull-overs gris**.

1. <u>Un ami japonais</u> et <u>une collègue finlandaise</u> sont arrivés hier soir.
2. Va me chercher <u>un clou</u>, s'il te plaît. J'en ai besoin pour accrocher le tableau.
3. Passe-moi encore <u>une noix</u>, j'adore ça.
4. Il lit <u>le journal</u> tous les jours.
5. On l'a opéré <u>de l'œil</u> pour la troisième fois.
6. Puisque tu sors, rapporte donc <u>un gâteau</u> au chocolat pour le dessert.
7. Il faudra changer <u>votre pneu</u> avant, monsieur. C'est dangereux de rouler comme ça.
8. Qu'est-ce que tu veux pour ton anniversaire ? <u>Un bijou</u> ? <u>Un vêtement</u> ?

2. Les noms collectifs. Complétez les phrases suivantes avec le nom qui convient le mieux : *un vol, le linge, la foule, le public, un banc, la classe, un tas, la clientèle, un troupeau.*

Ex. : *Un beau matin, à leur grand étonnement, les Parisiens ont vu arriver* **un troupeau** *de vaches sur les pelouses du Champ-de-Mars.*

1. Dès que les portes du wagon se sont ouvertes, ... s'est précipitée : tout le monde voulait entrer, à toute force.
2. Les pêcheurs sont tombés sur .... de poissons : en deux heures, ils en ont remonté deux cents kilos.
3. On a bien recommandé aux employés du magasin d'être toujours très aimables avec ....
4. Tous les élèves, dans ...., étaient silencieux, penchés sur leur travail.
5. J'ai vu ce matin .... d'oiseaux qui partaient vers les pays chauds, comme chaque année à la même période.
6. Dès que le rideau est tombé, ... s'est mis à applaudir les acteurs.
7. Tous les samedis, c'est la même chose : faire les courses au supermarché, nettoyer la maison, apporter .... à la laverie.
8. Dans le grenier, il y a .... d'objets bizarres.

3. Noms propres, noms communs ou adjectifs ? Mettez une majuscule au mot souligné lorsqu'il s'agit d'un nom propre.

Ex. : *J'aime me promener sur les quais de la <u>seine</u>.* → *... la* **S***eine.*

1. Mon voisin <u>espagnol</u> s'appelle <u>pablo fuentes</u>.
2. Il est allé faire du ski dans les <u>alpes</u> ou dans les <u>pyrénées</u> ?
3. Tu as vu le film qui s'appelle *Les <u>dieux</u> sont tombés sur la tête* ?
4. Un peu plus de <u>champagne</u> ?
5. Vous connaissez bien la France, l'<u>alsace</u>, la <u>lorraine</u>, les <u>vosges</u> ?
6. Vous avez lu *<u>madame bovary</u>* ? Vous savez, le roman de <u>flaubert</u> !
7. Dans la classe, il y a trois <u>irlandais</u>, six <u>allemands</u>, quatre <u>italiens</u>, un <u>danois</u> et deux filles <u>hollandaises</u>. Ah, j'oubliais le garçon <u>suédois</u> qui vient d'arriver !
8. – Qu'est-ce qu'il a acheté comme voiture ? Encore une <u>renault</u> ou une <u>peugeot</u> ?
– Non, depuis qu'il a épousé une <u>japonaise</u>, il n'achète plus que des voitures <u>japonaises</u>.

2. LES DÉTERMINANTS ET LES SUBSTITUTS DU NOM

Les articles

• L'article indéfini

1. Complétez le texte suivant par des articles indéfinis. Faites les modifications orthographiques nécessaires.

Quand on va à l'école primaire, on doit apporter **un** stylo, (1) .... cahier, (2) .... crayons de couleur, (3) .... gomme, (4) .... livre de lecture. On a aussi besoin de (5) .... règle pour tirer (6) .... traits. Et on fait (7) .... dictées, on apprend (8) .... récitations.

2. Complétez le texte suivant par l'article indéfini à la forme négative.

Lorsqu'on va à l'école maternelle, on ne doit pas apporter **de** stylo, on n'a pas (1) .... cartable, on n'a pas (2) .... machine à calculer, on n'utilise pas (3) .... ordinateur, on n'a pas (4) .... livre de lecture. On ne fait pas (5) .... dictées. On ne fait pas (6) .... additions, on ne fait pas (7) .... multiplications. On ne rend pas (8) .... devoirs à la maîtresse.

3. Complétez les phrases par des articles indéfinis (un, une, des, de).

Ex. : *On ne circulait plus sur la petite place embouteillée : il y avait **un** / **des** autobus, **un** car de touristes, **une** moto, **des** voitures; il n'y avait **pas de** vélos : ils filaient sur les trottoirs.*

1. .... manifestants venus de partout hurlaient .... slogans.

2. J'ai écouté .... sonate de Beethoven magnifiquement interprétée par .... jeune virtuose de 17 ans.

3. Cet homme n'a pas .... défauts, il n'a que .... qualités.

4. Cette agence loue .... appartements anciens, dans .... quartier pittoresque.

5. Elle n'a pas planté .... tulipes cette année.

6. Ma fenêtre donne sur .... petite rue très calme.

7. New York est une ville où .... gratte-ciel immenses dominent .... rues très droites.

8. Elle ne lit pas .... quotidiens; elle ne lit que .... magazines.

4. *Des* ou *de* ? Choisissez celui qui convient. Faites les modifications orthographiques nécessaires.

Ex. : ☒**Des**|~~de~~☐ bateaux plats, ☐~~des~~|☒de longs bateaux plats qu'on appelle ☒**des**|~~de~~☐ péniches, descendaient le fleuve.

J'ai trouvé (1) ☐des|de☐ chaussures en solde, à un prix très raisonnable. Ce sont (2) ☐des|de☐ belles chaussures en cuir marron. Il y en avait (3) ☐des|de☐ autres, noires, mais je les aimais moins. Dans le magasin, il y avait un monde fou : (4) ☐des|de☐ jeunes et (5) ☐des|de☐ vieux, (6) ☐des|de☐ enfants et (7) ☐des|de☐ grands-parents. (8) ☐Des|De☐ souriantes vendeuses essayaient de calmer une foule surexcitée. (9) ☐Des|De☐ amis à moi ont été bousculés et ils ont renoncé à faire (10) ☐des|de☐ achats. C'est dommage car le magasin offrait (11) ☐des|de☐ excellentes occasions de faire (12) ☐des|de☐ économies et même (13) ☐des|de☐ grosses économies.

• L'article défini

1. À Paris, on trouve de nombreux monuments ou lieux célèbres comme :

Ex. : *La tour Eiffel*

1. .... cimetière du Père-Lachaise.

2. .... Arc de triomphe.

3. .... Champs-Élysées.

4. .... Bibliothèque nationale de France.

5. .... Centre Pompidou (Beaubourg).

6. .... Hôtel-de-Ville.

7. .... Halles.

8. .... Pyramide du Louvre.

2. Complétez par l'article simple ou par l'article contracté :

à + le → au ; à + les → aux
de + le → du ; de + les → des
Ex. : *Elle s'est habituée **au** climat **du** pays.*

1. Elle s'est mise à .... fenêtre pour regarder le passage de .... coureurs.

2. Hier soir, ... pianiste virtuose, Evgueni Kissin, a donné .... intégrale de .... sonates de Beethoven.

3. Il est monté jusqu'à .... sommet de .... Mont-Blanc.

4. Il travaille de .... matin à .... soir.

5. Quelle est .... vitesse de .... lumière ?

6. Certains hommes politiques veulent limiter .... pouvoirs de .... État.

7. Il s'intéresse à .... peintres français de .... XVIIe siècle.

8. Il s'intéresse également à .... grandes œuvres littéraires de .... même époque.

3. Même consigne.

1. Tous .... dimanches, nous sommes invités chez .... Guillevic.

2. .... plus grandes villes de France, après Paris, sont Marseille et Lyon.

3. C'est une jeune fille indépendante, elle a traversé seule .... Colombie et .... Équateur.

4. Quel emploi de .... temps ! .... mardi, je vais .... conservatoire ; .... jeudi et .... vendredi, je donne des cours particuliers ; .... week-end, je joue dans une salle de concert.

5. À .... marché, ce matin, les tomates étaient à 1,50 euro .... kilo et on pouvait acheter des radis pour 2 euros .... deux bottes.

6. Il ne travaille plus depuis quelques années, il doit bien avoir dans .... soixante-dix ans.

7. Ce n'est pas à .... Japon que j'ai trouvé ces miniatures mais à .... Puces de la porte de Clignancourt à Paris.

8. C'est la famille de .... nouveau Premier ministre qui fait la Une de .... journaux ce matin.

4. Choisissez : article indéfini *(un, une, des, de)* ou article défini *(le, la, l', les)*.

Ex. : *Il y a **des** feuilles sur **le** sol.*

1. – Je cherche .... livre pour mon ami. – Tenez, voilà .... livre qu'il vous faut !

2. On donne .... très beau film ce soir à .... télévision.

3. Nous avons étudié .... dernier roman de Camus.

4. Regarde .... jeune homme assis juste derrière nous ; c'est .... acteur célèbre.

5. Y a-t-il .... témoins de .... accident ? Où sont .... témoins de .... accident ?

6. Que lisez-vous ? .... romans policiers, ... autobiographies, ... œuvres philosophiques… ?

7. .... enfants posent souvent .... questions difficiles.

8. .... lune brillait dans .... ciel sans nuages.

5. Complétez en utilisant l'article indéfini *(un, une, des)* ou l'article défini *(le, la, l', les)* selon le cas.

France-Inter, il est midi. Voici *le* bulletin de (1) .... mi-journée.

(2) .... tempête est annoncée pour (3) .... soirée sur (4) .... Normandie. On s'attend à ce que (5) .... vent souffle à plus de cent kilomètres à (6) .... heure sur (7) .... côtes atlantiques. (8) .... tempête durera au moins jusqu'à demain soir. Ailleurs, dans (9) .... autres régions, (10) .... temps sera instable : (11) .... vent sera soutenu

et il y aura un peu partout (12) .... nuages et (13) .... averses. Demain, (14) .... temps restera maussade, à (15) .... exception du pourtour méditerranéen où il y aura (16) .... éclaircies en fin de journée.

6. Dites si *des* est l'article indéfini pluriel ou l'article défini contracté (préposition *de + les*) dans les phrases suivantes.

Ex. : *Tous ses ennuis viennent **des** mauvais placements qu'il a faits en Bourse. (= de + les)*
*Elle a pris **des** risques en roulant par ce temps. (= pluriel de « un »)*

1. As-tu envie des jouets qui sont dans la vitrine ? *(avoir envie de qqch.)*
2. Les garçons de café ont des plateaux ronds pour servir et desservir.
3. Quand on revient des Pays-Bas, on passe par Lille. *(revenir de + nom de lieu)*
4. À l'horizon, des nuages obscurcissaient le ciel.
5. Elle s'occupe des enfants avec gentillesse. *(s'occuper de qqn)*
6. Les gens s'écartaient des motos de peur d'être renversés. *(s'écarter de qqch.)*
7. L'orchestre a besoin des indications de son chef pour jouer avec harmonie. *(avoir besoin de qqch.)*
8. J'ai rencontré des amis au marché.

7. Même consigne.

Ex. : *Près **des** maisons, il y avait un joli jardin public. (= de + les)*
*Elle portait toujours **des** collants noirs. (= pluriel de « un »)*

1. Au cœur des romans, il y a souvent des vérités profondes.
2. Les petites filles costumées ressemblent à des stars.
3. Le professeur a relevé des erreurs graves dans les copies.
4. Le long des chemins de campagne poussent des primevères.
5. Il y a des élèves très sympathiques dans cette classe.
6. À côté des supermarchés, on trouve des parkings géants.
7. Tu as acheté des chaussures fourrées pour l'hiver ?
8. Le jardinier portait des gants de cuir pour tailler les rosiers.

• L'article partitif

1. Complétez les phrases suivantes en utilisant l'article partitif *(du, de la, de l', de)*.

Ex. : *Ici, on sert **du** vin et **de la** charcuterie à toute heure.*

1. Il montre .... courage dans toutes les circonstances de la vie.

2. Il cherche .... travail depuis un an.

3. Il a gagné au Loto et maintenant, il a .... argent.

4. Ce pays exporte .... pétrole mais il importe .... blé.

5. Mon ami a .... bon sens, ... honnêteté, ... persévérance mais il n'a pas .... humour.

6. N'aie pas .... inquiétude, je ne rentrerai pas trop tard.

7. Avec .... patience, on surmonte toutes les difficultés.

8. Elle ne boit jamais .... alcool.

**2. Que mettez-vous dans votre panier de pique-nique ? Associez correcte-
ment les articles et les noms.**

du / de l' / de la / des

saucisson, vin, eau, tomates, fromage, bière,
salade, raisin, pêches, beurre, mayonnaise

**3. Quel article choisissez-vous : l'article indéfini *(un, une, des, de)* ou l'article
partitif *(du, de la, de l', de)* ?**

Ex. : *Le matin, je mange **une** biscotte avec **de la** confiture.*

1. J'ai mangé .... tarte délicieuse ; elle était faite avec .... farine,
.... sucre, ... beurre et .... pommes.

2. Quel scandale ! Le cafetier a versé .... champagne dans .... verre
à eau.

3. – Voulez-vous .... sucre dans votre tasse ? – Non merci, je ne prends
plus .... sucre.

4. Quelle belle journée ! .... beau ciel, ... soleil, ...
température agréable !

5. – Ma fille est malade. – Elle a .... température ?

– Oui, elle a .... forte fièvre, elle a 39,5 °C.

6. Que demander à .... ami ? Moi, je lui demanderais d'avoir ....
loyauté, ... fidélité, ... sincérité, mais surtout .... indulgence, ... grande indulgence.

7. Qu'est-ce qu'on a mis dans ce parfum ? .... jasmin ? .... lavande ?

8. Que de fleurs dans ce jardin ! .... géraniums, ... jacinthes,
.... tulipes, mais il n'y a pas .... roses.

• L'absence d'article

1. Mettez au pluriel les expressions soulignées.

Ex. : *L'adolescent avait dessiné <u>un tag</u> sur le mur de l'immeuble.*
   → *L'adolescent avait dessiné **des tags** sur le mur de l'immeuble.*

   L'adolescent avait couvert le mur <u>d'un tag énorme</u>.
   → *L'adolescent avait couvert le mur **de tags énormes**. (de = de + des)*

1. Je voudrais <u>un gâteau</u> au chocolat.
2. J'ai envie d'<u>un gâteau</u> au chocolat.

3. On avait mis <u>une housse</u> au fauteuil.

4. <u>Le fauteuil était recouvert</u> d'<u>une housse</u>.

5. On avait accroché <u>un rideau rouge</u> à la fenêtre.

6. La fenêtre était garnie d'<u>un rideau rouge</u>.

7. J'ai trouvé <u>un gant</u>.

8. J'ai besoin d'<u>un gant</u>.

2. Dans les phrases suivantes, choisissez de mettre ou de ne pas mettre l'article (défini ou indéfini).

Ex. : *Le président se déplace* **en avion**.
  Le président se déplace **dans l'avion** *du gouvernement.*

1. Nous nous sommes rencontrés par .... hasard.

2. Nous nous sommes rencontrés par .... plus grand des hasards.

3. Elle s'est mise en .... colère.

4. Elle s'est mise dans .... colère noire.

5. Cet homme parlait avec .... rapidité.

6. Cet homme parlait avec .... telle rapidité qu'on ne le comprenait pas.

7. Maintenant, tu es devenu .... médecin.

8. Maintenant, tu es devenu .... médecin le plus réputé de la ville.

3. Faut-il ou ne faut-il pas mettre l'article défini dans ces phrases ?

Ex. : *Je suis bien chez* **le docteur** *Homais ? Ah ! Bonjour* **docteur**, *comment allez-vous ?*

1. Dis, maman, pourquoi .... monsieur dort par terre ?

2. Je crois que nous nous sommes perdus ! Demande à .... dame, là-bas, de nous renseigner.

3. .... septembre est le mois des vendanges, ... juin celui des moissons.

4. D'accord, on se retrouve .... mardi prochain pour en discuter.

5. Les séances de travail avaient lieu .... mardi de 14 heures à 19 heures.

6. .... Grande-Bretagne est une île au climat tempéré alors que .... Cuba est une île au climat chaud.

7. J'ai rencontré .... Madame Daodezi dans l'ascenseur.

8. .... demoiselle qui habite au 6ᵉ est bien jolie.

4. Dans la vitrine du magasin, il y a un service. Décrivez-le en retrouvant les mots qui vont ensemble (un mot de la liste de droite peut servir plusieurs fois).

1. 12 verres		a. poisson
2. 12 verres		b. entremets
3. 12 coupes		c. vin
4. 12 couteaux		d. gâteaux
5. 12 couteaux	à	e. champagne
6. 12 fourchettes		f. steak
7. 12 fourchettes		g. café
8. 12 cuillers		h. soupe
9. 12 cuillers		i. eau
10. 12 tasses		j. huîtres

BILAN

1. Trouvez parmi ces phrases celles qui ont la même valeur.

1. Un enfant doit dormir neuf heures.
2. Rapporte-moi un journal.
3. Passe-moi une cigarette.
4. La voiture est une nécessité.
5. J'ai rencontré l'homme parfait.

a. Les enfants doivent dormir neuf heures.
b. Rapporte-moi le journal.
c. Passe-moi la cigarette.
d. Une voiture est une nécessité.
e. J'ai rencontré un homme parfait.

2. Avant d'inviter des amis, retrouvez la recette de la salade niçoise et de la vinaigrette en complétant le texte avec des articles, définis, indéfinis et partitifs.

Dans **un** grand saladier, mettez (1) .... salade. Par-dessus, ajoutez
(2) .... thon en miettes. Faites cuire (3) .... pommes de terre,
(4) .... œufs et (5) .... haricots verts. Pendant ce temps-là, épluchez
(6) .... tomates. Quand c'est cuit et refroidi, coupez tous (7) ....
légumes en petits morceaux et (8) .... œufs en rondelles et posez-les sur
(9) .... salade. Prenez (10) .... anchois marinés et faites
(11) .... jolie décoration.

Pour assaisonner votre salade, préparez une sauce vinaigrette :

Prenez (12) .... bol ; mettez-y (13) .... sel, (14) .... poivre,
(15) .... moutarde. Ajoutez (16) .... vinaigre selon (17) ....
quantité désirée. Remuez pour bien mélanger (18) .... tout. Ajoutez
(19) .... huile : (20) .... triple de (21) .... quantité de vinaigre. Fouettez bien (22) .... ensemble et versez (23) .... mélange sur
(24) .... salade.

3. Reliez correctement.

1. Je joue au
2. Elle joue du
3. Aujourd'hui il y a du
4. Jean a de la
5. Il a une
6. Elle porte des
7. Elle porte de
8. Elle ne porte jamais de
9. Elle a perdu les

a. gants.
b. clés de sa voiture.
c. jolis gants rouges.
d. chapeau.
e. vent.
f. piano.
g. grande patience.
h. tennis.
i. patience

4. Dans la colonne de gauche les adjectifs se placent devant le nom, dans la colonne de droite, derrière le nom. Que constatez-vous ? Est-ce que l'article *des* reste *des* dans tous les cas ?

Avez-vous <u>des</u> nouvelles de vos enfants ? *(bonnes)*	Avez-vous <u>des</u> nouvelles ? *(récentes)*
Il existe <u>des</u> enregistrements meilleurs que celui-ci. *(autres)*	Il existe <u>des</u> enregistrements. *(magnifiques)*
Le directeur a <u>des</u> instructions à vous donner. *(nouvelles)*	Le directeur a <u>des</u> instructions à vous donner. *(importantes)*
À l'horizon s'accumulaient <u>des</u> nuages. *(gros)*	À l'horizon s'accumulaient <u>des</u> nuages. *(noirs)*
Y a-t-il <u>des</u> questions dans la salle ? *(autres)*	Y a-t-il <u>des</u> questions ? *(particulières)*
Les grands-mères racontent <u>des</u> histoires à leurs petits-enfants. *(belles)*	Les grands-mères racontent parfois <u>des</u> histoires. *(effrayantes)*
Elle s'est acheté <u>des</u> chaussettes pour l'hiver. *(grosses)*	Elle s'est acheté <u>des</u> chaussettes. *(épaisses)*
Entrez, entrez, vous trouverez <u>des</u> modèles dans la boutique. *(autres)*	Vous trouverez <u>des</u> modèles. *(différents)*

5. Remettez de l'ordre.

Ex. : *flacon / de / parfum / un →* **un flacon de parfum.**

1. sac / à / un / dos
2. des / de / chaussures / marche
3. cinéma / un / quartier / de
4. paquet / cigarettes / de / un
5. une / allumettes / d(e) / boîte
6. tasse / thé / à / une
7. un / vin / verre / de
8. lait / une / de / bouteille

Les pronoms personnels

• Les pronoms personnels sujets

1. Lisez cette lettre, puis entourez « vrai » ou « faux ».

Cher Patrice,	1
Je trouve enfin un moment pour vous écrire un	2
petit mot. Je suis à Paris depuis deux semaines	3
avec ma sœur Marion. Nous habitons chez mon	4
cousin Philippe. Vous vous souvenez de lui ? Il	5
est passé à Dijon en mars dernier.	6
Hier, nous sommes allés au théâtre. C'est Phi-	7
lippe qui avait réservé les places ; hélas, il avait	8
pris n'importe quoi : on était très mal placés, sur	9
le côté.	10
Je ne voyais presque rien mais j'étais quand	11
même heureuse d'être là.	12
Et en plus, en plein milieu du premier acte, on	13
nous a dérangés. Je ne savais pas qu'à la Comé-	14
die Française, on permettait aux gens d'entrer	15
quand la pièce est déjà commencée.	16
Et chez vous, comment ça va ? Vous devez être en	17
plein dans les vendanges ! Quand je pense que	18
l'an dernier, nous avons fait équipe tous les deux !	19
Saluez vos parents pour moi. Vous avez tous été	20
si gentils, je garde un excellent souvenir de mon	21
séjour là-bas.	22

1. La personne qui écrit est une femme.   VRAI   FAUX

2. Le « vous » peut être utilisé quand on parle à une seule personne.   VRAI   FAUX

3. Le « nous » peut signifier « moi » + « tu » ou « moi » + « vous ».   VRAI   FAUX

4. Le « nous » peut signifier « moi » + « vous » ou « moi » + « eux ».   VRAI   FAUX

5. Le « on » peut avoir le sens de « quelqu'un ».   VRAI   FAUX

6. Le « on » peut signifier « quelque chose ».   VRAI   FAUX

7. Avec le « on » sujet, le verbe est au singulier.   VRAI   FAUX

8. Si le « on » signifie « nous », le participe passé peut être au pluriel. VRAI   FAUX

2. À l'aide du texte précédent, identifiez qui se cache derrière.

1. Le « on » (ligne 9) .... (ligne 13) .... (ligne 15) ....

2. Le « nous » (ligne 4) .... (ligne 7) .... (ligne 19) ....

3. Le « vous » (lignes 2 et 5) .... (ligne 20) ....

3. Complétez avec le pronom sujet qui convient.

1. .... viens, oui ou non ? Ça fait une heure que .... t'attends.

2. Si .... voulez une place de théâtre à prix réduit, dépêchez-..................,
.... n'en ai plus que deux.

3. L'été dernier, mes sœurs et moi, ... sommes parties faire un petit voyage
en Belgique. .... ai adoré ce pays !

4. .... êtes déjà allé en Belgique ? .... me l'aviez dit mais ....
ne m'en souvenais plus.

5. Ma sœur Louise et moi, ... a visité des musées. Anne a préféré se promener : .... déteste être enfermée et les musées, ça ne la passionne pas !

6. Denis et Carla sont très différents : lui, ... est très sportif, ...
ne fume pas, ... ne boit pas ; elle, ... préfère rester à la maison à
lire ou à regarder la télévision.

7. – Tes parents vont venir te rendre visite ?

– Pas sûr ! .... sont déjà venus l'année dernière. En plus, ma mère a peur de
prendre l'avion, ... ne supporte pas ça.

8. – Qui a terminé son travail ?

– Diana et Bernard, bien sûr. Eux, ... vont toujours plus vite que nous !

4. Complétez avec le verbe entre parenthèses au présent de l'indicatif.

1. Nadia, c'est toi qui (avoir) .... fait ça ?

2. C'est Christophe qui (être) .... responsable de notre groupe de travail.

3. Une fois de plus, comme d'habitude, c'est moi qui (avoir) .... raison !

4. Excusez-moi, je me suis trompé, c'est vous qui (avoir) .... raison.

5. – En général, c'est vous qui (faire) .... le ménage chez vous ?

– Le ménage ? C'est toujours moi qui le (faire) ....! Et chez vous ?

– À la maison, ce sont les enfants qui le (faire) .... sauf quand ils ont trop de
travail pour l'école. Dans ce cas-là, c'est plutôt ma femme et moi qui le (faire) ....

6. – Mon fils est adorable ! ?

– C'est vous qui le (dire) ....! À la maison, il n'est pas toujours « adorable » !
Il a un caractère de cochon quelquefois !

• Les pronoms personnels compléments directs (l', le, la, les)

1. Remplacez ce qui est souligné par un pronom complément direct.

Ex. : J'adore mes amis Gonzalez. → Je **les** adore.

1. Il regarde la télévision deux heures par jour.
2. Les Français écoutent la radio quatre heures par jour, en moyenne.
3. Vous prenez le bus A pour aller travailler ?
4. Il emmène son fils à l'école le matin.
5. J'achète toujours mes livres dans cette librairie du Quartier latin.

6. Je connais <u>cette amie</u> depuis au moins dix ans.
7. Nous aimons beaucoup <u>cet écrivain</u>, mon mari et moi.
8. Je crois que vous connaissez <u>mon amie Claude</u>.

2. Même consigne. Attention, le verbe est au passé composé ; il peut y avoir des accords du participe passé à faire, comme dans l'exemple.

Ex. : *Il a emmené <u>son fils</u> au zoo.* → *Il **l'**a emmené au zoo.*
    J'ai cueilli <u>ces fleurs</u> pour vous. → *Je **les** ai cueilli**es** pour vous.*

1. J'ai rencontré <u>Loïc et sa femme</u> au supermarché hier matin.
2. Il a pris <u>les billets pour *Don Giovanni*</u>.
3. Nous avons acheté <u>cette voiture</u> le mois dernier.
4. J'ai bien connu <u>ton amie Paola</u> quand elle vivait à Lyon.
5. Nous avons vu <u>le dernier film de Tarentino</u> au Trianon.
6. Hier, j'ai aperçu <u>mon prof de théâtre</u>, de loin, en quittant la fac.
7. J'ai enfin écouté <u>le CD que tu m'as offert à Noël</u>.
8. Nous avons accueilli <u>nos nouveaux collègues</u> avec plaisir.

• Le pronom personnel complément direct *(un, une, des → en)*

1. Répondez par « oui » ou par « non » en remplaçant le complément souligné par *en*.

Ex. : – *Vous avez <u>une voiture</u> ?*   – *Vous avez <u>des enfants</u> ?*
    – *Oui, moi, j'**en** ai une.*   – *Oui, j'**en** ai deux (trois, dix…).*
    – *Non, moi, je n'**en** ai pas.*   – *Non, je n'**en** ai pas.*

1. – Vous voulez <u>une bière</u> ? – Non merci, ...

2. – Il a <u>des dollars pour son voyage</u> ? – Oui, ...

3. – Tu as <u>un dictionnaire bilingue</u> ? – Non, ...

4. – Vous achetez <u>une carte orange</u> pour circuler dans Paris ? – Oui, ...

5. – Vous avez <u>une photo</u>, s'il vous plaît ? – Oui, ...

6. – Vous avez <u>des amis</u> à Istanbul ? – Oui, ...

7. – Tu as une <u>bonne adresse de restaurant</u> dans le quartier ? – Non, ...

8. – Ils ont encore <u>des cousins</u> à la campagne ? – Non, ...

2. Même consigne. Attention, le verbe est au passé composé ou au futur proche.

Ex. : – *Vous avez pris <u>un billet</u> ?*
    – *Oui, nous **en** avons pris un*
    – *Non, nous n'**en** avons pas pris.*
    – *Vous allez prendre <u>des billets</u> ?*
    – *Oui, nous allons **en** prendre.*
    – *Non, nous n'allons pas **en** prendre.*

1. – Tu vas acheter <u>des fleurs</u> ? – Oui, ...

2. – Vous avez mis <u>des œufs</u> dans le gâteau ? – Oui, ...

3. – Tu as vu <u>un tableau qui t'intéresse</u> ? – Non, ...

4. – Tu as déjà lu <u>des livres de Paul Auster</u> ? – Oui, ...

5. – Il va faire <u>un exposé</u> la semaine prochaine ? – Oui, ...

6. – Vous avez fait <u>un petit voyage en Grèce comme l'année dernière</u> ? – Non, cette
année ....

7. – Tu vas prendre <u>des vacances</u> cet hiver ? – Non, ...

8. – Et toi, Vanessa ? – Oui, moi ....

• Le pronom personnel complément direct partitif
(du, de la, de l' → en)

1. Répondez à la forme affirmative en remplaçant le complément souligné par *en*, comme dans l'exemple.

Ex. : – *Vous avez <u>de l'argent</u> ? – **Oui, j'en ai**.*

1. Pour faire une tarte, il faut <u>de la farine</u> ?
2. Il faut <u>du beurre</u> aussi ? Combien ?
3. Vous voulez <u>du fromage</u> ? Il est extra et pas cher !
4. Vous achetez quelquefois <u>du chocolat blanc</u> ?
5. Le matin, vous prenez <u>du thé</u> ?
6. Et vous voulez <u>de la confiture</u> ?
7. Tu as <u>de l'argent</u> pour ton voyage ?
8. – Vous avez <u>du courage</u> ? <u>De l'enthousiasme</u> ? <u>De la patience</u> ? – ...
– Bon, alors, vous pouvez devenir professeur de français !

2. Pour répondre, choisissez la forme affirmative ou négative. Remplacez le complément souligné par *en*.

1. Pour faire ce gâteau au chocolat, il faut <u>de l'huile</u> ?
2. Pour vivre agréablement à Paris, il faut <u>de l'argent</u> ?
3. Dans votre pays, on mange quelquefois <u>de la soupe</u>, le matin ?
4. À votre avis, les Français boivent <u>du thé</u> au petit déjeuner ?
5. Les Japonais mangent <u>du riz</u> presque tous les jours ?
6. Et vous ?
7. Vous buvez <u>du vin</u> ?
8. Et les Français ?

• L'opposition *l'*, *le*, *la*, *les* / *en*

1. De quoi parle-t-on ? Cochez la bonne réponse comme dans l'exemple.

Ex. : *Vous en prenez ?*	☒ *du café*	☐ *le café noir*	☐ *ce café*
1. C'est toi qui l'as prise ?	☐ un stylo	☐ une cigarette	☐ la clé
2. Vous ne les avez pas vues ?	☐ mes clés	☐ des livres	☐ des amies
3. J'en ai pris deux boîtes.	☐ du vin	☐ le vin	☐ du pâté
4. Je n'en bois pas.	☐ ce vin blanc	☐ du whisky	☐ le lait
5. Je ne le connais pas.	☐ Larissa	☐ un film	☐ ce livre
6. Il l'a racontée hier.	☐ sa fiancée	☐ cette histoire	☐ une blague
7. Tu me le prêtes ?	☐ ton stylo	☐ un stylo	☐ des stylos
8. J'en ai un seul.	☐ un fils	☐ mon amie	☐ mes amis

2. Complétez le texte suivant par le pronom complément direct qui convient (*l', le, la, les, en*). Faites les modifications orthographiques nécessaires.

Il était une fois, dans un pays imaginaire, une jeune fille qui savait voyager dans le temps. Le temps ! Il va vous (1) .... falloir pour écouter cette histoire.

Tous ses amis, et elle (2) .... avait beaucoup, souhaitaient connaître leur avenir. Ils voulaient tous (3) .... rencontrer pour qu'elle (4) .... conduise vers le futur. Leur secrète envie était de (5) .... explorer à leur guise, voire de (6) .... programmer à leur convenance.

« Moi, je voudrais des enfants, disait l'une. Je (7) .... voudrais au moins six ! »

« Moi, j'aimerais avoir des maisons partout, je (8) .... construirais une dans chaque endroit qui me plaît. »

« Moi, dit un autre, j'aurais des vignes et des chevaux. Je (9) .... soignerais avec amour. »

C'était un tourbillon de désirs, de projets, de promesses.

La jeune fille avait aussi des parents et des grands-parents, qui souhaitaient revenir en arrière, refaire le chemin de leur vie, (10) .... modifier certains détours. Sa grand-mère paternelle, malheureuse en ménage, aurait bien aimé revenir à un certain jour : le jour précédant sa rencontre avec son futur mari. Une nuit, elle s'employa si bien à persuader sa petite-fille de son malheur que celle-ci finit par céder. Elles remontèrent le temps. Au fur et à mesure qu'elle (11) .... remontait, la vieille femme rajeunissait et la jeune fille se faisait de plus en plus petite. De plus en plus petite, de plus en plus petite…

• Les pronoms personnels compléments indirects *(lui, leur)*

1. Remplacez le complément indirect souligné, par *lui* ou *leur*.

Ex. : *Il parle tous les jours <u>à son perroquet</u>.* → *Il **lui** parle tous les jours.*

1. Il faut que tu téléphones <u>à ta tante Denise</u> pour son anniversaire.
2. Qu'est-ce que tu offres <u>aux enfants</u> pour Noël ?
3. J'enverrai un petit mot <u>aux Ferran</u> pour annoncer notre arrivée.
4. Ma fille raconte tous ses secrets <u>à son père</u>.
5. Je fais confiance <u>aux élèves</u> : ils ne trichent jamais.
6. N'oublie pas de dire merci <u>à la dame</u>.
7. Dans ce collège, les élèves parlent très poliment <u>à leurs professeurs</u>.
8. Pour le cours de yoga, on demande <u>à ma fille</u> une autorisation médicale.

2. Répondez affirmativement ou négativement en remplaçant le complément souligné par *lui* ou *leur*. Attention, le verbe est au passé composé.

Ex. : *– Tu as menti <u>à ton père</u> ? – Non, je ne **lui** ai pas menti.*

1. – Tu as écrit <u>à ton oncle</u> pour le remercier ? – Oui, ...
2. – On a proposé de l'aide <u>à tous les étudiants</u> ? – Oui, ...

3. – Vous avez expliqué la situation <u>à vos amis</u> ? – Non, ...

4. – Tu as raconté <u>à ton copain</u> ce qui t'est arrivé ? – Non, ...

5. – Tu as expliqué ton problème <u>à tes collègues</u> ? – Oui, ...

6. – On a conseillé <u>à tous les enfants</u> de faire bien attention ? – Oui, ...

7. – Vous avez écrit <u>aux Palmer</u> pour les inviter ? – Oui, ...

8. – Tu as téléphoné <u>à Christophe</u> pour le féliciter ? – Non, ...

• Les pronoms personnels compléments indirects *(en, y)*

1. Répondez à la question en remplaçant les mots soulignés par *en* ou *y*. Faites les modifications orthographiques nécessaires.

Ex. : – *C'est difficile de se passer <u>de sel</u>. – C'est difficile de s'**en** passer.*
– *Consentez-vous <u>à cette union</u> ? – Oui, j'**y** consens.*

1. – Tu vas <u>à la piscine</u> jeudi soir ? – Non, cette semaine je ...... vais samedi après-midi.

2. – Êtes-vous invités <u>au mariage d'Anna</u> ? – Oui, nous ...... sommes invités. Pas vous ?

3. – Vous êtes convaincue <u>de son innocence</u> ? – Oui, maintenant, je ...... suis convaincue.

4. – Qui se charge <u>du dossier DOMOTIC</u> ? – Moi, je m' ...... charge.

5. – Est-ce que tu te souviens <u>de cette photo</u> ? – Oh ! Je m' ...... souviens très bien !

6. – Vous consacrez beaucoup de temps <u>au judo</u> ? – Mais oui, je ...... consacre tout mon temps.

7. – Votre frère s'est-il habitué <u>au climat d'Afrique</u> ? – Hélas non, il ne s' ...... est pas habitué.

8. – Votre fille est-elle contente <u>de ses cours</u> ? – Oui, elle ...... est contente.

2. Trouvez une question correspondant à chaque réponse, comme dans l'exemple.

Ex. : – ***Vous vous attendiez à sa démission ?*** – *Oui, je m'<u>y</u> attendais, malheureusement.*

1. – .... ? – Oui, j'<u>en</u> suis très contente, c'est une excellente voiture.

2. – .... ? – C'est ce monsieur qui s'<u>en</u> charge.

3. – .... ? – Oui, mais fais attention, mon frère <u>y</u> tient beaucoup !

4. – .... ? – Non, je n'<u>y</u> assisterai pas.

5. – .... ? – Non, elle ne s'<u>y</u> habitue pas, il fait trop froid.

6. – .... ? – Le saucisson sec ? J'<u>en</u> mange souvent.

7. – .... ? – On <u>en</u> dit beaucoup de bien.

8. – .... ? – Je m'<u>y</u> mets demain, c'est promis.

3. Complétez le texte suivant par les pronoms *en* et *y*.

21 juin : c'est la Fête de la musique, partout en France.

Avec des amis, nous avons décidé d'(1) ...... assister mais personne n'est d'accord sur le programme. Nous nous (2) ...... doutions un peu. Aussi est-ce chacun pour soi. Heureusement, à Paris, il est possible de satisfaire les goûts de chacun. Marie et Noémie iront d'abord près du Panthéon, elles (3) ...... retrouveront Lucie, puis iront sur les quais pour écouter du jazz. Elles ont choisi leur programme sans hésitation et elles s' (4) ...... tiendront. Pierre et Paul, eux, préfèrent aller à la Bastille écouter un concert de salsa. La salsa, ils (5) ...... sont fous ! Quant à moi, je n'aime que les vieilles chansons populaires que l'on peut entendre sur la Butte Montmartre. Tous les vieux Parisiens de ce quartier s' (6) ...... souviennent et les connaissent par cœur.

Et vous, vous (7) ...... allez, à la Fête de la musique ?

• Les pronoms personnels compléments indirects (animés ou inanimés)

1. Remplacez le complément indirect introduit par la préposition *de* par le pronom personnel qui convient.

Ex. : *J'ai rêvé <u>de mes parents</u> cette nuit. → J'ai rêvé **d'eux** cette nuit. (rêver de qqn)*
*J'ai rêvé <u>de bateaux</u> cette nuit. → J'**en** ai rêvé cette nuit. (rêver de qqch.)*

1. C'est promis, je m'occuperai <u>des enfants</u> pendant le week-end.
2. Depuis six mois, je rêve toutes les nuits <u>de mon voisin du dessus</u> !
3. À cinq ans, elle n'a plus besoin <u>de son doudou</u> pour s'endormir.
4. Les gens se sont plaints <u>du bruit de l'autoroute</u>.
5. Les enfants se moquent <u>de leur camarade maladroit</u>.
6. Bien sûr, je me souviens très bien <u>de vos sœurs</u> !
7. La chanteuse n'est pas très contente <u>de son tour de chant</u>.
8. On a dit beaucoup de mal <u>de leur projet</u>.

2. Même consigne avec la préposition *à*.

Ex. : *Bientôt Noël ! Et les cadeaux ?*
    *→ Oui, il faut **y** penser ! (penser à qqch.)*
    Il faut d'abord penser <u>aux enfants</u>.
    *→ Il faut d'abord penser **à eux**. (penser à qqn)*

1. Max s'intéresse beaucoup <u>à la recherche médicale</u>.
2. Cet avocat est très attaché <u>à sa réussite</u>.
3. Elle s'est consacrée aussi <u>aux enfants victimes des guerres</u>.
4. Il tient beaucoup <u>à ses amis d'enfance</u>.
5. Avez-vous pensé <u>à la proposition de vos voisins</u> ?
6. Basque d'adoption, elle s'est vite attachée <u>à cette région</u>.
7. Pour avoir des informations, adressez-vous <u>à cet homme</u>.
8. Vous n'avez pas songé <u>aux conséquences de votre décision pour l'entreprise</u>.

3. a. Observez ces deux couples de phrases. Que constatez-vous ?

Les jeunes navigateurs / <u>la tempête</u> / échapper à
*→ **Les jeunes navigateurs ont échappé à la tempête. Ils y ont échappé.***
Le moineau / <u>le chat</u> / échapper à
*→ **Le moineau a échappé au chat. Il <u>lui</u> a échappé.***
La directrice / <u>cette décision</u> / s'opposer à
*→ **La directrice s'oppose à cette décision. Elle s'y oppose.***
La jeune institutrice / <u>le directeur</u> / s'opposer à
*→ **La jeune institutrice s'oppose au directeur. Elle s'oppose <u>à lui</u>.***

b. Construisez la phrase, puis remplacez le COI (souligné) par un pronom disjoint (animé) ou conjoint (animé ou inanimé).

Ex. : *Les agriculteurs / la météo / s'intéresser à*
→ ***Les agriculteurs s'intéressent à la météo. Ils s'y intéressent.***

1. Ces bijoux / la famille royale d'Angleterre / appartenir à
2. Les chiens / le dresseur / obéir à
3. Ce vieux monsieur / les nouvelles technologies / ne rien comprendre à
4. Cette étudiante étrangère / sa nouvelle vie en France / bien s'adapter à
5. Les soldats / les ordres / obéir à
6. Petit à petit, les enfants / la nouvelle maîtresse / s'habituer à

4. Complétez le texte suivant par un pronom complément, précédé ou non d'une préposition.

Depuis deux jours, il entend des bruits mystérieux frappés contre la cloison de sa chambre. Il n'arrive pas à (1) s' .... habituer et il est un peu inquiet. Alors, il a téléphoné à son meilleur ami, Rémi. Il s'est confié (2) .... car il sait qu'il est curieux et peu craintif. Celui-ci s'est d'abord moqué de ses craintes. Il (3) s' .... est même tellement moqué que Bruno a regretté d'avoir parlé. Mais son ami s'est excusé et a promis de venir le voir. Le lendemain soir, il arrive et tous deux se mettent à attendre. Le bruit se reproduira-t-il ? Bruno (4) .... est convaincu, il (5) s' .... attend, mais son ami semble (6) .... douter. Minuit, une heure, deux heures, rien ! Les deux amis se mettent à discuter puis à se disputer. Rémi a perdu sa soirée, il (7) s' .... plaint. Bruno, qui l'aime bien et qui tient (8) ...., veut s'excuser mais c'est trop tard. Rémi sort en claquant la porte. Quelques minutes après, le bruit recommence. Il fallait (9) s' .... attendre !!

• La place du pronom complément avec un verbe à l'impératif

1. Reliez.

1. Ces frites sont trop salées,	a. Allez le voir sans tarder.
2. Reviens quand tu veux, mais pas à l'improviste,	b. mettez-le dehors.
3. Ta sœur est à Paris ?	c. ne l'attendez pas.
4. Ce film est génial !	d. ne les mangez pas.
5. À table ! La soupe est servie,	e. Dis-lui de venir nous voir.
6. S'il te plaît, arrête de courir ainsi,	f. tiens-toi tranquille !
7. Ce chien est tout crotté,	g. préviens-moi !
8. Il y a grève, le bus ne passera pas,	h. mangez-la chaude.

2. Vos amis partent en randonnée en très haute montagne. Donnez-leur quelques conseils en mettant le verbe entre parenthèses à l'impératif et remplacez le mot souligné par un pronom comme dans l'exemple.

Ex. : *Suivez le guide, (obéir)* **obéissez-lui** *sans discuter.*

1. D'abord, il faut appeler les gens de la météo, *(téléphoner à)* ....
pour connaître les conditions atmosphériques.

2. Ensuite, vérifiez <u>votre assurance</u>, *(penser à)* .... avant le départ plutôt qu'après.

3. Puis, entretenez votre forme physique <u>au gymnase</u>, *(aller à)* .... tous les jours.

4. Attention <u>au mal des montagnes</u>. Prenez-y garde et *(se méfier de)* ....

5. <u>Le guide</u> est très compétent, *(faire confiance à)* ....

6. C'est un homme peu expansif, mais très expérimenté. Il vous donnera <u>de bons conseils</u>, *(profiter de)* ....

7. La montagne est un sport exigeant, il y aura parfois des difficultés mais je suis sûre que vous aurez beaucoup de plaisir et que vous ferez des <u>photos magnifiques</u>. *(Prendre)* .... le plus possible.

8. Au moindre problème, <u>il</u> vous écoutera, *(se confier à)* .... et, surtout, faites une belle balade.

• Les pronoms personnels avec deux verbes

1. Remplacez le complément souligné par un pronom *(le, la, les, lui, leur, en, y)*.

Ex. : *Nous souhaitons rencontrer <u>le responsable</u>.* → *Nous souhaitons **le** rencontrer.*

1. Je pense aller <u>en Chine</u> cet été.
2. Elle aimerait acheter <u>un appartement</u>.
3. Elle va bientôt passer <u>son bac</u>.
4. Vous avez besoin de faire encore quelques <u>exercices</u>.
5. La jeune actrice espérait avoir <u>le rôle principal</u>.
6. Il a l'habitude de lire plusieurs <u>livres</u> à la fois.
7. Je désire parler <u>au directeur</u>.
8. Tu dois téléphoner <u>à tes parents</u>.

2. Reliez la question à la bonne réponse.

1. Qui veut poser une question ?
2. Qui peut répondre à ces questions ?
3. Qui souhaite répondre à ce monsieur ?
4. Est-il nécessaire de lire ce roman ?
5. Pouvez-vous nous résumer ce film ?

6. Quand penses-tu revoir tes amis ?
7. Tu aimes écouter cet air d'opéra ?
8. Est-ce qu'ils prévoient de s'installer en Italie ?

a. Pierre peut certainement y répondre.
b. Ils prévoient de s'y installer dès l'été.
c. Sans problème ! Nous pouvons vous le résumer.
d. Moi ! Je veux même en poser plusieurs !
e. Oui, beaucoup, j'aime l'écouter, surtout quand je me sens déprimé.
f. Je pense les revoir demain.
g. Certainement, il faut le lire sans tarder.
h. Moi, je vais lui répondre.

3. Remplacez le complément souligné par un pronom. Attention à sa place dans la phrase avec les verbes *faire, laisser, entendre,* etc.

Ex. : *J'ai fait faire <u>mon manteau</u> par une couturière du quartier.*
     → *Je **l'**ai fait faire par une couturière du quartier.*

1. Elle a fait entrer <u>le médecin</u>.
2. Les animaux ont senti venir <u>l'orage</u>.

3. Troublée, la jeune fille a laissé tomber <u>son verre</u>.
4. J'ai entendu miauler <u>le chat</u> toute la nuit.
5. Le professeur fait parler <u>les étudiants</u>.
6. Elle s'est endormie et elle a laissé passer <u>l'heure du rendez-vous</u>.
7. Je fais faire <u>une série d'exercices</u> aux étudiants.
8. Tous les vendredis soir, je vois passer beaucoup de <u>cyclistes</u>.

4. Même consigne.

1. Je regarde tomber <u>la pluie</u>.
2. De son appartement, il entend monter et descendre <u>l'ascenseur</u>.
3. J'ai fait acheter <u>un ordinateur</u> par mon entreprise.
4. Elle est très polie, elle laisse toujours passer <u>les autres</u>.
5. Le soldat entend siffler <u>la balle de fusil</u>.
6. Le professeur nous fait étudier <u>des airs de Mozart</u>.
7. Tu dois laisser parler <u>les autres</u> avant de parler toi-même.
8. Avant les examens, on fait faire plusieurs <u>tests</u> aux étudiants.

• La double pronominalisation

1. Remplacez les compléments soulignés par des pronoms, en faisant les accords, si nécessaire.

Ex. : *J'ai donné <u>de l'argent</u> <u>au musicien.</u>* → *Je **lui en** ai donné.*

1. Le jeune homme a laissé <u>sa place</u> <u>à la vieille dame</u>.
2. Le professeur <u>nous</u> a signalé <u>les beautés du texte</u>.
3. Elle a offert <u>des petits fours</u> <u>à ses invités</u>.
4. Elle a montré <u>à ses amis</u> <u>les bons restaurants de la ville</u>.
5. Elle a rangé <u>ses affaires</u> <u>dans l'armoire</u>.
6. Le médecin a prescrit <u>quelques calmants</u> <u>au malade</u>.
7. Elle <u>nous</u> a longtemps parlé <u>de son voyage</u>.
8. Elle <u>nous</u> a invités <u>à son mariage</u>.

2. Répondez de manière affirmative ou négative aux questions suivantes en remplaçant les mots soulignés par un pronom.

1. – Est-ce que le public a réclamé plusieurs <u>bis</u> <u>à la pianiste</u> ? – Oui, ...

2. – Les touristes apportent-ils <u>de la richesse</u> <u>aux habitants</u> ? – Bien sûr, ...

3. – <u>Vous</u> a-t-elle acheté des <u>disques de Rubinstein</u> ? Combien ? – Oui, ...

4. – Est-ce qu'il a envoyé <u>le contrat</u> <u>à ses associés</u> ? – Pas encore, ... demain.

5. – Le vieil homme a-t-il laissé <u>tous ses livres</u> <u>aux enfants de son quartier</u> ? – Oui, ...

6. – Vous expliquez vraiment <u>la théorie de la relativité</u> <u>à vos élèves</u> ? – C'est exact, ...

3. Complétez les phrases par les pronoms qui conviennent.

Ex.: *Le bébé pleure, il veut son doudou. Donne-**le-lui**, s'il te plaît.*

1. Monsieur Colin est très gentil. Il vous prêtera sa voiture. Empruntez...................
autant que vous voulez.

2. C'est Noël : offrez les chocolats Khöler à vos amis ! Offrez.................. à profusion !

3. Voilà le facteur : apporte le journal à ton père. Donne.................. tout de suite, il
l'attend.

4. Avant de s'endormir, les enfants réclament toujours l'histoire de Picpus. Raconte

....

5. La commande de Madame Becdu est arrivée. Apportez.................. dès aujourd'hui, elle l'attend.

6. Je n'ai pas de réveil. Achète.................., s'il te plaît.

• Les pronoms neutres *(le, l', en, y)*

1. Remplacez les expressions soulignées par un pronom neutre *(le, l', en, y).*

Ex. : *Je sais <u>qu'il a raison</u>. (savoir qqch.)* → *Je **le** sais.*
    Il craint <u>de partir</u>. (craindre qqch.) → *Il **le** craint.*

1. Il s'est rendu compte <u>qu'il s'était trompé</u>. *(se rendre compte **de** qqch.)*
2. Il regrette <u>de partir</u>. *(regretter qqch.)*
3. Elle espère <u>qu'il réussira</u>. *(espérer qqch.)*
4. Il s'est douté <u>qu'on s'était moqué de lui</u>. *(se douter **de** qqch.)*
5. Le monde politique s'attend <u>à ce que le président démissionne</u>. *(s'attendre **à** qqch.)*
6. On ne s'habitue pas <u>à vivre dans le bruit</u>. *(s'habituer **à** qqch.)*
7. Elle croit <u>qu'il l'aime</u>. *(croire qqch.)*
8. Elle voudrait bien <u>s'en aller</u>. *(vouloir qqch.)*

• L'omission du pronom

1. Certains verbes, dans certaines conditions, n'acceptent pas le pronom neutre. Répondez en utilisant ou non un pronom pour remplacer les mots soulignés. Attention à la phrase 6.

Ex. : *– As-tu commencé <u>ton travail</u> ? – **Oui, je l'ai commencé.***
    *– As-tu commencé <u>à travailler</u> ? – **Oui, j'ai commencé.***

1. – As-tu fini <u>tes exercices</u> ? – Oui, ...

2. – As-tu fini <u>de manger</u> ? – Oui, ...

3. – Tu n'as pas oublié <u>tes clés</u> ? – Si, ...

4. – Tu n'oublieras pas <u>de venir</u>, n'est-ce pas ? – Non, ...

5. – Est-ce que tu aimes <u>tous tes amis</u> de la même façon ? – Oui, ...

6. – Est-ce que tu aimes <u>voyager</u> ? – Oui, ...

7. – Savez-vous <u>que la Terre n'est pas ronde</u> ? – Oui, ...

8. – Savez-vous <u>conduire</u> ? – Non, ...

2. Même consigne.

1. – Veux-tu <u>du pain</u> ? – Oui, ...

2. – Veux-tu <u>m'épouser</u> ? – Oui, ...

3. – Est-ce que vous avez essayé <u>ce pantalon</u> ? – Non, ...

4. – Est-ce que vous avez essayé de <u>vous habiller autrement</u> ? – Non, ...

5. – Est-ce que tu peux <u>travailler davantage</u> ? – Non, ...

6. – Est-ce que tu aimerais <u>travailler davantage</u> ? – Oui, ...

7. – Tu oserais <u>parler en public</u> ? – Oui, ...

8. – Est-ce que tu sais <u>parler chinois</u> ? – Oui, ...

Les adjectifs et pronoms démonstratifs

1. Associez correctement les adjectifs démonstratifs *ce / cet / cette / ces* et les noms.

.... femme, ... homme, ... ministre, ... appartement, ... maison, ... immeuble, ... assiette, ... médecin, ... artiste, ... acteur, ... actrice, ... rues, ... pays, ... enfant, ... porte, ... lampe, ... étudiant, ... étudiante, ... fleur, ... fleurs, ... arbre, ... arbres, ... parc, ... jardins.

2. Mettez ces phrases au singulier.

1. Ces armes sont dangereuses.
2. Est-ce que ces pull-overs sont en laine ?
3. Regarde ces images ! Elles sont très belles.
4. Ces énormes bateaux sont des transatlantiques.
5. À quoi servent ces objets bizarres ?
6. Attention ! Ces assiettes sont en porcelaine.
7. Admirez ces héros, ils ont accompli des actions extraordinaires.
8. Connaissez-vous ces écrivains américains ?

3. Complétez par le pronom démonstratif qui convient : *celui(-ci) / celui(-là) ; celle(-ci) / celle(-là)…*

1. J'hésite entre ces deux manteaux : .... est plus chaud, mais .... est plus élégant.

2. – As-tu le numéro de téléphone de Jean ? – Non, mais j'ai .... de son amie.

3. – Regarde cette jeune fille ? – Laquelle ? – .... qui lit *Le Monde*.

4. Ces deux textes sont émouvants : ce sont .... qui ont été écrits par Dostoïevski en Sibérie.

5. Je te présente mes amies polonaises, tu sais, ... qui habitent avec moi.

6. Ces deux équipes sont très différentes : .... est plus combative, ... est plus réfléchie.

7. Qui est le plus heureux ? .... qui reçoit ou .... qui donne ?

8. J'ai gardé tous mes cours d'université, notamment .... de certains professeurs, particulièrement passionnants.

4. Complétez le texte suivant par des pronoms démonstratifs simples (*celui, celle, ceux, celles*) ou composés (*celui-ci, celle-ci, ceux-ci*).

Les « vraies » vacances restent (1) .... de l'été, pour beaucoup de Français. Il y a (2) .... qui préfèrent la mer et (3) .... qui vont à la campagne. Pour être réussies, les vacances doivent marquer une rupture avec la vie quotidienne car (4) .... est souvent fatigante. Cependant, toutes les familles françaises ne partent pas en vacances. Les familles des cadres et des professions libé-

rales partent plus et plus loin que (5) .... des ouvriers ou des paysans. La
génération des retraités et (6) .... des jeunes font plus de voyages que les
autres classes d'âge. Normal ! Ce sont (7) .... qui ont le plus de temps. Les
vacances coûtent cher. C'est pourquoi elles se passent souvent chez les grands-
parents, surtout quand (8) .... vivent à la campagne ou au bord de la mer.

5. Complétez avec un adjectif démonstratif *(ce, cet, cette, ces)* ou un pronom démonstratif *(celui, celle, ceux, celles, ce, ça, cela)*.

(1) .... carte de restaurant propose deux menus. Prends (2) .... que
tu préfères. Tout (3) .... qui est fait ici est délicieux. Par exemple, les poissons
sont très frais, j'en suis sûr, je connais le patron. Et son vin est le meilleur de la région.
À (4) .... heure-ci, il y a peu de monde, nous pouvons choisir tranquillement
(5) .... que nous voulons manger. Je prendrais bien (6) .... plat
et toi, tu pourrais prendre (7) .... Comme (8) ...., nous pourrions
goûter aux deux. (9) .... te convient ?

6. Choisissez le pronom *ce (c')* ou *ça* (les deux sont parfois possibles).

1. « La Marseillaise », ... est l'hymne national français.
2. Comment va ton nouveau travail ? .... n'est pas trop dur ?
3. Si tu avais accepté, ... m'aurait fait plaisir.
4. .... me gêne que tu dises des choses pareilles.
5. – Quelle est la meilleure université pour toi ? – .... dépend !
6. Ah ! Te voilà ! .... n'est pas trop tôt ! .... m'énerve d'attendre !
7. Si tu me disais .... qui ne va pas, je pourrais t'aider peut-être.
8. J'aime bien .... que tu fais, oui, j'aime vraiment ....

7. *Ceux* ou *ce* ? Barrez la mauvaise réponse.

Ex. : *Les romans français du XIXᵉ siècle sont* |**ceux**|~~ce~~| *que je préfère.*

1. En général, je ne mange pas de gâteaux, sauf |ceux|ce| qui sont au chocolat.
2. D'accord, on va en Grèce cet été puisque c'est |ceux|ce| que tu veux.
3. Allez, je t'invite au restaurant, tu pourras prendre |ceux|ce| qui te fait plaisir.
4. Dis-moi |ceux|ce| qui ne va pas, tu as l'air si triste.
5. J'ai enfin acheté des gants, tu sais, |ceux|ce| que nous avions vus dans cette vitrine.
6. Les enfants de Claire sont remuants, |ceux|ce| de Lili sont calmes.
7. – Tu as rencontré tes voisins ? – Lesquels ? |ceux|ce| du troisième étage ?
8. À mon avis, |ceux|ce| dont tu as besoin, c'est de partir au soleil.

Les adjectifs et pronoms possessifs

1. En utilisant les différents adjectifs possessifs, rendez à chacun ce qui lui appartient.

Ex. : *Quel désordre ! Tu peux ranger un peu **tes** vêtements, **ton** sac à dos, **ta** chambre, quoi !*

1. – Quel âge ont vos enfants ? – .... fils a sept ans et .... fille cinq ans ; .... jumeaux sont beaucoup plus jeunes, ils n'ont que six mois.

2. Une seule chose semble compter pour toi : .... copains, ... mob, ... argent de poche ! Et .... études ? .... avenir ? Tu y songes parfois ?

3. Désolée, c'est à .... tour de passer. Cela fait une heure que j'attends !

4. Voici le sac, les gants, le parapluie de Chris : il a encore oublié .... affaires !

5. Voici le sac, les gants, le parapluie de Chris et d'Emma : ils ont encore oublié .... affaires !

6. Nous avons perdu .... bagages à l'aéroport et .... chien aussi.

7. Elle ne passe pas inaperçue avec .... grand chapeau violet et .... canne.

8. Monsieur ! Voilà .... courrier et .... journaux.

2. Récrivez cette phrase en remplaçant *je* par les pronoms indiqués.

Ex. : *Tous les matins, je **conduis mes enfants à l'école avant de me rendre à mon travail**.*

1. Tous les matins, tu ....

2. Tous les matins, nous ....

3. Tous les matins, vous ....

4. Tous les matins, elle ....

5. Tous les matins, ils ....

3. Barrez la mauvaise réponse.

Ex. : *Que pensez-vous de* | **son** | ~~sa~~ | *histoire ?*

1. Pour un si long voyage, prenez | mon | ma | auto, elle est plus confortable.

2. Mets | ton | ta | autre chemise, elle est plus jolie.

3. Je viens d'écrire | mon | ma | onzième page de poèmes.

4. Demandez-lui | son | sa | opinion sur la question, c'est un spécialiste.

5. Est-ce que | ton | ta | amie est arrivée ?

6. Elle nous parle toujours de | son | sa | chère amie Inès.

7. Venez, je vais vous faire visiter | mon | ma | petite maison.

8. | Ton | Ta | immense maison, tu veux dire !

4. Complétez les phrases suivantes avec : *le, la, les, son, sa, ses, mon, ma, mes, ton, ta, tes.*

1. Cet homme a mal à .... tête.

2. Lave-toi .... mains avant de venir à table, s'il te plaît !

3. Elle s'est cassé .... bras en faisant du ski.

4. Très timide, elle ne pouvait parler sans baisser .... grands yeux si clairs.

5. Attention ! Vous avez failli m'écraser .... pieds !

6. Le chien a dressé .... oreilles en entendant du bruit.

7. J'ai pris .... main dans la mienne, sans parler, et nous sommes partis.

8. Je te présente Mathieu dont tu connais déjà .... femme.

5. Complétez les phrases par un pronom possessif (*le mien, la tienne,* **etc.).**

1. J'ai rempli ma feuille d'impôts, n'oublie pas de remplir ....

2. As-tu des ciseaux, j'ai perdu ....

3. J'ai trouvé une écharpe. Quelqu'un a-t-il perdu ....?

4. Les enfants des Dupuy sont partis au Canada, mais les Dubois n'ont pas voulu que .... partent seuls.

5. Votre appartement est très clair. Celui où nous habitons depuis bientôt dix ans est beaucoup plus sombre, mais il est mieux situé que ....

6. – C'est votre parapluie ? – Oui, c'est .... Oh ! Non, pardon, je me suis trompée, il est à vous, c'est .... – Ce n'est pas grave, ils se ressemblent tous et personne ne reconnaît ....

7. Votre bicyclette est en parfait état. Je suis plus négligent : .... n'a plus de sonnette et les freins marchent mal.

8. J'ai comparé tous les contrats de toutes les entreprises. Bravo, ... est le plus avantageux, monsieur.

6. Reliez la bonne réponse à chacune des questions suivantes.

1. Est-ce votre faute si l'accident est arrivé ?

2. À qui sont ces chaussures qui traînent ?

3. Tu as l'heure ? Ma montre est arrêtée.

4. Nous allons voir ce film avec nos enfants, et vous ?

5. Vous ont-ils raconté leurs vacances ?

6. J'aime beaucoup mon travail, et toi ?

7. Pardon, que disiez-vous sur mes roses ?

8. Vous achetez toujours vos arbres chez « Le verger » ?

a. Oui, les leurs sont de meilleure qualité.

b. Non, les nôtres sont encore trop petits.

c. Bien sûr que non, c'est la sienne, moi, je roulais très lentement.

d. Moi aussi, j'aime beaucoup le mien.

e. Désolé, la mienne aussi !

f. Ce sont les siennes, il ne les range jamais !

g. Je disais que les vôtres sont plus parfumées que les miennes.

h. Non, nous avons seulement parlé des nôtres.

7. Attention, ne confondez pas le pronom personnel *leur* (invariable) et l'adjectif possessif *(leur, leurs)* dans le texte suivant.

Marc et Sara se disputent sans cesse.

Les voisins en ont assez de (1) .... histoires, de (2) .... conversations. Ils le (3) .... ont déjà dit mais rien n'y fait. La police est intervenue, elle (4) .... a gentiment demandé de ne plus faire de bruit le soir mais ils sont incapables de se calmer. Même (5) .... famille n'arrive pas à les aider. Si ça continue, les habitants de l'immeuble vont (6) .... demander de déménager ou ce sont eux qui (7) .... laisseront la place car la cohabitation est impossible. Ils se rendent malheureux avec (8) .... bêtises. Quel dommage !

Les adjectifs et pronoms indéfinis

• Les adjectifs indéfinis

1. Trouvez les formes de l'adjectif *tout* (*tout, toute, tous* ou *toutes*).

Ex. : *Dans une bibliothèque, **tous** les livres, **toutes** les revues sont à la disposition de **tout** le monde, **toute** la journée.*

1. J'aurais aimé étudier .... ma vie.

2. .... les ans ils visitent une grande capitale, en Europe ou ailleurs.

3. Vous prendrez votre température .... les trois heures.

4. La tempête qui a soufflé .... la nuit a arraché presque .... les arbres et .... les fleurs du parc.

5. .... le monde suit ?

6. Ma fille adore lire ; cet été, elle a lu .... Balzac, ... les romans de Balzac.

7. 75 est le code de .... les véhicules immatriculés à Paris.

8. .... travail mérite sa récompense.

2. *Tout* ou *chaque* ? (Dans une des phrases, les deux sont possibles : *tout = chaque* dans des phrases à valeur générale.)

Ex. : ***Toute** la soirée, elle a parlé de ce qu'elle faisait **chaque** jour.*

1. On recommande à .... les conducteurs qui font de longs trajets de s'arrêter .... les deux heures.

2. Il pleut .... le temps ici.

3. J'aimerais pouvoir mettre un nom sur .... arbre.

4. Les savants ont-ils résolu .... les mystères de la nature ?

5. .... matin, nous prenons notre petit déjeuner en écoutant les informations à la radio.

6. Elle est restée chez elle .... la matinée.

7. .... homme a droit au travail.

8. C'est .... fois la même chose ; elle sort en oubliant ses clés.

3. Choisissez entre *tout* et *chaque* et faites des transformations si nécessaire (parfois deux réponses sont possibles).

Ex. : *(Tout / Chaque) soir en rentrant chez elle, elle fait le compte de (tout / chaque) les dépenses de la journée.*
 *→ **Chaque** soir en rentrant chez elle, elle fait le compte de **toutes** les dépenses de la journée.*

1. (Tout / Chaque) véhicule doit subir un contrôle technique (tout / chaque) les deux ans.

2. Après (tout / chaque) épreuve sportive, (tout / chaque) son corps lui semble douloureux, (tout / chaque) ses muscles lui font mal.

3. Aujourd'hui on peut dire que (tout / chaque) les certitudes s'effondrent.

4. (Tout / Chaque) vérité est-elle bonne à dire ?

5. (Tout / Chaque) les Français aiment-ils le vin, le pain et le fromage ?

6. On dit que (tout / chaque) Français boit un verre de vin à (tout / chaque) repas.

7. (Tout / Chaque) les journalistes doivent rechercher l'objectivité.

8. Cet écrivain fait paraître un livre (tout / chaque) année, celui-là en fait paraître un seulement (tout / chaque) les trois ou quatre ans.

4. *Plusieurs* ou *quelques* ? (Rappel : *plusieurs = + de deux et bien au-delà, quelques = un petit nombre* et cet adjectif a une valeur restrictive.)

Ex. : *C'était la fin de l'épreuve du bac. **Plusieurs** élèves avaient déjà quitté la salle et les professeurs passaient et repassaient en répétant : « Il ne vous reste que **quelques** minutes, dépêchez-vous. »*

1. C'était la fin de l'automne ; il ne restait plus que .... feuilles aux arbres.

2. Elle possède .... paires de chaussures élégantes, une quinzaine, mais elle ne porte que des baskets.

3. À la fin de la soirée, seuls .... invités bavardaient encore en buvant un dernier verre.

4. À Paris, il ne subsiste que .... bâtiments du XVIᵉ siècle.

5. J'ai lu .... textes de ce philosophe, au moins une vingtaine, mais je ne comprends toujours pas sa pensée.

6. Il lui suffit d'entendre .... mesures d'un morceau de musique pour en deviner l'auteur.

7. Chopin a écrit .... mazurkas, mais il n'a composé que deux concertos.

8. Il y a des écrivains qui ont un style si particulier qu'il suffit de lire .... lignes pour les reconnaître.

5. *Aucun, nul / tout, chaque / quelques, plusieurs* ?

Ex. : *Il était minuit. Il n'y avait **aucun** bruit dehors. **Toutes** les fenêtres étaient fermées. **Chaque** Parisien essayait de retrouver le repos. Mais parfois on entendait le pas de **quelques** passants.*

1. C'est extraordinaire, à 70 ans, il a encore .... ses dents, et il n'a .... cheveu blanc.

2. Quand on est ordonné, on trouve une place pour .... chose.

3. Est-ce que .... les pays demandent un visa à .... visiteur étranger ?

4. Je n'ai .... solution, je n'ai que des questions, dit le philosophe.

5. .... question ne doit rester sans réponse. J'ai .... les réponses à vos questions, dit l'homme politique.

6. .... homme ne peut rester insensible au malheur des autres.

7. Vous ne verrez .... habitant dans le petit village. .... le monde est parti depuis .... années déjà.

8. Parmi .... les programmes que la télévision présente, il y a .... séries américaines et seulement .... séries françaises. Les acteurs français s'en plaignent.

6. Récrivez la phrase en choisissant dans la parenthèse l'équivalent du mot souligné.

Ex. : *Il reste certains points à traiter. (certains = **des**)*
*Elle avait une bonne volonté certaine. (certaine = **évidente, sûre**)*

1. Elle n'est pas parfaite, mais elle a certaines qualités. *(= des / évidentes, sûres)*
2. Je vous recommande ce jeune homme, il a des qualités certaines. *(= des / évidentes, sûres)*
3. Nous avons des opinions différentes, mais nous nous aimons bien quand même. *(= plusieurs / opposées)*
4. Ils ont proposé différentes solutions que nous avons rejetées. *(= plusieurs / opposées)*
5. Nulle plante ne pourrait pousser sur une terre aussi pauvre. *(= aucun(e) / mauvais(e)*
6. Cet enfant désespère ses parents, il est nul en mathématiques. *(= aucun(e) / mauvais(e)*
7. – Où veux-tu aller dîner ? – Oh dans un restaurant quelconque. *(= n'importe quel / médiocre)*
8. – Comment as-tu trouvé ce restaurant : bon, mauvais, excellent ? – Mmm, vraiment quelconque. *(= n'importe quel / médiocre)*

7. *N'importe quel, tel, même, autre*?

Ex. : ***N'importe quel** professeur te dira que tu pourrais avoir d'**autres** résultats si tu ne faisais pas toujours les **mêmes** erreurs de méthode.*

1. Arrête de tourner autour de moi. Prends un livre, ... livre, et tiens-toi tranquille un moment.

2. Cet homme est un génie. Je n'ai jamais vu une .... intelligence.

3. Physiquement, cette adolescente ressemble à sa mère : elle a les .... yeux, le .... nez, la .... bouche, mais elle n'a pas le .... caractère.

4. – Je prendrai du poisson, toi aussi ? – Non, je prendrai un .... plat.

5. En ce qui concerne les repas, elle n'a aucune règle ; elle mange à .... heure.

6. Il est surprenant qu'elle ait eu une .... réaction. Je m'attendais à une .... attitude.

7. Rendez-vous mardi prochain, à la .... heure, au .... endroit.

8. – Avez-vous d(e) .... propositions à me faire ? – Non, nous en resterons là.

• Les pronoms indéfinis

1. Répondez par une phrase entière aux questions en utilisant le pronom *tout, tous, toutes*. Attention aux accords !

Ex. : *Tu as compris toutes les questions ?*
*Oui, **je les ai toutes comprises**.*

1. – Est-ce que tous ces romans sont de Victor Hugo ? – Non, ...

2. – Vérifiez. Vous avez bien pris votre passeport, votre carte d'identité, votre billet d'avion ? – Oui, oui, ...

3. – Est-ce que vous avez fait tous vos vaccins ? – Oui, ...

4. – Connaissez-vous toutes les capitales européennes ? – Non, ...

5. – Dans ma chambre, les murs sont bleus, le tapis est bleu, la lampe de chevet est bleue… – Mais alors, dans votre chambre .... !

6. – Avez-vous visité tous les musées parisiens ? – Non, ...

7. – Tu as mangé tes tomates, tes pâtes, ton yaourt et ta pomme ? – Oui maman, ... !

8. – Toutes les portes sont-elles bien fermées ? – Oui, ...

2. Tous, toutes ou chacun(e) ?

Ex. : Les trains sont **tous** partis à l'heure.

1. Ils sont .... venus.

2. Et puis .... est parti de son côté.

3. Mes amies étaient .... là pour mon anniversaire.

4. .... avait apporté un cadeau.

5. Nous rentrerons .... chez nous après la fête.

6. .... rentrera chez soi.

7. Nous serons .... prêtes dans quelques instants.

8. .... trouve son bonheur où il peut.

3. Répondez à la forme négative en utilisant les mots suivants : personne, rien ou aucun(e).

Ex. : Avec qui est-elle ? – Avec **personne**. ou Elle **n**'est avec **personne**.

1. – Qui a pris le livre ? – ....

2. – Veux-tu quelque chose d'autre ? – ....

3. – Combien d'oiseaux ont échappé à la marée noire ? – ...., c'est catastrophique.

4. – Tu as tout vu ? – ....

5. – Est-ce que tu as lu quelque chose d'intéressant ? – ....

6. – Quelqu'un est passé ? – ....

7. – Combien de malades le médecin doit-il visiter aujourd'hui ? – ...., le médecin ne consulte pas aujourd'hui.

8. – Quelqu'un d'autre a quelque chose à dire ? – ....

4. Complétez par : n'importe qui, n'importe quoi, n'importe lequel, laquelle…

Ex. : **N'importe qui** fait **n'importe quoi** dans cette entreprise.

1. Je peux inviter qui je veux pour mon anniversaire ? Vraiment .... ?

2. Quelle réponse ! Mais c'est .... !

3. Je vais demander à un spectateur, ... parmi vous, de monter sur la scène.

4. – Que voulez-vous boire ? – Oh ....

5. Allez, posez-moi une question, ..., j'y répondrai.

6. Prenez des magazines, ..., vous y trouverez les mêmes images, les mêmes articles.

7. Je voudrais parler à quelqu'un, à ...., cela m'est égal.

8. – De toutes les jeunes actrices que vous avez rencontrées, quelle est celle que vous choisirez pour jouer le rôle principal ? – Oh, ..., elles sont toutes pareilles.

5. Lequel choisissez-vous ? *Plusieurs, certains, quelques-uns, l'un, l'autre ?*

Ex. : – *Connaissez-vous beaucoup de pays d'Afrique ? – Oh non,* ~~plusieurs~~ **quelques-uns** *seulement, deux ou trois tout au plus.*

1. – Avez-vous beaucoup d'amis ici ? – Non, j'en ai seulement <u>plusieurs / quelques-uns</u>.
2. – Lisez-vous des romans policiers ? – Oui, et même <u>plusieurs / certains</u> par mois.
3. – Que pensez-vous de ces deux candidats ? – <u>L'autre / L'un</u> est compétent mais plutôt âgé, <u>l'un / l'autre</u> est jeune mais il n'est pas très expérimenté.
4. – Est-ce que tous les élèves d'une classe se ressemblent ? – Non, <u>certains / les uns</u> sont attentifs, <u>les uns / les autres</u> distraits ; <u>quelques-uns / plusieurs</u>, ils ne sont pas nombreux, sont excellents.
5. – Avez-vous vu tous les films de Fellini ? – Presque tous peut-être, en tout cas, j'en ai vu <u>plusieurs / quelques-uns</u>.
6. – Avez-vous vu tous les films de Christian Tournon ? – Oh non, <u>les uns / quelques-uns</u> m'ont suffi, je n'aime pas Christian Tournon.
7. – Où sont vos enfants et vos petits-enfants ? Vivent-ils tous près de vous ? – Malheureusement non ; <u>les uns / les autres</u> vivent ici, mais <u>les autres / quelques-uns</u> sont à l'étranger : <u>certains / plusieurs</u> en Amérique du Nord, <u>certains / quelques-uns</u> en Afrique.
8. – Qui sont ces deux jeunes filles ? – <u>L'autre / L'une</u> est la petite amie de mon fils, <u>l'une / l'autre</u> est ma nièce.

6. Complétez par : *le même, la même, les mêmes, un autre, d'autres, autre chose, autrui, je ne sais qui, un je-ne-sais-quoi.*

Ex. : *C'est agaçant ! Tu veux tout faire comme moi. J'achète une robe, tu achètes **la même**, je commande un plat, tu commandes **le même**, je choisis des films, tu choisis **les mêmes**. Tu ne pourrais pas acheter, commander et choisir **autre chose** ?*

1. – Quel vin désires-tu ? – Oh, je ne sais pas. Qu'est-ce que tu as choisi ? Un brouilly ? Moi j'en prendrai ...., je prendrai plutôt un pouilly fumé.

2. – Tu as encore faim ? Veux-tu .... ?

3. La morale enseigne de faire passer .... avant soi-même.

4. Lorsqu'on achète un canapé chez Ikea, on est sûr de trouver .... chez des amis ou chez des voisins.

5. Quand on lit un roman de cet écrivain, on les a tous lus. Il réécrit toujours ....

6. – Ce chanteur a-t-il chanté ses chansons habituelles ? – C'est vrai qu'il chante toujours ...., mais cette fois-ci, il en a chanté ....

7. Elle a quitté ses amis, sa famille pour vivre avec ...., un type que personne ne connaît.

8. Il n'est peut-être pas très beau ni très intelligent, mais il a ....

Les adjectifs et pronoms interrogatifs et exclamatifs

1. Passage du français standard (avec *Est-ce que…*) au français plus soutenu (avec inversion du sujet). Transformez comme dans l'exemple.

Ex. : *Qu'est-ce que tu fais ?* → ***Que fais-tu ?***

1. Qu'est-ce qu'ils disent ?
2. Qu'est-ce que vous prendrez comme dessert ?
3. Qu'est-ce que tu as fait le week-end dernier ?
4. Qu'est-ce que vous pensez de ma proposition ? Est-ce que vous êtes d'accord ?
5. Avec qui est-ce que tu t'en vas en vacances ?
6. Chez qui est-ce que vous avez passé la soirée ?
7. Où est-ce que tu as acheté ton manteau ? Il est superbe.
8. Par où est-ce que tu es passé ? Je ne t'ai pas vu.

2. Complétez avec la forme correcte de l'adjectif interrogatif ou exclamatif *quel*.

– Comment ! Il est déjà parti ! (1) .... idée ! La fête commence à peine. Et (2) .... raison a-t-il donnée pour partir comme ça, sans prévenir et sans même dire au revoir ? (3) .... mal élevé ! Et d'abord, (4) .... obligations pouvait-il avoir ? Il m'avait dit qu'il serait libre toute la soirée !

– Arrête de poser des questions ! (5) .... fille curieuse tu es ! De (6) .... droit le surveilles-tu ?

– (7) .... culot ! Tu peux parler, toi qui veux toujours tout savoir !

– Bon, alors, dis-moi, (8) .... est son prénom ?

3. Proposez un contexte pour chacune des expressions suivantes

Ex. : *Quel pays !* → ***Ça fait trois jours qu'il pleut sans arrêt ! Quel pays !***
    Quel pays ? → ***– Il a vécu dans le plus beau pays du monde – Ah oui ? Quel pays ?***

1. Quelle ville !
2. Quelle ville ?
3. Quel acteur !
4. Quel acteur ?
5. Quelles aventures !
6. Quelles aventures ?

4. Pour chacune des réponses, complétez la question en utilisant : *quel, quelle, quels, quelles* **avec une préposition si c'est nécessaire (il peut s'agir de personnes ou de choses).**

Ex. : – *Par quelle* route êtes-vous passés ?
    – Par la Nationale 113, comme d'habitude.

1. – .... distance se trouve le supermarché le plus proche ?

– À douze kilomètres environ, en allant vers Amiens.

2. – .... études avez-vous faites ?

– Des études de droit puis une maîtrise de sciences politiques.

3. – .... amis sors-tu ce soir ?

– Avec des copains du lycée, Pierre, Marina, Éva…

4. – .... région passez-vous vos vacances ?

– En général, dans le Midi, en Provence ou sur la Côte d'Azur.

5. – .... défaut avez-vous le plus d'indulgence ?

– Je ne sais pas, peut-être pour le bavardage. Ou bien pour la paresse.

6. – .... année êtes-vous né ?

– En 1979.

7. – .... chaînes de télévision regardez-vous ?

– La deuxième et la troisième, le plus souvent.

8. – .... couleur sont les yeux d'Isabelle Adjani ?

– Bleus, très bleus.

Les pronoms relatifs

1. *Qui* (toujours sujet) ou *que* (toujours complément d'objet) ? Entourez la forme correcte.

Ex. : *C'est quelqu'un qui / (que) j'aime beaucoup.*

1. Tu te souviens ? C'est ce film <u>qui / que</u> nous avons vu à Versailles l'hiver dernier.
2. C'était un film <u>qui / que</u> tu avais adoré.
3. Moi, ce n'est pas le film de John Huston <u>qui / que</u> je préfère.
4. Tu vois de quoi je parle ? Ce vieux film <u>qui / que</u> est sorti dans les années 50…
5. Si je me souviens bien, c'est une histoire <u>qui / que</u> se passe à New York.
6. Dans ce film, c'est Humphrey Bogart <u>qui / que</u> jouait le rôle principal.
7. Mais le titre… C'est un titre <u>qui / que</u> j'oublie toujours !
8. Mais toi, tu dois savoir. C'est un film <u>qui / que</u> tu as vu au moins vingt fois.

2. Avec ces deux phrases simples, construisez une phrase complexe en utilisant les pronoms qui, *que, où*.

Ex. : *Elle a un frère. Ce frère s'appelle Gérard.*
　　→ **Elle a un frère qui s'appelle Gérard.**

1. J'ai fini par trouver un manteau. Il correspond exactement à ce que je cherchais.
2. Je vais vous proposer une solution. Elle vous conviendra certainement.
3. Dans ce cours, il y a beaucoup d'Italiens. Je les trouve très sympathiques.
4. Demain, je vais dans un musée d'art africain. Je n'y suis encore jamais allé.
5. Elle vient d'avoir un enfant. Elle l'a appelé Victor.
6. Je connais un excellent restaurant. On y mange des cuisses de grenouille délicieuses !
7. C'est un très vieil ami. Je le connais depuis vingt ans.
8. Je vais te présenter quelqu'un. Tu vas beaucoup l'apprécier, j'en suis sûr.

3. Verbes construits avec la préposition *de*. Avec ces deux phrases simples, construisez une phrase complexe en utilisant le pronom *dont*. (Remarque : n'oubliez pas qu'on ne peut pas avoir dans la même phrase *dont* et *en*, ni *dont* et un possessif.)

Ex. : *C'est une erreur tragique. Il s'en est aperçu trop tard. (s'apercevoir **de** quelque chose)*
　　→ **C'est une erreur tragique <u>dont</u> il s'est aperçu trop tard.**

1. On vient de m'offrir un livre d'art. J'avais une envie folle de ce livre.
2. Ne vous inquiétez pas pour ce travail. Je m'en chargerai très volontiers.
3. Ils ont trois enfants très jeunes. Ils s'occupent d'eux avec une patience d'ange !
4. Je viens d'acheter un studio à Nice. Tu peux en profiter, si tu veux.
5. Dans ma vie j'ai fait beaucoup de sottises. Je m'en suis souvent repenti.
6. Ils ont des conditions de travail très pénibles. Ils s'en plaignent sans arrêt mais ils ne font rien pour changer les choses.
7. Tu te rappelles cette histoire d'ascenseur en panne ? Je t'en ai parlé hier matin.
8. À la maison, on a beaucoup de vieilles choses. On aimerait bien s'en débarrasser.

4. Adjectifs construits avec la préposition *de*. Avec ces deux phrases simples, construisez une phrase complexe en utilisant le pronom *dont*. (Même remarque.)

Ex. : *Voilà une étrange nouvelle. J'en suis très surpris.*
→ ***Voilà une étrange nouvelle dont je suis très surpris.***

1. Le peintre regarde son dernier tableau. Il en est satisfait.
2. Notre Renault est une vieille voiture. Nous en sommes contents malgré tout.
3. Il parle sans arrêt de son jardin. Il en est extrêmement fier.
4. Ma banque ? C'est une banque plutôt efficace. J'en suis assez satisfaite.
5. Voilà les dernières nouvelles. J'en ai été informé ce matin même.
6. Il a tenu des propos insultants. Tout le monde en a été scandalisé.

5. Avec ces deux phrases simples, construisez une phrase complexe en utilisant le pronom *dont*.

Ex. : *Il a acheté une vieille maison. Ses murs sont couverts de vigne vierge.*
→ ***Il a acheté une vieille maison dont les murs sont couverts de vigne vierge.***

1. C'est un petit bureau que j'adore. Mais j'en ai perdu la clé depuis longtemps.
2. Tu sais, c'est mon cousin François. Sa fille vit actuellement en Espagne.
3. C'est un roman qui commence bien. Mais je n'en ai pas aimé la fin.
4. Je me demande bien à qui appartient cette maison. Ses volets sont toujours fermés.
5. François Truffaut aimait bien le premier film de Jean-Luc Godard *À bout de souffle*. Il en avait d'ailleurs écrit le scénario.
6. C'est une histoire assez étrange. On n'en connaît pas tous les détails.
7. Je viens de lire un roman magnifique. L'action se passe au Moyen Âge.
8. Il a épousé une très jolie fille. Mais son caractère est plutôt difficile.

6. Complétez avec *qui, que, où, dont*.

Voici la petite ville (1) .... sont nés mes parents. C'est une jolie ville (2) .... n'a pas beaucoup changé au fil des ans. Tous ceux (3) .... y vivent vantent son charme et sa tranquillité. La seule chose (4) .... tout le monde se plaint, c'est la quantité de voitures (5) .... stationnent l'été dans les petites rues étroites. Le maire, (6) .... je connais bien, puisque c'est un ancien camarade de classe, voudrait bien transformer ces ruelles en zones piétonnes mais les commerçants, (7) .... vivent du tourisme, ne sont pas d'accord. Les prochaines élections municipales, (8) .... on parle déjà beaucoup, seront décisives pour l'avenir.

7. Même consigne.

Regarde, sur cette photo, c'est Loulou, le chien ***dont*** je t'ai mille fois parlé. C'était un chien (1) .... était un peu bête mais (2) .... toute la famille adorait. Le jour (3) .... il a disparu, tout le monde était désespéré. Tu ne peux pas imaginer les larmes (4) .... j'ai versées ce jour-là ! Ce jour-là et les jours suivants car on l'a cherché une semaine entière. Je t'assure que c'est une semaine

(5) .... on se souviendra toute notre vie. On l'a cherché partout, dans tous les coins (6) .... il se cachait d'habitude.

Finalement, c'est mon petit frère Laurent (7) .... l'a retrouvé dans la cave (8) .... on l'avait enfermé par mégarde.

Il est mort dix ans plus tard, l'année (9) .... j'ai quitté la maison.

8. Donnez la définition des mots suivants en utilisant une préposition *(avec, sans, grâce à, à l'aide de..., à cause de, pour, contre, par, dans...)* + *lequel, laquelle, lesquels, lesquelles.*

Attention aux pronoms relatifs contractés :
à + lequel → auquel ; à + lesquels → auxquels ; à + lesquelles → auxquelles
de + lequel → duquel ; de + lesquels → desquels ; de + lesquelles → desquelles

Si vous ne connaissez pas le mot, utilisez votre dictionnaire.

Ex. : *des bigoudis = ce sont des rouleaux en plastique **sur lesquels** on enroule les cheveux pour les faire boucler.*

1. une pince à linge =

2. un tire-bouchon =

3. des béquilles =

4. un microscope =

5. une montgolfière =

6. une pince à épiler =

7. des lentilles (verres de contact) =

8. l'oxygène =

9. Complétez avec l'un des pronoms suivants : *chez lesquels/chez qui, avec lequel/avec qui, pour laquelle, dans lequel, contre lesquelles, auquel, parmi lesquelles, sur lesquels.*

Ex. : *Nous nous sommes trompés de chemin, ce n'est pas la route **par laquelle** nous sommes passés hier.*

1. Tu connais le garçon .... Larissa est partie en Grèce ?

2. La malhonnêteté, c'est une chose .... je n'ai aucune indulgence.

3. Comment s'appelle le film .... tu as fait allusion hier soir ?

4. Il y a deux ou trois points de détail .... je voudrais insister un peu.

5. Le train était presque vide. Le wagon .... on s'est installés était libre.

6. Insolence, bagarres, insultes, autant d'incivilités .... l'Éducation nationale a décidé de lutter.

7. Les gens .... Francine habite sont très sympathiques.

8. À cette soirée, il y avait de nombreuses actrices, ... on a remarqué Sophie Marceau, Isabelle Huppert et Juliette Binoche.

10. Le pronom relatif neutre *quoi*. Observez les prépositions. Que constatez-vous ? Quand emploie-t-on le pronom *ce* ?

1. Elle ne le punit jamais sans motif, <u>ce en quoi</u> elle a parfaitement raison.

2. Couper l'herbe, voilà <u>ce par quoi</u> il faut commencer !

3. Tu as fait les sandwiches, bravo ! C'est <u>ce à quoi</u> je n'avais pas pensé.

4. Les chauffeurs routiers ont des salaires insuffisants. Une augmentation substantielle, c'est <u>ce pour quoi</u> ils manifestent aujourd'hui.

5. Finis ton travail, <u>après quoi</u> tu pourras aller jouer.

6. Vous êtes prié de compléter votre dossier, <u>faute de quoi</u> nous ne pourrions pas vous inscrire.

7. Ses deux courts-métrages ont été très remarqués, <u>grâce à quoi</u> il a pu obtenir une avance sur recettes pour réaliser son premier film.

8. Mon oncle a eu une pneumonie, <u>à la suite de quoi</u> il a dû annuler ses projets de voyage.

11. Utilisez le pronom relatif *dont* chaque fois que cela est possible. Sinon, utilisez le pronom relatif composé *lequel*. Faites les transformations nécessaires (*de + lequel = duquel*).

1. La tour, ... le sommet était occupé par un restaurant gastronomique, était fermée pour travaux.

2. La tour, au sommet de .... se trouvait un restaurant gastronomique, était fermée pour travaux.

3. Le lac, sur les bords de .... poussaient des iris, était très pittoresque.

4. Le lac, ... les bords étaient couverts d'iris, était très pittoresque.

5. Cette maison, ... les balcons sont ornés de géraniums rouges et blancs, a obtenu le premier prix des maisons fleuries.

6. La maison, sur les balcons de .... tu vois ces beaux géraniums rouges et blancs, a obtenu le premier prix des maisons fleuries.

7. Qui est donc cet homme à la vue de .... elle s'est enfuie ?

8. C'est un homme ...., personnellement, je pense beaucoup de bien.

BILAN

1. Retrouvez huit pronoms relatifs et soulignez-les.

Quand le temps était clair et que ma mère avait fini l'une de ces multiples tâches auxquelles elle consacrait la matinée du samedi, nous prenions nos vélos. Il n'y avait que cinq kilomètres pour aller jusqu'à la mer mais cela nous paraissait, à nous qui étions si petits, le bout du monde.

La plage de sable fin où nous arrivions enfin était le paradis que nous avions attendu toute la semaine. Le premier qui se jetait à l'eau (une eau que, sans vouloir l'avouer, nous trouvions bien fraîche) était applaudi à grand bruit. Ces moments que rien ne venait assombrir et dont le souvenir m'est encore si proche sont parmi les plus doux de mon enfance.

3. LA QUANTIFICATION

1. Écrivez en toutes lettres les nombres suivants.

1. 41 = ...   5. 92 = ...
2. 70 = ...   6. 100 = ...
3. 71 = ...   7. 400 = ...
4. 79 = ...   8. 801 = ...

2. Écrivez en toutes lettres les sommes (phrases 1 à 5) et les dates (phrases 6 à 8).

1. Veuillez trouver ci-joint un chèque de <u>81 euros</u> à l'ordre de Cécile Barrot.
2. Chèque de <u>200 euros</u>. Destinataire : Sonia Chauffourier.
3. Reçu. Je reconnais avoir reçu de monsieur Denis Petit la somme de <u>235 euros</u>.
4. Facture du 13 septembre 2003 : <u>2 393,30 euros</u>. En votre aimable règlement.
5. Votre salaire brut s'élèvera à <u>3 021,50 euros</u>.
6. Le charleston était à la mode à la fin des <u>années 30</u>.
7. <u>En 68</u>, la France a connu un mouvement étudiant très fort.
8. Ils se sont rencontrés au milieu <u>des années 70</u>.

3. Écrivez en toutes lettres ce qui est en gras.

1. À la fin de la **1re** mi-temps, l'équipe de Bastia menait par **3 buts à 0**.
2. Mais, au cours de la **2e** mi-temps, à la **12e** minute exactement, miracle !
3. Thierry Henry marquait enfin son **1er but**, un but absolument superbe.
4. Vous laisserez les **1ers** exercices, ils sont trop faciles.
5. Faites seulement ceux de la **3e** page.
6. Il vit au **3e** ou au **13e** étage ? J'ai mal compris.
7. Ni l'un ni l'autre, son appartement est au **10e** étage.
8. Elle a eu de la chance, elle a été reçue à son concours mais c'était très juste. Elle était **99e** sur cent.

4. Complétez avec l'un des mots suivants : *une demi-douzaine ; une huitaine ; une douzaine ; une vingtaine ; une cinquantaine ; une centaine ; plusieurs centaines ; des milliers.*

1. Vous voulez des huîtres ? Je vous en mets combien ? .... ?

2. Non merci, j'en prendrai seulement ....

3. Elle a une fille d(e) .... d'années qui est étudiante à Reims.

4. Certains étudiants dont les parents vivent loin de tout sont obligés de faire leurs études à .... de kilomètres de chez eux.

5. Chaque week-end, été comme hiver, mon frère fait .... de kilomètres à bicyclette. C'est pour cela qu'il reste en forme malgré son travail.

6. Vous savez qu'il est chauffeur routier, toujours dans son camion, par tous les temps, du lundi au vendredi. Il fait chaque année .... de kilomètres. C'est un métier très dur, physiquement et nerveusement.

7. On recherche Luc Farra. Il est âgé d(e) .... d'années, il a une barbe poivre et sel, des lunettes et porte un manteau bleu marine.

8. Il a disparu il y a peu de temps, ... de jours, lundi dernier exactement.

5. Complétez en choisissant l'un des mots suivants : *aucun(e), chacun(e), quelques, certains, plusieurs, tout, toute, tous, toutes, la plupart, la quasi-totalité.*

Concours d'entrée à l'Institut supérieur des langues européennes

Le concours a eu lieu le 12 juin. (1) .... les candidats devaient se présenter à neuf heures précises en salle 210. (2) .... retard n'était accepté, (3) .... excuse non plus. Comme toujours, il y avait (4) .... retardataires mais très peu, deux ou trois seulement. Ils n'ont pas pu se présenter à l'examen.

(5) .... des candidats devait se munir d'une carte d'identité et de sa carte d'étudiant. (6) .... dictionnaire ni (7) .... grammaire n'étaient autorisés.

En tout, il y avait 430 candidats. (8) .... d'entre eux, 375 exactement, ont été reçus, (9) .... très brillamment, d'autres dans la moyenne, d'autres encore de justesse.

Et les 55 « collés », que deviennent-ils ? Parmi eux, (10) .... candidats (une quinzaine, seulement ceux qui ont obtenu entre 9 et 10 sur 20) pourront se présenter à une session de rattrapage en septembre.

Finalement, entre les reçus de juin et les « rattrapés » de septembre, on peut espérer que (11) .... des étudiants réussiront ce concours. On suppose que seuls 10 % des candidats seront définitivement éliminés. Et pourtant, ce n'était pas facile : parmi les épreuves proposées aux candidats, il y en avait (12) .... qui étaient assez compliquées, (13) .... étaient même vraiment difficiles.

6. Reliez.

Puisque tu vas faire les courses, pourrais-tu me rapporter :

1. un litre d(e)	a. crème fraîche
2. une demi-livre d(e)	b. sardines à l'huile
3. deux paquets d(e)	c. mayonnaise
4. un petit pot d(e)	d. roses blanches
5. une boîte d(e)	e. café moulu
6. cinq tranches d(e)	f. lait demi-écrémé
7. un tube d(e)	g. beurre
8. un bouquet d(e)	h. jambon

4. LA QUALIFICATION

Le complément du nom

1. *À, de (d')* ou *en*? Entourez la bonne réponse.

1. Ils vivent dans un très bel immeuble <u>à / de (d') / en</u> pierre de taille.

2. À partir du 8 janvier, les soldes <u>à / de (d') / en</u> hiver commencent partout.

3. Dans l'avion Toulouse-Paris, il y avait beaucoup d'hommes <u>à / de (d') / en</u> affaires qui revenaient de la grande foire-exposition d'octobre.

4. Notre machine <u>à / de (d') / en</u> laver est encore en panne !

5. Son sac <u>à / de (d') / en</u> main est absolument superbe.

6. Il est <u>à / de (d') / en</u> crocodile, il vient d'Afrique.

7. Si vous continuez à tousser, prenez une cuillère <u>à / de (d') / en</u> soupe de sirop trois fois par jour.

8. Qu'est-ce qui vous ferait plaisir ? Une bonne tasse <u>à / de (d') / en</u> thé bien chaude ?

2. Complétez avec, au choix : *à, de (d'), avec, sans, pour, en...*

1. – Bonjour, je voudrais une chambre pour une nuit, s'il vous plaît.

– Très bien. Une chambre .... douche ou .... salle de bains ?

2. Nous allons toujours dans des hôtels .... première catégorie.

3. C'est une chanson très .... la mode, cet hiver.

4. Est-ce que vous avez des livres .... adolescents ? De préférence en livres .... poche, c'est moins cher.

5. L'été prochain, comme chaque année, nous irons dans notre maison .... campagne.

6. Vous préférez les films .... version originale ou .... version française ?

7. Il achète toujours des voitures .... occasion.

8. Tu as pris tes chaussures .... ski ? Ta veste .... Gore-Tex ? Tes chemises .... laine ? Ta crème .... bronzer ?

L'adjectif

1. Reliez les noms aux adjectifs.

1. une voiture		a. actif
2. une route		b. bleu
3. un homme		c. caillouteuse
4. des cheveux		d. public
5. un chemin		e. puissante
6. une femme		f. publique
7. une école		g. roux
8. une jupe		h. bleue
9. un camion		i. rousse
10. un pull		j. caillouteux
11. une chevelure		k. puissant
12. un banc		l. active

2. Complétez comme dans l'exemple.

Ex. : *Pablo est espagnol. Ines est **espagnole.***

1. Cet homme est jeune. Cette femme est ....

2. Ma chatte est très joueuse. Mon petit chien est ....

3. Éric est toujours heureux. Sa femme est ....

4. Ma voisine est joyeuse mais un peu trop curieuse. Son mari est ....

5. Sa fille est rousse, douce et gentille. Son fils est ....

6. Elle assiste au cours en auditrice libre. Il assiste au cours ....

7. C'est une vieille femme qui semble fatiguée. C'est un ....

8. Quel beau match ! Quel .... exploit ! Quelle .... partie de tennis !

3. Accordez l'adjectif entre parenthèses si c'est nécessaire.

1. Hier soir, les deux petites étaient vraiment très *(fatigué)* ; elles se sont couchées à huit heures du soir.

2. Il vient souvent à Tours mais les deux *(dernier)* fois, je ne l'ai pas vu car j'étais en déplacement.

3. Sa mère a plus de quatre-vingt-dix ans mais elle est encore très *(actif)*, très *(vif)* ; elle habite *(seul)* et se débrouille très bien.

4. Les gens trop *(jaloux)* sont le plus souvent *(malheureux)*.

5. Mes deux filles et mon fils sont très *(brun)* et ils ont les yeux *(noisette)*.

6. Elle a acheté en solde deux chemises *(blanc)* et des chaussures *(bleu marine)*.

7. Hier, j'ai rencontré par hasard un *(vieux)* ami que je n'avais pas vu depuis des années.

8. Tu as fait des folies mais quelle élégance : un *(nouveau)* pull, une *(nouveau)* veste, un *(nouveau)* imperméable ! Mais je vois que tu as gardé tes *(vieux)* chaussures.

4. Même consigne.

1. Quand ils sont *(petit)*, les enfants sont souvent très *(drôle)*.

2. Je vous souhaite une très *(bon)* année et une *(bon)* santé.

3. Ils ont déménagé, ils ont quitté leur *(vieux)* appartement et vivent maintenant dans une maison *(neuf)* au bout du village.

4. Depuis qu'il existe des téléphones *(portable)*, il y a de moins en moins de cabines *(public)* dans les rues.

5. Le président a d'abord évoqué les problèmes *(national)* puis il a abordé, plus rapidement, les questions *(international)*.

6. Pendant longtemps, la France *(rural)* était plutôt *(conservateur)* mais depuis quelques années, la différence ville/campagne est beaucoup moins *(net)*.

7. Les acteurs, la mise en scène, la musique, les décors, tout dans ce film est *(superbe)*.

8. – Hier soir, j'ai trouvé qu'ils n'étaient pas très en forme. Pas toi ?
– Si. Moi aussi, j'ai trouvé qu'ils avaient l'air *(fatigué)*.

5. Complétez avec l'un des adjectifs à valeur d'adverbe qui suivent (en ce cas, l'adjectif reste invariable) : *juste, faux, sec, fort, net, jaune, rouge, froid, bon, chaud, cher, lourd, dur, jeune, vieux, mauvais, bas, haut.*

1. Soudain, on entendit quelqu'un qui criait très ....

2. Si tu as pris froid, la meilleure chose à faire est de boire ....

3. Mm… Ça sent ....! Qu'est-ce que c'est ? Une tarte ?

4. Cette année, les huîtres coûtent beaucoup plus .... que l'an dernier.

5. Pour cet examen, je sais que vous avez travaillé .... pendant des mois. Vous avez bien mérité de réussir.

6. Si vous voulez que tout le monde puisse entendre, il faut parler plus ....

7. Si tu ne viens pas manger tout de suite, tu vas manger ....

8. Quand il m'a dit ça, j'étais furieux. Vraiment, j'ai vu .... J'ai failli lui casser la figure.

6. Degré d'intensité de l'adjectif. Classez par ordre d'intensité, du plus agréable au moins agréable.

1. Elle est très agréable.
2. Elle est assez peu agréable.
3. Elle est franchement désagréable.
4. Elle est assez agréable.
5. Elle est extrêmement agréable.
6. Elle est agréable.
7. Elle n'est pas agréable.
8. Elle est peu agréable.

7. La construction de l'adjectif. Complétez par *à* ou *de*.

1. Je suis vraiment ravi .... vous avoir rencontré.

2. Si tu es fatigué .... attendre debout, assieds-toi.

3. Alors, ça y est ? Tout le monde est prêt .... partir ?

4. Je suis désolé .... vous avoir dérangé pour rien.

5. Il est très fier .... sa fille Louise.

6. Si tu es pressé .... partir, va, je fermerai le magasin.

7. Elle s'est longtemps opposée .... cette idée mais finalement, elle s'est résignée !

8. Je n'ai pas été surpris .... ce résultat.

8. Complétez avec la préposition qui convient *(à, de, en, contre, dans, envers…)*.

1. Pardon, est-ce que le pourboire est compris .... l'addition ?

2. Ce que vous proposez est contraire .... toutes les règles.

3. Excusez-nous, ce retard est tout à fait indépendant .... notre volonté.

4. Il faut toujours être bon .... les animaux.

5. On dit souvent : « Malheureux .... jeu, heureux .... amour » pour consoler ceux qui perdent.

6. Hier soir, j'étais absolument furieux .... lui, j'ai été vraiment choqué .... son attitude !

7. Sa fille est gentille mais elle n'est pas très douée .... les études.

8. Elle est assez bonne .... maths mais nulle .... français et .... langues.

Les préfixes et les suffixes

1. En utilisant des préfixes négatifs *(a-, in-, dés-, mal-, ant-...)*, donnez le contraire des adjectifs soulignés.

Ex. : *Votre information est <u>exacte</u>. → Votre information est **inexacte**.*

1. C'est une jeune fille <u>agréable</u>. ....

2. Ces enfants sont <u>ordonnés</u> et <u>organisés</u>. ....

3. Elle a l'air <u>heureuse</u>. ....

4. Ses désirs sont <u>limités</u>. ....

4. Vous avez été <u>adroit</u> et vos efforts ont été <u>utiles</u>. ....

5. C'est une histoire à peine <u>croyable</u>, tout à fait ....

6. Ton devoir est <u>lisible</u> cette fois-ci ? Non, il est .... comme d'habitude.

7. Votre raisonnement est <u>logique</u>. ....

2. Modifiez l'expression soulignée en utilisant un préfixe pour marquer la supériorité *(archi-, hyper-, sur-, super-, ultra-...)* et complétez les phrases suivantes.

Ex. : *Il est conservateur, **ultraconservateur**.*

1. Rappelle-moi l'air de cette chanson, tu sais, elle est très <u>connue</u>, ...

2. Ce pays est devenu très <u>puissant</u>, ...

3. Il a eu une mère protectrice, et même .... !

4. Ne la trouble pas, ne sois pas brutal, elle est très <u>sensible</u>, ...

5. Ce sont des mensonges, c'est <u>faux</u>, ...

6. « Mon fils est un enfant très <u>doué</u>, ... », dit fièrement la mère.

7. Aujourd'hui on voyage dans des avions qui dépassent la vitesse du son, dans des avions ....

8. Cet excellent professeur faisait ses cours dans des amphithéâtres <u>pleins</u>, ... !!

3. À l'aide de suffixes, formez des adjectifs à partir des expressions soulignées.

Ex. : *Mon mari travaille dans <u>la fonction</u> publique, il est **fonctionnaire**.*

1. Elle exerce un travail <u>qui se fait à la main</u>, un travail ....

2. Ce vote n'était pas <u>conforme à la démocratie</u>, il n'était pas ....

3. Elle était <u>comme d'habitude</u>, elle avait son air ....

4. Ce sont des phrases qui appartiennent à la forme <u>de l'interrogation</u>, à la forme .....

5. Vous avez une attitude <u>que l'on ne peut admettre</u>, une attitude ....

6. Il paraît que le Mont-Blanc est un sommet <u>auquel on peut accéder facilement</u>, un sommet ....

7. Votre dévouement est <u>digne d'admiration</u>, il est ....

8. Ce vin est un peu éventé, mais faute de mieux, <u>on peut le boire</u>, il est ....

La place de l'adjectif

1. Associez les noms et les adjectifs suivants en mettant l'adjectif à la place qui convient.

1. Un homme   (âgé)
2. Une femme   (vieille)
3. Un dictionnaire (gros)
4. Une feuille   (verte)
5. Des étudiants   (espagnols)
6. Des robes   (longues)
7. Une table   (petite)
8. Un tapis   (rond)
9. Un tableau   (beau)

2. Placez et accordez convenablement les adjectifs entre parenthèses (il peut y avoir parfois plusieurs possibilités).

Ex. : *Un chat dormait au soleil. (petit, blanc)* → *Un* **petit** *chat* **blanc** *dormait au soleil.*

1. Il s'est acheté une voiture *(beau, allemand)*.
2. Vous devez passer une visite *(médical)*.
3. À la fenêtre de mon salon, j'ai accroché des rideaux *(rouge, épais)*.
4. Elle travaillait sur une table *(grand, ancien)*.
5. C'est son ami *(petit, ancien)*.
6. Dans les deux vers *(premier)*, le poète dit sa tristesse.
7. Sur le banc, il y avait un homme *(vieux)* et une femme *(âgé)*.
8. Elle avait toujours à portée de sa main des dictionnaires de langue *(gros)*.

3. Placez et accordez convenablement les adjectifs entre parenthèses (il peut y avoir parfois plusieurs possibilités).

1. Parmi les manifestants, il y avait des lycéens, des étudiants, des professeurs *(jeune, allemand et français, célèbre)*.
2. Mon salon est une pièce *(grand, rectangulaire)*.
3. Mes amis, je lève mon verre à votre santé *(cher)*.
4. Son armoire est remplie de vêtements *(très cher)*.
5. Regarde ! Quel ciel *(beau, bleu)* !
6. Je vous présente un élève *(nouveau)*.
7. L'année a été exceptionnelle à tous points de vue *(dernier)*.
8. Est-ce que ce sera la même chose l'année *(prochain)* ?

4. Donnez un équivalent pour chacun des adjectifs soulignés.

Ex. : *Je l'ai vu de mes propres yeux. (« propre » ici renforce l'adjectif possessif = mes yeux à moi)*
Mets une chemise propre. (« propre » ici est le contraire de « sale »)

1. C'est un grand homme. / C'est un homme très grand.
2. En été ils louent des chambres dans une ancienne abbaye. / Ils logent dans la partie la plus ancienne.
3. Remettez le document en mains propres. / As-tu les mains propres ?
4. Je ne le verrai plus, c'est un sale type. / Le pauvre clochard était vraiment sale.
5. C'est un curieux personnage, tu ne trouves pas ? / Méfie-toi de lui, il est très curieux.

6. C'est un <u>brave</u> garçon. / Il n'a peur de rien. C'est un garçon très <u>brave</u>.

7. Ils nous ont présenté <u>différents</u> projets, ils étaient tous <u>différents</u>.

8. <u>Divers</u> bruits couraient sur la santé du président, des bruits très <u>divers</u>.

5. Récrivez les phrases en donnant le contraire des mots soulignés (attention à la place de l'adjectif).

1. Je l'ai aperçu au volant de sa <u>vieille</u> voiture.

2. Mon amie se plaint sans cesse de ses <u>grosses</u> jambes.

3. Ces deux frères ont <u>les mêmes</u> goûts.

4. Elle était en compagnie d'une <u>vieille</u> femme.

5. Quel <u>beau</u> temps !

6. Est-ce qu'il y a encore des femmes <u>laides</u> aujourd'hui ? On voit tant de ....

7. La journaliste avait invité à son émission le <u>nouveau</u> ministre de l'Éducation nationale ; elle avait invité également .... ministre de l'Éducation nationale.

8. L'année <u>dernière</u> nous avons étudié l'histoire <u>moderne</u>, mais l'année prochaine, nous étudierons ....

9. La <u>première</u> année du lycée a été difficile.

L'adjectif verbal et le participe présent

1. Dans les cinq premières phrases, le mot souligné est un participe présent. Dans les cinq dernières, c'est un adjectif verbal. Observez bien ces phrases puis répondez aux questions qui suivent.

1. Les enfants, <u>tremblant de froid</u>, durent s'abriter un moment.
2. On pourrait se débarrasser de ces deux meubles <u>encombrant</u> le couloir.
3. Sa conférence n'<u>intéressant</u> pas beaucoup l'auditoire, peu de questions lui furent posées.
4. Elle le regardait, les yeux <u>brillant</u> de fierté.
5. <u>Menaçant</u> les clients de leur arme, les deux gangsters s'emparèrent de la caisse qui contenait 10 000 euros.
6. Elle le regardait, les yeux <u>brillants</u>, avec un grand sourire.
7. J'ai acheté un meuble ancien, une commode, elle est vraiment jolie mais <u>encombrante</u>.
8. Mes pauvres enfants, vous voilà tout <u>tremblants</u> ! Qu'est-ce qui vous est arrivé ?
9. Furieuse, elle leva une main <u>menaçante</u> et l'enfant n'insista pas.
10. Ce film m'a semblé <u>intéressant</u> et même <u>passionnant</u>.

a. Le participe présent est toujours invariable.

    VRAI   FAUX

b. On peut mettre un participe présent à la forme négative (*ne* + participe présent + *pas*).

    VRAI   FAUX

c. L'adjectif verbal peut être suivi d'un complément d'objet direct (COD).

    VRAI   FAUX

d. On ne peut pas remplacer l'adjectif verbal par un adjectif qualificatif « normal ».

    VRAI   FAUX

e. Devant un adjectif verbal, on peut mettre un adverbe (*un peu, très, plus, moins, trop, vraiment…*).

    VRAI   FAUX

f. Devant un participe présent aussi.

    VRAI   FAUX

g. Seul, l'adjectif verbal peut être attribut du sujet (avec des verbes comme *être, sembler, paraître…*).

    VRAI   FAUX

h. Le participe présent considère l'action en train de se dérouler.

    VRAI   FAUX

2. Barrez la forme inexacte comme dans les exemples.

Ex. : *C'est un homme très* ~~influant~~ **influent**.

    Le mauvais temps **influant** ~~influent~~ *très négativement sur ton caractère, tu devrais toujours vivre au soleil !*

1. Leurs avis convergents convergeant, l'accord put enfin être signé.
2. Je suis heureux de voir que nos avis sont convergeant convergents.

3. Dans le cours |précédent|précédant|, nous avons parlé des premiers écrits de Flaubert.

4. Au cours du mois |précédent|précédant| son départ, il lui arriva une aventure étrange.

5. Il aperçut deux ou trois chiens, |somnolents| somnolant | au soleil.

6. Ce matin, je vous trouve un peu | somnolant|somnolents|, mes enfants ! Réveillez-vous un peu !

7. Il pratiquait tous les sports, | excellent | excellant | surtout dans l'escrime et l'aviron.

8. Tous les sports ou presque sont |excellents| excellant | pour la santé.

3. Même consigne. Observez les différences d'orthographe.

1. |Négligent|Négligeant| sa monnaie, l'homme quitta le bar.

2. Il répondit à l'agent de police d'un air très | provocant| provoquant |.

3. L'ordinateur | fatigant |fatiguant| les yeux de Sophie, elle doit provisoirement cesser de l'utiliser.

4. Le réquisitoire de l'avocat général |convaincant|convainquant| les jurés, l'homme fut condamné à une lourde peine de prison.

5. Il a toujours été assez | négligent | négligeant | avec ses amis, oubliant de les appeler, restant des semaines sans leur écrire, ne se souvenant d'eux qu'en cas de besoin.

6. Le très mauvais résultat financier de ce groupe |provocant| provoquant | la panique, la Bourse chuta de deux points en une heure.

7. Rester toute une journée à lire, c'est vraiment |fatigant|fatiguant| pour les yeux.

8. Il a su se montrer très |convaincant|convainquant| : il a été vivement applaudi.

4. Reformulez les expressions suivantes comme dans les exemples.

Ex. : *une odeur suffocante = qui fait suffoquer*
une personne bien-pensante = qui a des idées et des opinions morales

1. un trottoir glissant = ...
4. une place payante = ...

2. une soirée dansante = ...
5. une personne bien portante = ...

3. une couleur voyante = ...
6. une rue passante = ...

LA SPHÈRE DU VERBE

1. LA SYNTAXE DES VERBES

Les verbes intransitifs

1. Complétez ce texte par les verbes intransitifs suivants, au présent de l'indicatif : *arriver, descendre, entrer, monter, mourir, naître, partir, rester, sortir, tomber.*

Jo Diwan (1) .... le 22 mars 1968 à Nantes. Il y (2) ....
jusqu'à sa majorité. À 18 ans, il (3) .... dans la marine nationale pour
voir du pays. Il (4) .... de Nantes pour Brest où il doit embarquer sur le
navire école la *Jeanne d'Arc*. Le jour de ses vingt ans, il (5) ....
à New York. Pendant ses jours de permission, il admire les gratte-ciel. Il (6) ....
tout en haut de la statue de la Liberté. Après les États-Unis, il fait escale en Guyane, au
Venezuela, au Brésil avant de rentrer en France. Au bout de quelques années, il prend du
galon, il devient officier. À 50 ans, il a fait plusieurs fois le tour du monde. Il est temps
pour lui de retrouver la terre ferme. Le jour où il revient de sa dernière croisière, il
(7) .... de sa cabine, un peu mélancolique. La passerelle est mise.
Il (8) .... sur le quai. Il ne voit pas la corde d'amarrage : il
(9) .... Superstitieux comme tous les marins, il prend cela pour un
signe et décide de réembarquer. Dix ans plus tard, il est aux Caraïbes où il décide de finir
ses jours. Il (10) .... à quatre-vingt-quinze ans alors qu'il relevait
ses filets de pêche.

Les verbes parfois transitifs, parfois intransitifs

1. Les verbes soulignés sont-ils transitifs (Tr), c'est-à-dire suivis d'un complément d'objet direct ou intransitifs (Intr), sans COD ?

Ex. : *Ils _passent_ la frontière à l'aube.* ***(Tr)***
    Il est presque minuit quand ils _passent_ nous voir. ***(Intr)***

1. Le gardien <u>sort</u> les poubelles de l'immeuble. (...................)

2. L'employé <u>monte</u> les valises dans notre chambre. (...................)

3. Les enfants <u>passent</u> de très bonnes vacances chez leurs cousins. (...................)

4. Elle <u>sort</u> de chez elle, tous les matins, à 8 heures précises. (...................)

5. L'ascenseur <u>monte</u> jusqu'au 12ᵉ étage. (...................)

6. Il <u>descend</u> les vieux journaux à la cave. (...................)

7. L'été <u>passe</u>, la cigale chante toujours. (...................)

8. Regardez, le funiculaire <u>descend</u> ! (...................)

2. Mettez les phrases précédentes au passé composé.

Ex. : *Ils **ont passé** la frontière à l'aube. (Tr)*
    *Il était presque minuit quand ils **sont passés** nous voir. (Intr)*

3. Dites s'il s'agit d'un état (É) ou d'une action (A).

Ex. : *Que fait-il dans la vie ? Il _peint_ (**É**) = c'est un artiste peintre*
    *Que fait-il en ce moment ? Il _peint_ les meubles de jardin. (**A**)*

1. Cet homme a le foie très malade, il boit. (....)

2. Qu'est-ce que tu bois ? Du vin ? (....)

3. Comment gagne-t-il sa vie ? Il écrit. (....)

4. Ce romancier a aussi écrit quelques poèmes. (....)

5. – Pourquoi tousse-t-il tous les matins ? – Il fume. (....)

6. Je fumais deux paquets par jour, j'ai arrêté. (....)

7. Ma femme est à la retraite, elle ne travaille plus. (....)

8. – Que faisait-elle ? – Elle travaillait la laine, à l'usine. (....)

9. Inutile de crier, cet homme n'entend pas. (....)

10. Tu en mets du temps à ouvrir, tu n'as pas entendu la sonnette ? (....)

Les différents compléments d'objet du verbe

1. Avec les verbes donnés, faites plusieurs phrases, comme dans l'exemple.

	+ un nom	+ infinitif	+ une proposition à l'indicatif ou au subjonctif
Ex. : Savoir	L'enfant sait <u>sa leçon</u>.	L'enfant sait <u>chanter</u>.	L'enfant sait <u>qu'il ira en classe demain</u>.
1. Vouloir			
2. Aimer			
3. Souhaiter			
4. Dire			

2. Même exercice mais avec des verbes qui utilisent la préposition *de* devant un infinitif.

Ex. : Apprendre	L'enfant apprend <u>un poème</u>.	L'enfant apprend <u>à faire du vélo</u>.	L'enfant apprend <u>que 2 + 2 = 4</u>.
1. Attendre			
2. Empêcher			
3. Éviter			
4. Supporter			

Les verbes à double construction

1. Choisissez la préposition qui convient dans les phrases suivantes. Attention à la contraction avec l'article.

Ex. : *L'agence loue des meublés __à__ / de les étudiants.*
   → *L'agence loue des meublés aux étudiants. (à les = **aux**).*

   *Le prof a dispensé les élèves __à__ / **de** devoirs.*

1. Il a proposé une sortie en mer __à__ / de ses amis.
2. Elle raconte sa mésaventure __à__ / de les policiers.
3. Ses parents le félicitent __à__ / de sa réussite.
4. Elle indique la direction du canal __à__ / de cette touriste perdue ?
5. Au vu des dernières analyses, le médecin a pu informer le malade __à__ / de sa guérison.
6. Le gouvernement promet des réformes __à__ / de le pays.
7. Elle a prêté son livre __à__ / de son frère.
8. Le commerçant accuse la cliente __à__ / de malhonnêteté.

2. Mettez de l'ordre dans les phrases suivantes. Attention à la contraction avec l'article.

Ex. : *Le guide / à / l'histoire du château / . / le groupe de touristes / explique*
   → **Le guide explique l'histoire du château __au__ groupe de touristes.**

   Le médecin / cet enfant / a dispensé / gymnastique / de / pour raisons de santé / .
   → **Le médecin a dispensé cet enfant de gymnastique pour raisons de santé.**

1. L'animateur / du plaisir / promet / les participants / à / .
2. Il / à / des fleurs / . / son amie / offre
3. Le présentateur / . / le retard de l'émission / de / prévient / les téléspectateurs
4. Le directeur / a refusé / sa secrétaire / une augmentation / . / à
5. La boulangère / a averti / l'ouverture de la boutique / . / ses clients / de / le dimanche
6. L'avocat / . / le témoin / de / accuse / mensonge
7. Elle / sa meilleure amie / à / . / un tailleur / a emprunté
8. Le responsable / ce jeune apprenti / de/ les maladresses commises / . / a excusé

Les verbes suivis d'un attribut

1. Complétez le dialogue suivant par la forme qui convient : *c'est* ou *il/elle est*.

– Devine qui vient dîner ?

– (1) .... Liza ?

– Non, (2) .... pas elle ! (3) .... Mona !

– Génial ! Mona, (4) .... ma grande amie. (5) .... installée à Bordeaux mais, en vérité, (6) .... une Parisienne de naissance.

– Tu ne la vois pas beaucoup ?

– Non, pas beaucoup, (7) .... œnologue et vit là-bas pour son travail.

– (8) .... rare, une femme œnologue. J'ai hâte de la rencontrer.

2. Choisissez les mots qui manquent parmi les possibilités données, selon le contexte : *électricien, anglophone, un spécialiste, formidable, moi, une championne, un artiste, francophone, sportive, rembours*é.

1. Quel talent ! Il est ...., je l'adore !

2. Yves Montand, c'est .... connu dans le monde entier.

3. Ta copine Marion qui vient du Canada, elle est .... ou .... ?

4. – Que fait-il dans la vie ? – Il est ....

5. Ce médicament, il est .... ou non ?

6. C'est .... des yeux, pas un généraliste.

7. – Qui a emprunté ma voiture sans permission ? – C'est ...., pardon !

8. Elle est très ...., c'est même .... dans son domaine.

2. LES FORMES ACTIVE, PASSIVE, PRONOMINALE, ET IMPERSONNELLE

Les auxiliaires *être* et *avoir*

1. *Être* ou *avoir*? Mettez les verbes soulignés au passé composé.

Ex. : *Elle <u>sort</u> de chez elle à 7 heures du matin.* → *Elle **est sortie** de chez elle à 7 heures du matin.*

1. Nous <u>partons</u> à la même heure et pourtant vous <u>arrivez</u> avant moi. Par où <u>passez</u>-vous ?
2. Je <u>monte</u> sur une chaise pour changer une ampoule abîmée.
3. Elle ne <u>rentre</u> pas avant 8 heures du soir.
4. Je <u>viens</u> vous demander un service.
5. Ils <u>parviennent</u> au sommet du Mont-Blanc après 5 heures de marche. Ils <u>arrivent</u> épuisés.
6. Les touristes <u>descendent</u> dans les Catacombes à Paris pour visiter un endroit pittoresque.
7. Je <u>vais</u> à l'Opéra pour voir la nouvelle danseuse étoile.
8. En grandissant, votre fille <u>devient</u> de plus en plus jolie.

2. *Être* ou *avoir*? Mettez à une forme composée les verbes à l'infinitif. Faites les modifications orthographiques. Attention aux accords.

Ex. : *Ils (faire)* **ont fait** *la paix après (se disputer)* **s'être disputés**.

1. Les années *(passer)* ...., des gens *(naître)* ...., d'autres *(mourir)* .... mais vous, vous *(ne pas changer)* ...., vous *(rester)* .... la même.
2. Le vieil homme *(monter)* .... les premières marches et il *(s'arrêter)* ...., déjà fatigué.
3. Elle était pressée, elle *(descendre)* .... l'escalier quatre à quatre.
4. En rentrant chez elle, elle *(se sentir)* .... fiévreuse ; alors elle *(se mettre)* .... au lit, et elle y *(rester)* .... toute la journée.
5. Après *(passer)* .... l'après-midi au grenier, les enfants *(descendre)* .... pour dîner.
6. Il était sept heures du matin : il *(se lever)* ...., *(se doucher)* ...., *(se brosser)* .... les dents, puis il *(s'habiller)* ...., il *(aller)* .... à la cuisine, il *(se préparer)* .... un petit déjeuner bien copieux et il *(sortir)* ....

7. La lettre d'amour qu'on (vendre) .... hier aux enchères (écrire) .... par un écrivain célèbre du XIXe siècle.

8. Elle (sortir) .... le linge de la machine à laver et elle le (étendre) ....

3. Mettez les verbes à une forme composée en faisant les accords qui conviennent. Faites les modifications orthographiques nécessaires.

Ex. : *Où sont mes lunettes ? Je les (laisser)* **ai** *sûrement* **laissées** *sur ma table de nuit.*

1. Elle (acheter) .... une tablette de chocolat qu'elle (manger) .... aussitôt.

2. La chanteuse (oublier) .... les paroles de la chanson qu'elle (apprendre) .... quelques jours auparavant.

3. Que d'heures je (passer) .... dans mon enfance, un livre à la main !

4. Admire ma robe ! Je la (faire) .... moi-même.

5. Quels films vous (voir) .... ce mois-ci ?

6. La télé (diffuser) .... une émission que je (ne pas aimer) .... du tout.

7. Mais où sont tes longs cheveux ? Pourquoi tu les (faire) .... couper ?

8. Quelles magnifiques régions nous (traverser) .... pendant notre voyage !

4. Même consigne.

1. Les musées parisiens ? J'en (visiter) .... quelques-uns seulement, mais ceux que je (visiter) ...., je les (visiter) .... avec beaucoup d'attention !

2. La tempête qu'il y (avoir) .... la nuit dernière (briser) .... la cheminée de notre immeuble.

3. Après un régime sévère, elle est très loin maintenant des 100 kilos qu'elle (peser) .... autrefois.

4. Ne soyez pas trop sévère avec lui ; il a fait tous les efforts qu'il (pouvoir) ....

5. Elle (ramasser) .... les morceaux de l'assiette qu'elle (faire) .... tomber et qu'elle (casser) ....

6. Combien de projets, combien de travaux il (falloir) .... pour creuser le tunnel sous la Manche !

7. Elle (se sécher) .... les cheveux après les (laver) ....

8. Je vous prie de trouver ci-joint les pièces que vous me (réclamer) .... pour compléter mon dossier de Sécurité sociale.

La forme passive

1. Mettez les phrases suivantes à la forme passive. Attention, il n'y a pas toujours de complément d'agent.

Ex. : *Marseille <u>remporte</u> la victoire par 2 buts à 1.*
> → *La victoire **est remportée** par Marseille par 2 buts à 1.*
> *On <u>annonce</u> le train 2014 en provenance de Poitiers.*
> → *Le train 2014 en provenance de Poitiers **est annoncé** quai 14.*

1. Les fermiers normands et eux seuls fabriquent le vrai camembert.
2. Le comité d'entreprise organise tous les voyages.
3. La secrétaire prend tous les rendez-vous.
4. L'entreprise Gertec fait les travaux de ravalement de notre immeuble.
5. On demande Mme Raffin à l'accueil.
6. On fabrique la porcelaine à Limoges.
7. Votre offre d'emploi m'intéresse.
8. Le président de l'Assemblée ouvre la séance.

2. Même consigne. Le verbe est au passé composé.

Ex. : *On <u>a offert</u> une superbe serviette en cuir de Russie à Marc pour son départ en retraite.*
> → *Une superbe serviette en cuir de Russie **a été offerte** à Marc pour son départ en retraite.*

1. Un court-circuit a provoqué un incendie au 21 rue de Brest.
2. Les pompiers ont éteint l'incendie en quelques minutes.
3. Mon oncle a acheté cette maison vers 1970.
4. Le gouvernement a accordé une prime de 150 euros aux chômeurs.
5. On n'a pas rendu ces deux livres à la bibliothèque.   *n'ont pas été rendu*
6. Le tribunal a rendu le verdict le 21 mai dernier.
7. Les jurés ont condamné l'accusé à trois ans d'emprisonnement.
8. En 2002, les Français ont élu Jacques Chirac président de la République.

3. Même consigne. Attention, il y a une phrase piège dans laquelle la transformation est impossible.

1. Un automobiliste a renversé un jeune cycliste dans le village de Gevey.
2. Un voisin a aussitôt prévenu les pompiers.
3. Les pompiers lui ont prodigué sur place les premiers soins.
4. On a transporté le blessé à Dijon. *Le blessé a été transporté à dijon*
5. On l'a hospitalisé aussitôt dans le service du Professeur Finaly.
6. Le Docteur Finaly l'a opéré lui-même, en urgence.
7. L'opération a duré deux heures dix.
8. Ce matin, les médecins ont déclaré le jeune homme hors de danger.

4. Mettez ces phrases passives à la forme active.

Ex. : *Perdu en forêt, l'enfant <u>a été retrouvé</u> par la police grâce à son téléphone mobile.*
> → *La police **a retrouvé** l'enfant, perdu en forêt, grâce à son téléphone mobile.*
> *Un paquet suspect <u>a été découvert</u> ce matin gare de l'Est.*
> → ***On a découvert** un paquet suspect ce matin gare de l'Est.*

1. Catherine Deneuve a longtemps été habillée par le célèbre couturier Yves Saint Laurent.
2. De nombreuses maisons ont été construites dans ce village depuis cinq ans.

3. Je suis désolée d'être en retard, j'ai été retenue au bureau par mon chef.

4. Le droit d'asile a été accordé à 22 personnes.

5. La piscine sera définitivement fermée le 30 juin prochain.

6. L'accident a été provoqué par un chauffard qui roulait à 150 km/h.

7. Deux tableaux de Van Gogh ont été dérobés dans le célèbre musée d'Amsterdam.

8. Le vol a été découvert par les gardiens tôt ce matin, à l'ouverture du musée.

5. Dans les phrases suivantes, pour chacun des verbes passifs soulignés, indique-t-on qui est responsable de l'action ? Si oui, qui est-ce ? Si non, quel est le responsable de l'action, à votre avis ? Attention, il y a une phrase piège où il n'y a aucun responsable ni aucune action.

Le 14 juillet 2000 à Paris

1. Cette année-là, les cérémonies du 14 juillet <u>ont été célébrées</u> avec un faste exceptionnel.

2. À dix heures, les troupes <u>ont été passées en revue</u> par le président de la République. Les troupes aéroportées <u>ont été ovationnées</u> par la foule qui se pressait sur les Champs-Élysées.

3. Des troupes étrangères, qui participaient pour la première fois au défilé, <u>ont</u> également <u>fait l'objet</u> d'un accueil très chaleureux des Parisiens.

4. Jacques Chirac <u>était accompagné</u> du Premier ministre, Lionel Jospin à l'époque, et des membres du gouvernement au grand complet.

5. La solennité de ce 14 juillet très spécial <u>a été soulignée</u> dans les différents discours qui <u>ont été prononcés</u> ce jour-là.

6. Les cérémonies du matin <u>ont été suivies</u> par la traditionnelle garden-party à l'Élysée.

7. Comme chaque année, quelques dizaines de personnes sélectionnées <u>étaient conviées</u> à un somptueux buffet en plein air.

8. Le soir, un gigantesque feu d'artifice <u>a été lancé</u> à partir du Champ-de-Mars, de l'Étoile et de la Concorde. Il a pu <u>être admiré</u> par des dizaines de milliers de personnes.

6. Justifiez dans les phrases suivantes l'emploi de *de* ou de *par*.

Ex. : *La petite route était bordée d'arbres.*
→ *Le verbe **border** donne des informations spatiales = **de**.*

Ce chef de guerre est redouté de beaucoup et son passé est ignoré de tous.
→ *Le verbe **redouter** traduit un sentiment ; **ignorer** traduit une opération intellectuelle.*

Les agresseurs ont été interceptés par la police vers 11 h.
→ *La police fait réellement l'action = **par**.*

1. La Fontaine était aimé <u>de</u> tous en raison de sa simplicité légendaire.
2. Enfant, Jules Vallès fut souvent battu <u>par</u> sa mère.
3. La nouvelle de l'accident a été annoncée ce matin <u>par</u> toutes les radios.
4. Le Premier ministre est apparu sur le perron de l'Élysée, très détendu, entouré <u>de</u> plusieurs ministres.
5. Les tableaux de Van Gogh qui ont été dérobés sont bien connus <u>de</u> tous les spécialistes.
6. Les deux œuvres ont été peintes <u>par</u> l'artiste dans sa jeunesse.
7. Cette exposition consacrée à l'art brut a été vivement appréciée <u>de</u> tous les visiteurs.
8. La projection du film sera suivie, à 22 h, <u>d'</u>une rencontre avec le réalisateur.

7. Complétez les phrases suivantes par *de* ou *par* selon le sens.

1. L'hiver dernier, *Andromaque* a été joué au Palais-Royal .... les Comédiens-Français.

2. La pièce est suivie .... une Préface de l'auteur très intéressante qui a beaucoup inspiré les acteurs.

3. Cette œuvre de Racine est bien connue .... tout le monde.

4. Comme la plupart des pièces classiques, elle est composée .... cinq scènes.

5. Andromaque est aimée .... Pyrrhus qui, lui-même, doit épouser Hermione.

6. Hermione est dévorée .... jalousie.

7. Finalement, Pyrrhus est assassiné .... Oreste, cousin et amant malheureux d'Hermione.

8. Cette tragédie a été écrite .... Jean Racine en 1667.

La forme pronominale

1. Identifiez les formes verbales soulignées. Est-ce qu'il s'agit d'une forme pronominale (P) ou d'une forme non pronominale (NP) ?

Ex. : *Je me suis couchée* de bonne heure. **(P)**

1. Allô, Jean ? Je t'attends depuis une heure, que fais-tu ? (N.P.)

2. Nous nous retrouverons la semaine prochaine. (..P...)

3. Tu me rappelles ou je te rappelle ? (......) (......)

4. On dit que les personnes âgées se souviennent avec plus de précision de leur passé que de leur présent. (......)

5. Le mercredi après-midi, je m'occupe de mes enfants, je les occupe ; ils font du judo, de la musique, du basket. (......) (......)

6. Après vous être inscrits à l'université, vous irez voir les professeurs qui vous inscriront aux différents cours. (......) (......)

7. Asseyez-vous, je vous prie ! (......) (......)

8. Tais-toi, tu m'ennuies ! (......) (......)

2. Conjuguez le verbe pronominal entre parenthèses selon le contexte.

Ex. : *Bonjour, ça va ? Comment vous (sentir)* **sentez-vous** *aujourd'hui ?*

1. « Bientôt je *(s'en aller)* .... sur la mer profonde », ce sont les paroles d'une chanson française qui *(se chanter)* .... en chœur.

2. Vous *(ne jamais s'occuper)* .... d'enfants ? Désolée, je ne peux pas vous engager comme baby-sitter.

3. Elle était ennuyée, elle *(ne plus se rappeler)* .... le titre du roman qu'elle voulait acheter.

4. Je reprendrai la route après *(se reposer)* .... un moment.

5. Vous *(s'imaginer)* .... ! Le jour de l'examen ! Elle *(ne pas se réveiller)* .... à l'heure !

6. Comment *(s'appeler)* ....-tu ? Moi, c'est Marie.

7. Vous *(s'absenter)* .... un peu trop souvent en ce moment, que *(se passer)* ....-il ?

8. Si tu avais bien lu la question, tu *(ne pas se tromper)* ....

3. Dans les phrases suivantes, le verbe souligné existe-t-il aux deux formes : forme pronominale et forme non pronominale ? Cochez les phrases où le verbe est uniquement pronominal.

Ex. : *Nous ne nous sommes pas méfiés de lui.* ☒

1. Elles s'absentent souvent. ❑

2. Nous nous sommes revus depuis notre dernière rencontre. ❑

3. À la grande frayeur de tous, il s'est évanoui au beau milieu de la conversation. ❑

4. Les adolescents <u>se moquent</u> souvent des adultes. ❏

5. Elle <u>s'est</u> rapidement <u>changée</u> avant de sortir. ❏

6. <u>Tu te rappelles</u>, quand nous jouions autrefois à la marelle ? ❏

7. Le voleur <u>s'est enfui</u>, le sac de sa victime à la main. ❏

8. <u>Je m'en vais</u> et je ne reviendrai pas. ❏

4. Choisissez une des deux formes verbales proposées, selon le contexte, et conjuguez-la.

Ex. : *Je **doute** qu'il vienne. (**douter** / se douter)*

1. Quand je suis pressée, je .... déjeuner. *(passer / se passer de)*

2. Ce matin, un prisonnier .... la prison de la Santé. *(échapper à / s'échapper de)*

3. Il a réussi à .... toutes les polices du pays. *(échapper à / s'échapper de)*

4. Beaucoup de gens .... les malheureux S.D.F. *(plaindre / se plaindre de)*

5. Elle .... que quelqu'un la suivait *(apercevoir / s'apercevoir)*, alors elle .... courir. *(mettre / se mettre à)*

6. Tout le monde .... un changement de régime. *(attendre / s'attendre à)*

7. Enfin, après des semaines d'hésitation, de réflexion, de doute, ils .... tout quitter. *(décider de / se décider à)*

8. Il .... la bibliothèque pour rapporter ses livres. *(rendre / se rendre à)*

5. Mettez les verbes entre parenthèses à une forme composée en faisant les accords du participe passé, si nécessaire.

Ex. : *Elle (se mettre) **s'est mise** au travail.*

1. Elle était fatiguée, elle *(s'allonger)* .... un instant avant le dîner.

2. Elles *(s'apercevoir)* .... trop tard de leur erreur.

3. Nous *(se préparer)* .... un bon petit déjeuner.

4. Elles *(se préparer)* ...se...préparées... à partir. agree

5. Elle *(se blesser)* .... en taillant une petite branche d'arbre.

6. Elle *(se faire)* .... une coupure profonde au doigt.

7. Alors Marie, tu *(s'habiller enfin)* .... !

8. Vous n'êtes pas très gentils les enfants ! Pourquoi vous *(se moquer)* .... de votre petit camarade ?

6. Même consigne. instructions

1. Ils *(ne pas s'adresser)* ne...se...sont...pas addressé à la personne compétente. eux même agreement

2. Nous *(se disputer)* nous...sommes...disputés et nous *(se lancer)* nous...sommes lancé. ↑agree Cdont àquel à la figure des insultes terribles.

3. Elle (se souvenir) _s'est souvenue_ tout à coup qu'elle avait un rendez-vous important.

4. Ces deux sœurs, qui (se ressembler) _se sont ressemblé_ [ble' No agreement] beaucoup dans leur enfance, sont maintenant très différentes l'une de l'autre.

COI 5. Nous (se parler) _nous sommes parlé_ [no agreement] pendant une heure hier au téléphone.

CoD 6. Les oiseaux (s'envoler) _se sont envolés_ dans un bruit d'ailes assourdissant.

coI 7. Elle (se brosser) _s'est brossé_ [no agreement] les dents, puis elle (se doucher)
CoD _s'est douchée_.

8. Plusieurs philosophes de l'Antiquité (se suicider) _se sont suicidés_ [L agreement] en buvant de la ciguë.

7. Mettez les verbes entre parenthèses au passé composé en faisant les accords du participe passé, si nécessaire.

CoD 1. Elle (se regarder) _s'est regardée_ [agreement] longuement dans la glace.

2. Elle (se regarder) _s'est regardé_ [no agreement] les dents, les yeux.

3. Comme elle a travaillé toute la matinée sur le moteur de sa voiture, elle avait les mains très sales, pleines de cambouis ; elle (se les laver et brosser) _s'est les lavée et les brossée_ [agreement] très soigneusement pendant plusieurs minutes.

4. Ces livres (bien se vendre) _bien se sont vendues_.

5. Les deux amis (s'apercevoir) _se sont aperçu_ [agreement] dans la foule.

6. Elle (se plaindre toujours de tout) _s'est toujours plainte de tout_.

7. Nous (se plaire) _nous somme plu_ et nous sommes devenus rapidement les meilleurs amis du monde.

8. Cette couleur (beaucoup se porter) _s'est beaucoup portée_ cet hiver.

8. Mettez ces phrases à la forme pronominale à sens passif. Que remarquez-vous ?

Ex. : *On prend ce médicament à jeun.* → *Ce médicament **se prend** à jeun.*

1. Attention, on joue ce passage de la sonate *moderato cantabile*.
2. On visite le château uniquement pendant les mois d'été.
3. On apprend ce poème facilement.
4. On vend le prix Goncourt à des milliers d'exemplaires.
5. On mange la tarte Tatin accompagnée de crème fraîche.
6. On cueille ce champignon dans les sous-bois les plus ombragés.
7. Aujourd'hui, c'est dans la rue qu'on fait la mode.
8. On lit cette langue de droite à gauche.

9. Mettez ces phrases à une forme pronominale à sens passif en utilisant les verbes : *se faire, se laisser, se voir, s'entendre* + infinitif.

Ex. : *La presse a violemment critiqué le chauffard qui avait provoqué l'accident.*
→ *Le chauffard qui avait provoqué l'accident **s'est fait** violemment **critiquer** par la presse (ou « s'est entendu… critiquer » ou « s'est vu… critiquer »).*

1. Une violente tempête de neige a surpris les randonneurs imprudents.
2. Dans un stade archiplein, les spectateurs mécontents sifflaient l'arbitre.
3. Quelle femme ! On lui obéit au doigt et à l'œil !

4. Le candidat à la présidence de la République n'a pas convaincu les électeurs.
5. Un chirurgien réputé a opéré ma tante de la cataracte.
6. Un pitbull a mordu mon voisin.
7. On a refusé à cette employée modèle l'augmentation qu'elle réclamait.
8. En raison de travaux sur l'autoroute, on a obligé les automobilistes à changer d'itinéraire.

BILAN

Identifiez les verbes pronominaux. Verbes uniquement pronominaux (UP), verbes pronominaux réfléchis (Réf), verbes réciproques (Réc), verbes pronominaux à sens passif (SP).

Ex. : *Elle s'est assise* **(Réf)** *et a demandé à son amie la recette des madeleines. Les madeleines se font* **(SP)** *avec de la farine, des œufs et du beurre et elles se mangent* **(SP)** *tièdes ou froides. Les deux amies se sont donné* **(Réc)** *d'autres recettes et elles se sont quittées* **(Réc)**.

Il était minuit. Il était temps de quitter la table de travail. Marie (1) s'était installée (.........) le matin devant son ordinateur avec enthousiasme, et maintenant, elle (2) se sentait (.........) fatiguée, mais contente. Elle avait mis un point final à l'histoire qu'elle (3) s'efforçait (.........) de terminer depuis plusieurs jours. Elle (4) se demandait (.........) si les enfants pour qui elle écrivait aimeraient l'histoire. Une histoire (5) s'écrit (.........) pour quelqu'un, naturellement. Elle (6) se comprend (.........) chaque fois de façon différente, selon le lecteur. Marie avait déjà lu des textes aux enfants. Elle et eux (7) s'étaient donc rencontrés (.........), (8) s'étaient parlé (.........), (9) s'étaient entendus (.........), du moins elle le croyait. Elle (10) s'est levée (.........), et tout (11) en se frottant (.........) les yeux, elle (12) s'est dirigée (.........) vers la cuisine et (13) s'est fait (.........) une tisane avant d'aller (14) se coucher (.........). Elle (15) s'inquiétait (.........) encore, elle espérait que ses lecteurs (16) ne se moqueraient (.........) pas de son imagination folle.

La forme impersonnelle

[handwritten: It doesn't take much, it takes just about]

1. Parmi ces phrases, lesquelles peut-on mettre au pluriel ? Faites-le quand c'est possible.

[handwritten: personel] 1. Il semble fatigué, il devrait prendre quelques jours de vacances.

[handwritten: personnel] 2. Il s'est produit sur scène un peu partout : à New York, à Londres, à Paris, à Berlin…

[handwritten: impersonal] 3. Il se passe ici quelque chose d'étrange.

[handwritten: impl.] 4. Il suffit d'un rien pour que son humeur change.

[handwritten: personel] 5. Il est certain d'avoir réussi ses examens. J'aimerais être aussi optimiste.

[handwritten: imparsersonel] 6. Il semble qu'un vent de panique ait soufflé sur les actionnaires de ce groupe financier.

[handwritten: Impersonnelle] 7. Il existe des pays où la presse est étroitement contrôlée.

[handwritten: impersonel] 8. Il s'agit d'une affaire extrêmement complexe.

9. Il existe vraiment et, d'ailleurs, je l'ai rencontré.

[handwritten: impersonel] 10. Il se passe facilement de manger ou de boire mais se passer de fumer, ça, il ne peut pas !

2. Parmi les verbes soulignés, lesquels sont employés à la forme impersonnelle ?

[handwritten: to go w/o]

[handwritten: it's about]

[handwritten: It happens]

[handwritten: impersonal] 1. Il se produit tous les jours des choses bizarres. Par exemple, dans notre entreprise…

[handwritten: im personel] 2. Il semble qu'il y ait un trou assez important dans les comptes. *[handwritten: to put the]*

[handwritten: imp.] 3. Il s'est trouvé une personne (qui tient à garder l'anonymat) pour faire peser les soupçons sur l'aide-comptable. *[handwritten: personel He found himself]*

4. Selon cette personne, il se serait déjà trouvé mêlé à un scandale du même genre il y a trois ans, à Lille. « Il n'y a pas de fumée sans feu ! », dit-il.

[handwritten: imp.] 5. Mais attention ! Il paraît que finalement l'affaire avait été classée et qu'il avait été innocenté.

[handwritten: personel] 6. Il convient pourtant bien pour son poste, tout le monde reconnaît ses capacités.

[handwritten: personel] 7. Il paraît honnête, ouvert et sympathique. Il est très apprécié de son chef, aimé des secrétaires.

[handwritten: personel] 8. Bref, le mystère et total ! Il conviendrait cependant de comprendre d'où vient ce trou dans les finances de l'entreprise et de faire toute la lumière sur cette affaire.

[handwritten: he is a good fit   it behooves us]

3. Où peut-on trouver les panneaux suivants, à votre avis ?

1
IL EST OBLIGATOIRE
DE COMPOSTER SON BILLET
AVANT LE DÉPART.

6
IL EST NÉCESSAIRE
DE PRENDRE
RENDEZ-VOUS AUPRÈS
DE LA SECRÉTAIRE.

2
PAR MESURE DE SÉCURITÉ,
IL SERA EXIGÉ UNE PIÈCE
D'IDENTITÉ POUR TOUS LES
VISITEURS.

4
IL EST
STRICTEMENT
INTERDIT DE FUMER
DANS CES LOCAUX

**DANGER
DE MORT**

5
IL EST
DÉFENDU,
SOUS PEINE
D'AMENDE,
DE DÉPOSER
DES ORDURES

3
*Il est recommandé
à notre aimable clientèle
de ne laisser
aucun objet de valeur
dans les chambres.
La maison
n'est pas responsable
en cas de vol.*

8
IL EST PRÉFÉRABLE DE
RESTER ATTACHÉ MÊME
APRÈSL'EXTINCTION
D E S   S I G N A U X
LUMINEUX

7
*Il ne faut pas
toucher aux portes :
tu pourrais te faire
pincer très fort !*

3. LE MODE INDICATIF ET SES TEMPS

Les conjugaisons

1. Mettez les verbes entre parenthèses au présent de l'indicatif.

Tous les samedis matin, Madame Doat *(faire)* (1) .... la même chose : elle *(aller)* (2) .... au marché. Elle dit que cela en *(valoir)* (3) .... la peine car les fruits et les légumes y *(être)* (4) .... moins chers et plus frais qu'ailleurs. Ses voisines le *(savoir)* (5) .... et lui demandent souvent si elle *(pouvoir)* (6) .... leur rapporter des provisions. Comme elle *(être)* (7) .... très serviable, elle *(accepter)* (8) .... volontiers.

2. Récrivez le texte ci-dessus en mettant tous les verbes à l'imparfait.

Tous les samedis matin, ...

3. Choisissez le verbe qui convient selon le contexte et mettez-le au futur simple : *aller, faire, savoir, vivre, pouvoir, être, avoir, voir.* Faites les modifications orthographiques nécessaires.

Quand je serai grande, ...

1. je .... le tour du monde en fusée.

2. je .... parler plein de langues étrangères.

3. je .... sur la Lune en vacances.

4. je .... dans une maison où tout sera automatique.

5. je .... sur un écran les gens à qui je téléphone.

6. je .... immortelle.

7. je .... vivre à Paris et travailler à Tokyo.

8. je .... des enfants de toutes les couleurs.

4. Mettez les verbes entre parenthèses au passé composé.

1. Nous *(rentrer)* .... de voyage depuis deux jours.

2. Il *(arriver)* .... une drôle d'histoire à ma voisine.

3. Sam *(raccompagner)* .... son amie chez elle à la sortie du théâtre.

4. Les enfants *(rentrer)* .... leurs vélos avant qu'il pleuve.

5. Le train *(arriver)* .... avec dix minutes de retard.

6. Pour éviter les bouchons sur l'autoroute, ils *(passer)* .... par l'itinéraire « Bis ».

7. En un an, elle *(améliorer)* .... son accent.

8. Ma sœur *(passer)* .... un an au Canada, à Québec exactement.

5. Voici la biographie de Camille Claudel. Elle est au passé composé. Retrouvez l'infinitif des verbes soulignés.

Camille Claudel (1) est née à Paris en 1864. Elle (2) a fait preuve très tôt de dons artistiques et (3) a obtenu, de sa famille, le droit de venir étudier à Paris.

En 1885, elle (4) est devenue l'assistante du grand sculpteur Auguste Rodin et sa maîtresse. Mais, à partir de 1892, leurs relations (5) se sont dégradées. Rodin (6) a toujours reconnu sa valeur : « Je lui ai montré où trouver de l'or, mais l'or qu'elle trouve est bien à elle. » Cependant, déjà marié, il (7) n'a pas pu vivre avec elle. Abandonnée, isolée, considérée comme folle, Camille Claudel (8) a été enfermée pendant presque trente ans dans un asile psychiatrique. Elle y (9) est morte en 1943. En 1951, son frère, l'écrivain Paul Claudel, (10) a organisé une rétrospective des œuvres de sa sœur dont il avait toujours admiré le génie.

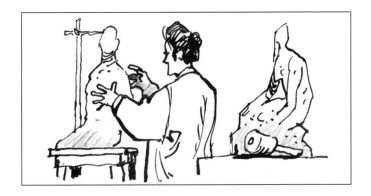

6. Mettez le texte ci-dessus au passé simple.

Camille Claudel naquit ....

7. Complétez par le verbe souligné au passé composé ou au futur.

1. – Tu as appris tes leçons ? – Non, je les .... demain, c'est mercredi.

2. – Est-ce que vous viendrez voir l'exposition ? – Non, je l'..................................... le mois dernier à Turin.

3. – Avez-vous dîné ? – Non, nous .... après le théâtre.

4. – Est-ce qu'elle vous a remerciés ? – Non, mais elle nous .... plus tard.

5. – Tu trouveras facilement son adresse ? Je peux t'aider ? – Non merci, je la .... tout seul.

6. – Prendrez-vous un apéritif ? – Non merci, j'en .... un à la maison.

7. – Tu l'as encore cru ? – Oui, mais c'est fini, je ne le .... plus jamais.

8. – Avez-vous visité l'Irlande ? – Oui, et je la .... encore, c'est magnifique.

8. Complétez ces subordonnées de temps par le verbe entre parenthèses au temps composé qui convient : passé composé, plus-que-parfait, futur antérieur. Attention au choix de l'auxiliaire.

Ex. : *Aussitôt que la nuit (tomber)* **sera tombée**, *le feu d'artifice commencera.*

1. Dès qu'il *(terminer)* .... son dossier, il le postera.

2. Elle n'avait pas l'esprit tranquille tant qu'il *(ne pas téléphoner)* ....

3. Les enfants s'endorment aussitôt qu'ils *(être couché)* ....

4. Une fois qu'ils *(arriver)* .... chez eux, ils lisaient leur courriel.

5. Lorsque l'orage *(éclater)* ...., les animaux se sont mis à l'abri.

6. Quand elle *(signer)* .... le bail, elle pourra emménager.

7. Aussitôt qu'ils *(franchir)* .... le mur d'enceinte, l'alarme s'est déclenchée.

8. À partir du moment où il *(gagner)* .... quelques euros d'argent de poche, il était content.

Bilan

....

1. Mettez les verbes entre parenthèses au temps de l'indicatif qui convient selon le contexte (sauf passé simple et passé antérieur).

Depuis quelques jours, le temps <u>est</u> chaud. Le soleil *(se lever)* (1) .... tôt et *(se coucher)* (2) .... tard, c'*(être)* (3) .... le début de l'été. Chaque matin, nous *(partir)* (4) .... de bonne heure à la plage ; il *(faire)* (5) .... bon dans l'eau et il n'y *(avoir)* (6) .... pas encore trop de monde. <u>Autrefois</u>, il n'y *(avoir)* (7) .... personne. Nous *(être)* (8) .... les seuls à connaître cette petite crique et nous y *(venir)* (9) .... chaque jour. Quand ils *(décider)* (10) .... de construire une route nationale, notre tranquillité *(disparaître)* (11) .... Il *(falloir)* (12) .... partager notre paradis avec les touristes. Et ce n'est pas fini. Ils *(projeter)* (13) .... <u>aujourd'hui</u> de bâtir des résidences secondaires et d'ouvrir un camping. <u>Dans quelques années</u>, on ne *(voir)* (14) .... plus le sable tant il y *(avoir)* (15) .... de serviettes sur la plage. C'est juré, aussitôt que le premier hôtel *(ouvrir)* (16) ...., je *(partir)* (17) .... en quête d'un autre coin tranquille.

2. Répondez aux questions en utilisant le verbe souligné (au présent, au passé composé, à l'imparfait ou au futur simple). Faites les modifications orthographiques nécessaires.

Ex. : – *Tu <u>as fait</u> quoi samedi ? – J'**ai fait** un tour à vélo le long de la côte.*

1. – Vous <u>avez pris</u> mon stylo ? – Non, je .... votre stylo.

2. – <u>Prendrez</u>-vous quelque chose ? – Oui, merci, je .... une tasse de thé.

3. – Où <u>étiez</u>-vous ? – Nous .... dans le jardin.

4. – Que <u>fais</u>-tu ? – Je .... un gâteau.

5. – Où <u>irez</u>-vous cet été ? – Nous .... en Australie.

6. – Qu'est-ce que tu <u>as eu</u> pour ton anniversaire ? – Je .... un vélo.

7. – <u>Saviez</u>-vous qu'il était musicien ? – Oui, nous le ....

8. – <u>Voulez</u>-vous du chocolat au goûter ? – Oui, moi, j'en .... bien et lui aussi, il en ....

L'expression du présent

• Le présent

1. Observez ces phrases et entourez la bonne définition.

Ex. : *Elle* <u>allume</u> *son ordinateur. (action en cours d'accomplissement /* **action ponctuelle***)*

1. Je <u>regarde</u> tomber la pluie. *(action en cours d'accomplissement / action ponctuelle)*

2. Ne l'écoute pas, c'<u>est</u> un menteur ! *(valeur de futur proche / caractéristique)*

3. Des nuages noirs <u>couvrent</u> le ciel, les vagues de la mer <u>s'élèvent</u> et <u>se brisent</u> sur le sable, le vent <u>souffle</u> et <u>hurle</u>, quelle tempête ! *(action ponctuelle / description)*

4. Elle <u>travaille</u> sur sa thèse depuis deux ans. *(description / action continue)*

5. Voilà Monsieur Martin. Il <u>fait</u> sa promenade quotidienne. *(valeur de futur proche / habitude)*

6. Quatre et quatre <u>font</u> huit. *(caractéristique / vérité générale)*

7. J'<u>éteins</u> mon ordinateur. *(action ponctuelle / action en cours d'accomplissement)*

8. Monsieur Martin n'est pas là, mais il <u>revient dans quelques minutes</u>, attendez-le ! *(habitude / futur proche)*

2. Même consigne.

1. – Il y a longtemps que vous m'attendez ? – Non, j'<u>arrive</u> à l'instant. *(vérité générale / passé récent)*

2. En 1945 on <u>accorde</u> enfin le droit de vote aux femmes françaises. *(présent de narration / présent historique)*

3. Je dormais profondément lorsqu'un bruit inhabituel me <u>tire</u> de mon sommeil. *(présent de narration / présent historique)*

4. Si tu <u>réfléchis</u> un peu, tu trouveras la solution. *(action ponctuelle / hypothèse)*

5. Encore une fausse note, et je <u>ferme</u> le piano ! *(habitude / hypothèse)*

6. Voilà mon livre ! Mais tu me le <u>rends</u>, n'est-ce pas ! *(valeur de futur proche / impératif)*

7. Elle <u>écoute</u> une émission sur la musique baroque à la radio. *(action ponctuelle / action en cours)*

8. Une fois par an, nous <u>passons</u> une dizaine de jours à la montagne en hiver. *(présent de narration / présent d'habitude)*

3. Observez ces phrases et identifiez la valeur du présent.

Ex. : *Nous* <u>ouvrons</u> *nos livres.* **(Action ponctuelle).**

1. Il <u>enseigne</u> le français depuis plusieurs années.
2. Tous les soirs, elle <u>prend</u> une tisane avant de s'endormir.
3. Attention, un pas de plus et tu <u>tombes</u> dans la rivière !
4. Je m'absente un moment, mais tu n'<u>allumes</u> pas la télé !
5. En juillet 1830, une révolution <u>chasse</u> le roi Charles X du trône de France.

6. Elle a l'air très heureuse, elle <u>se marie</u> demain.

7. Si tu <u>sors</u>, prends un parapluie ; il va pleuvoir.

8. Pierre ? Non, il n'est pas là, je <u>descends</u> à l'instant de chez lui, j'ai sonné et personne n'a répondu.

• Le passé composé, accompli du présent

1. A. Observez les phrases suivantes et entourez la bonne définition.

1. Il est deux heures du matin, <u>j'ai terminé</u> mon roman. *(résultat dans le présent / action ponctuelle passée)*

2. Il relit et il corrige l'article qu'<u>il a écrit</u>. *(valeur de futur antérieur / antériorité par rapport à un présent)*

3. Ne t'inquiète pas, dans cinq minutes, <u>je suis parti</u>. *(résultat dans le présent / valeur de futur antérieur)*

4. Ouf, je suis bien fatiguée, <u>j'ai rangé</u> toute la vaisselle ! *(antériorité par rapport à un présent / résultat dans le présent)*

B. Observez ces phrases et dites si le passé composé exprime un résultat dans le présent ou une action dans le passé ?

5. <u>Je suis arrivée</u> hier matin.

6. Ça y est, <u>j'ai enfin compris</u>. Je peux continuer.

7. Non, Michel n'est pas là, <u>il est sorti</u>.

8. <u>Ils se sont mariés</u> en 1990.

2. Dans les phrases suivantes, peut-on remplacer le passé composé par un passé simple ? Répondez par « oui » ou par « non » et justifiez.

Ex. : *Tu as vu ? Un homme bizarre <u>est entré</u> chez la voisine.*
(Non. Nous sommes dans le temps de la conversation, donc dans le présent.)
Un beau matin, il <u>s'est levé</u>, il <u>a fait</u> ses bagages et il <u>est parti</u> loin, très loin.
(Oui. Nous avons des actions successives qui se déroulent dans un passé indéfini, il n'y a pas de rapport avec le présent.)

1. La jeune fille <u>est sortie</u> à cinq heures.

2. Victor Hugo <u>est né</u> en 1802.

3. Patience, patience, dans un quart d'heure nous <u>sommes arrivés</u>.

4. En 1960, un tremblement de terre a presque complètement <u>détruit</u> la ville d'Agadir au Maroc.

5. Il <u>a neigé</u> cette nuit ; le sol est tout blanc.

6. Quelle tristesse ! Ce grand peintre ne peut plus peindre, il <u>est devenu</u> aveugle.

7. Les enfants décorent le sapin que les parents <u>ont installé</u> dans le salon.

8. La voiture roulait lentement dans le brouillard quand le conducteur <u>a vu</u> arriver face à lui un animal énorme et étrange.

L'expression du futur

1. Observez ces phrases et entourez la bonne définition.

Ex. : – *Et vous, que prendrez-vous ? – Moi, je prendrai un café, merci. (incertitude /* **politesse***).*

1. On fermera le magasin pour inventaire samedi prochain. *(certitude / probabilité)*

2. La zone B sera en vacances plus tôt cette année. *(certitude / émotion)*

3. Déjà minuit et il n'est pas là ! Ton fils aura encore une bonne excuse ! *(probabilité / certitude)*

4. Paris sera toujours Paris ! *(incertitude / futur « éternel »)*

5. C'est juré : je serai là pour ton anniversaire. *(promesse / probabilité)*

6. Vous comprendrez que, dans votre état, je ne peux pas vous donner l'autorisation de sortir. *(règle / réaction anticipée)*

7. L'avion décollera à 7 h 05 de l'aéroport Charles-de-Gaulle. *(certitude / futur « éternel »)*

8. Il n'est plus à son bureau : il sera devant la télé, comme d'habitude. *(probabilité / obligation)*

2. Choisissez le temps qui convient le mieux : futur simple ou futur proche.

Ex. : *Attendez ici, on (chercher)* **va chercher** *la voiture.*
    Quand j'aurai fini ma maîtrise, je (chercher) **chercherai** *un travail.*

1. Ne pleurez pas, il *(revenir)* .... un jour.

2. Ne pleurez pas, il *(revenir)* .... très vite.

3. Soyez patients, on *(donner)* .... les résultats dans un instant.

4. Vous pouvez partir, on ne *(donner)* .... pas les résultats avant demain soir.

5. Excusez-moi, je m'absente un moment, je *(raconter)* .... une histoire aux enfants.

6. Excusez-moi, je m'absente un moment, je *(raconter)* .... la suite de l'histoire plus tard.

7. Nos amis *(arriver)* .... d'un instant à l'autre.

8. Nos amis ont téléphoné, ils *(ne pas arriver)* .... avant 21 heures.

3. Reliez les deux parties de la phrase qui vont ensemble.

1. Si tu m'attends   a. si les négociations reprendront.
2. On partira à l'aube   b. je t'offrirai une place à son concert.
3. L'enfant se demande   c. nous rentrerons ensemble à la maison.
4. Personne ne sait   d. j'en profiterai pour ranger le grenier.
5. Si tu aimes ce chanteur   e. si vous n'y voyez pas d'inconvénient.
6. S'il pleut ce week-end   f. si le Père Noël lui apportera un vélo.

4. Dites si le futur antérieur utilisé dans ces phrases a une valeur d'antériorité (A) ou de probabilité (P).

1. On sonne : ton père <u>aura oublié</u> ses clés.
2. Elle ne trouve plus sa bague : elle l'<u>aura perdue</u> sans s'en rendre compte.
3. Quand ils <u>auront acheté</u> cette maison, ils y passeront toutes les fins de semaine.
4. Les enfants iront chez leurs grands-parents dès que l'école <u>sera finie</u>.
5. Le bus <u>sera pris</u> dans les embouteillages, cela fait 15 minutes que je l'attends.
6. Mon amie n'était pas à notre rendez-vous : elle <u>aura eu</u> un empêchement de dernière minute.
7. Aussitôt que l'ordinateur <u>sera réparé</u>, elle pourra reprendre son travail.
8. Les bolides s'élanceront sur la piste dès que l'arbitre <u>aura abaissé</u> son drapeau.

5. Mettez les phrases au passé, comme dans l'exemple.

Ex. : *Je n'arrose pas, je pense qu'il va pleuvoir.*
    → ***Je n'ai pas arrosé, j'ai pensé qu'il allait pleuvoir.***

    Il veut savoir si le bureau de poste sera ouvert en août.
    → ***Il voulait savoir si le bureau de poste serait ouvert en août.***

1. Son grand-père lui promet qu'il l'emmènera au cirque dimanche prochain.
2. Le ministre affirme qu'il va baisser les impôts.
3. Les gens pensent que des réformes vont être faites très bientôt.
4. Ses parents lui disent qu'ils l'aideront à payer ses études.
5. L'électricien nous assure qu'il aura fini la réparation avant midi.
6. On nous prévient qu'il n'y aura pas de métro aujourd'hui.
7. Le train est bondé, il pense qu'il va être difficile de trouver une place.
8. Ils se demandent si la bibliothèque restera ouverte pendant les vacances.

L'expression du passé (1)

• L'imparfait

1. Conjuguez les verbes entre parenthèses à l'imparfait. Faites les modifications orthographiques des pronoms nécessaires.

Quand je *(être)* (1) .... enfant, nous *(habiter)* (2) .... à Paris, dans le 6ᵉ arrondissement. Le mercredi, comme mes parents *(travailler)* (3) ...., ma grand-mère *(s'occuper)* (4) .... de moi. Nous *(passer)* (5) .... beaucoup de temps dans le jardin du Luxembourg qu'elle *(adorer)* (6) .... Nous *(s'asseoir)* (7) .... sous les arbres et, pendant que je *(jouer)* (8) .... avec d'autres enfants, elle *(lire)* (9) .... ou *(écrire)* (10) .... son courrier. Je *(aimer)* (11) .... surtout le jardin en automne, quand les feuilles *(jaunir)* (12) ...., *(rougir)* (13) .... puis *(tomber)* (14) .... J'en *(faire)* (15) .... des bouquets que je *(offrir)* (16) .... à ma grand-mère. Le soir, quand le gardien *(siffler)* (17) ...., il *(falloir)* (18) .... bien partir, à regret. Avant de rentrer, nous *(faire)* (19) .... halte dans un café, toujours le même : je *(prendre)* (20) .... un grand chocolat mousseux et elle *(boire)* (21) .... son whisky à petites gorgées gourmandes.

2. Mettez ces phrases à l'imparfait.

Ex. : *Il vient tous les jours au bureau à pied.*
  → ***Avant, il venait tous es jours au bureau à pied.***

1. Nous prenons l'autobus 32 pour aller à la gare.
2. Vous étudiez le chinois ou le japonais ?
3. Nous payons tous nos achats en espèces.
4. Il peint le dimanche pour son plaisir.
5. Nous rions beaucoup quand nous nous retrouvons.
6. Tu ne dis jamais la vérité et je ne te crois pas.
7. Ils conduisent très prudemment.
8. C'est toujours très gentiment que vous accueillez nos amis chaque été.

3. En 1990, elle avait douze ans. Que faisait-elle ? Proposez une légende sous chaque dessin.

....

....

....

....

4. Lisez ces phrases et répondez par « Vrai » ou « Faux ».

1. « *S'il faisait beau, on pourrait aller se promener dimanche.* »

La personne parle du dimanche précédent.   VRAI   FAUX

2. « *À dix-huit heures quinze, l'accusé quittait le domicile de sa victime.* »

Il s'agit d'un fait précis, ponctuel.   VRAI   FAUX

3. « *Si seulement tu pouvais m'écouter un peu !* »

Il s'agit d'un désir, d'un souhait.   VRAI   FAUX

4. « *Une seconde de plus et il se faisait écraser.* »

Il s'est fait écraser en une seconde.   VRAI   FAUX

5. « *Excusez-moi, je voulais juste vous demander un tout petit renseignement.* »

La personne est en train de demander un renseignement. VRAI FAUX

6. « *Et si tu me disais la vérité ?* »

Il s'agit d'une suggestion. VRAI FAUX

7. « *Si j'étais riche, j'achèterais un bateau à voile.* »

Quand j'avais de l'argent, j'avais un bateau à voile. VRAI FAUX

8. « *Il l'aimait trop, il l'a tuée.* »

L'imparfait exprime la cause. VRAI FAUX

• Le plus-que-parfait

1. Mettez les verbes entre parenthèses au plus-que-parfait. Attention aux accords du participe passé !

1. Quand je suis arrivé, ma petite fille *(mettre)* .... la table.

2. Hier matin, il est arrivé en retard car il *(ne pas entendre)* .... son réveil sonner.

3. Comme la météo l' *(annoncer)* .... la semaine dernière, le typhon Cecilia est passé au large de la Martinique.

4. Je ne savais pas qu'il était déjà parti. Personne ne m' *(prévenir)* ....

5. C'est bizarre qu'il n'ait pas écrit. Il *(promettre)* .... qu'il le ferait dès son arrivée.

6. J'ai revendu la voiture que j' *(acheter)* .... l'an dernier.

7. Je vous *(dire)* .... que l'examen était aujourd'hui. Vous *(oublier)* .... ?

8. Ils ont divorcé et pourtant, en vingt ans, ils *(ne jamais se disputer)* ....

2. Reliez.

1. Il a échoué à son examen.
2. Je suis arrivée très en retard.

3. Je n'ai pas pu partir en Iran.

4. Elle était étrange !

5. Tu as rendu les livres
6. Il a revu Angela.
7. J'ai mal à tous les muscles.

8. Elles se souvenaient

a. Elle avait teint ses cheveux en violet.
b. que tu avais empruntés à la bibliothèque ?

c. Je n'avais pas fait de vélo depuis dix ans !
d. J'avais oublié de renouveler mon passeport.

e. Normal ! Il n'avait pas du tout révisé.
f. Il ne l'avait pas vue depuis Noël.
g. de tous les voyages qu'elles avaient faits.
h. J'avais complètement oublié notre rendez-vous.

3. Mettez les mots dans l'ordre pour faire des phrases.

1. avant-hier/ a dit / qu'elle / Elle/ ta lette / avait reçu / .

2. Avant / tu / tu / te coucher / avais fini / . / dîner / allais / dès que / de
3. aujourd'hui / . / Il / qu'il / avait annoncé / arrivait / nous
4. vous / votre exercice / pensais / depuis / aviez terminé / Je / que / . / longtemps

4. Imparfait, passé composé ou plus-que-parfait ? Faites les modifications orthographiques nécessaires. Attention aux accords du participe passé !

1. Je vais enfin lui offrir les deux livres que je lui *(promettre)* ....

il y a trois mois. Je les *(acheter)* .... pour son anniversaire.

2. Hier, je *(rencontrer)* .... Jennifer aux Galeries Lafayette, elle

(faire) .... des courses avec sa mère.

3. Quand je suis rentré chez moi hier soir, ce *(être)* .... la cata-

strophe : les enfants *(ne pas dîner)* ...., ils *(ne pas être couchés)*

....................................., la maison *(être)* .... sens dessus

dessous ! Une horreur !

4. Ils m'ont raconté qu'ils *(passer)* .... leurs vacances en Italie

l'été dernier et qu'ils *(adorer)* .... ce pays, surtout la Toscane où

ils *(vouloir)* .... retourner le plus vite possible.

5. Dès que je *(ouvrir)* .... ce livre, je *(s'apercevoir)*

.... que je le *(lire)* .... il y a quelques mois.

6. Quand nous *(être)* .... enfants, nous *(ne pas avoir)*

.... le droit de parler tant que le repas *(ne pas être fini)* ....

7. Hier soir, quand il *(entrer)* ...., je *(comprendre)*

.... immédiatement qu'il lui *(arriver)* ....

quelque chose au travail.

8. Ce matin, Laurent nous *(expliquer)* .... qu'il *(ne pas pouvoir)*

.... venir hier soir à la réunion parce que sa femme *(devoir)*

.... être hospitalisée d'urgence pour une crise d'appendicite aiguë.

• Le passé simple

1. Relevez les dix passés simples qui se trouvent dans le texte suivant et donnez leur infinitif.

Élisa entra dans la salle de bal. Elle était si belle que tous les regards se tournèrent vers elle. Elle se dirigea d'un pas hésitant vers la maîtresse de maison, la salua et resta quelques minutes auprès d'elle. Deux officiers l'invitèrent pour la prochaine mazurka. Elle déclina l'invitation aimablement mais vivement et ils n'insistèrent pas. Quand Ludwig pénétra à son tour dans la salle, ses yeux brillèrent : il avait tenu parole, il était venu !

Ex. : *elle entra →* ***entrer***

Complétez la conjugaison du passé simple des verbes qui se terminent en *-er.*

– je ...-ai	nous ... -âmes
– tu ... -as	vous ...-âtes
– il/elle ...-	ils/elles ... - ....

2. Même consigne. Relevez les dix passés simples dans le texte suivant et donnez leur infinitif.

Quand Socrate reçut l'ordre de boire la ciguë, il parut d'un calme absolu : il s'attendait à cet ordre depuis bien longtemps. Il but d'un trait le poison et mourut presque instantanément. Ses disciples et amis accoururent et ne purent que constater le décès de leur maître. Leur chagrin fut si violent qu'il fallut les empêcher de mettre fin, eux aussi, à leurs jours. Afin que les enseignements de Socrate lui survivent, ils résolurent de les faire connaître à tous. Et en effet, ces enseignements survécurent jusqu'à aujourd'hui.

Ex. : *il reçut* → **recevoir**

Complétez la conjugaison du passé simple de ces verbes.

– je ...-us	nous ...-ûmes
– tu ...-us	vous ...-ûtes
– il/elle ...-	ils/elles ...- ....

3. Même consigne. Relevez les dix passés simples dans le texte suivant et donnez leur infinitif.

Dès qu'il ouvrit la lettre qu'Aglaé lui avait laissée, il faillit s'évanouir. Il blêmit, se mit à trembler de fureur et finit sa lecture à grand-peine. C'était un adieu sec et moqueur. Ah ! Elle s'était bien jouée de lui et il serait la risée de tous ses amis qui, en effet, firent des gorges chaudes de ses malheurs. Il prit la plume et écrivit à la traîtresse une longue missive accusatrice.

Il la poursuivit longtemps de ses lettres, tantôt plaintives, tantôt violentes, lettres auxquelles jamais elle ne répondit.

Ex. : *il ouvrit* → **ouvrir**

Complétez la conjugaison du passé simple de ces verbes.

– je ...-is	nous ...-îmes
– tu ...-is	vous ...-îtes
– il/elle ...-	ils/elles ...- ....

4. Relevez les dix passés simples dans le texte suivant et donnez leur infinitif. *Deux* verbes ne suivent aucune des trois conjugaisons que nous venons de voir. Lesquels ?

En Grèce, il y a fort longtemps vivait une jeune princesse parfaitement belle, Hélène. Tous les rois soupiraient pour elle. Aussi, le père d'Hélène les convoqua tous afin qu'elle-même choisisse son futur époux. Ils vinrent tous et, à la surprise générale, elle choisit le jeune Ménélas, roi de Sparte et frère du puissant Agamemnon.

Hélène fit jurer à tous ses prétendants de venir à son aide et à celle de Ménélas en cas de malheur. Ils jurèrent et repartirent, mélancoliques, chacun chez soi. Plus tard, cependant, à la demande de Ménélas, tous tinrent parole.

Hélène et Ménélas vécurent heureux quelques années. Une fille leur était née, Hermione.

Un jour, Pâris, le plus jeune fils de Priam, roi de Troie, arrivant à Sparte, vit Hélène et un violent désir s'empara de son âme.

Ex. : *convoqua* → **convoquer**

Exceptions : ....

5. Reprenez l'exercice 1 et transformez les verbes du passé simple au passé composé, comme si vous racontiez l'histoire à quelqu'un. Attention aux accords de participe.

6. Comparez les deux versions du même événement puis répondez par « Vrai » ou « Faux » aux quatre questions qui suivent.

Version 1. Cette année-là, ils décidèrent d'aller passer toutes leurs vacances dans le Pays basque. Ils partirent par un beau matin de juillet et firent la route en trois jours. Ils prirent de petites routes. Ils flânèrent.

Ils arrivèrent à Biarritz le lundi soir et s'installèrent à l'hôtel du Palais. Ils sortirent faire un tour sur la plage puis se dirigèrent vers le restaurant Chez Marinette.

Version 2. Cette année-là, ils décidèrent d'aller passer toutes leurs vacances dans le Pays basque. En effet, ils désiraient depuis longtemps revoir les lieux de leur jeunesse. Cette idée leur plaisait beaucoup.

Ils partirent par un beau matin de juillet et firent la route en trois jours. Ils prirent de petites routes où il n'y avait que très peu de circulation. Ils flânèrent, s'arrêtant dès qu'ils en avaient envie. Ils voulaient prendre le temps, tout leur temps.

Le temps était superbe, ni trop chaud ni trop froid, le soleil brillait et les jours étaient longs, longs, longs… La vie était belle !

Ils arrivèrent à Biarritz le lundi soir et s'installèrent à l'hôtel du Palais qui leur rappelait tant d'agréables souvenirs. Ils sortirent faire un tour sur la plage puis se dirigèrent vers le restaurant Chez Marinette. Elle était là, fidèle au poste. Tout était pareil, rien n'avait changé.

1. Le passé simple est utilisé pour exprimer les sentiments.	VRAI	FAUX
2. L'imparfait permet d'ajouter des détails.	VRAI	FAUX
3. L'imparfait sert à décrire une atmosphère, un lieu.	VRAI	FAUX
4. Le passé simple exprime les faits, les actions.	VRAI	FAUX

7. Passé simple et passé antérieur. Mettez le verbe entre parenthèses au passé antérieur. Attention à la phrase 6, le verbe à conjuguer est au passif.

1. Dès que les deux parties *(signer)* .... le contrat, on fit circuler champagne et petits fours.

2. Il fit le siège de l'entreprise, écrivant lettre sur lettre, tant qu'il *(ne pas recevoir)* .... de réponse positive.

3. Aussitôt qu'ils *(convenir)* .... du prochain rendez-vous, ils se

séparèrent.

4. Trois mois après qu'ils *(se marier)* ...., ils divorcèrent pour incompatibilité d'humeur.

5. Il publia son deuxième roman exactement dix ans après que le premier *(recevoir)* .... le prix Goncourt.

6. Dès que la paix *(être signée)* ...., les rebelles remirent leurs armes au pouvoir légal.

7. À peine il *(entrer)* .... que les applaudissements éclatèrent.

8. Ils cessèrent de se fréquenter lorsqu'ils *(comprendre)* .... qu'ils ne partageaient pas les mêmes idées politiques.

8. Peut-on ou ne peut-on pas remplacer le passé composé par un passé simple ?

1. <u>J'ai déjeuné</u>, je n'ai plus faim.
2. Comme elle <u>a changé</u> ! Est-ce qu'elle est malade ?
3. Des voyageurs <u>sont arrivés</u> un soir ; ils <u>ont dîné</u>, <u>se sont reposés</u> et ils nous <u>ont raconté</u> des aventures extraordinaires qui nous <u>ont tenus</u> réveillés toute la nuit.
4. C'est l'automne ; les feuilles <u>ont jauni</u> et <u>sont tombées</u>.

BILAN SUR LES TEMPS DU PASSÉ

Complétez avec le verbe entre parenthèses conjugué au temps qui convient. Faites les modifications orthographiques des pronoms nécessaires.

On était au beau milieu de l'été et pourtant le temps *(se gâter)* (1) .... depuis plusieurs jours.

Sous la pluie qui *(tomber)* (2) .... sans arrêt, la grande maison de vacances *(sembler)* (3) .... attendre patiemment le moment où la lumière *(revenir)* (4) .... enfin.

Les enfants, que le mauvais temps *(empêcher)* (5) .... de sortir, *(s'efforcer)* (6) .... de trouver des distractions comme le *(faire)* (7) .... tous les enfants qui *(s'ennuyer)* (8) ....

Après avoir discuté un moment entre eux, ils *(décider)* (9) .... de monter au grenier. Ce grenier *(être)* (10) .... un lieu mystérieux et attirant. Rempli de caisses poussiéreuses qui *(s'entasser)* (11) .... les unes sur les autres, il *(être)* (12) .... pour eux comme une caverne aux trésors.

Avec des cris de joie, les enfants *(commencer)* (13) .... à ouvrir ces caisses et à en sortir toutes sortes d'objets. Soudain, du fond d'une valise, ils *(tirer)* (14) .... quelque chose d'étrange. Qu'est-ce que ce *(être)* (15) .... ?

Une poupée, un masque ? Pendant un moment, ils *(tourner)* (16) .... et *(retourner)* (17) .... l'objet, se le passant de l'un à l'autre. Ils *(ne pas se douter)* (18) .... qu'ils *(tenir)* (19) .... entre leurs mains une tête réduite qu'un de leurs ancêtres *(rapporter)* (20) .... d'Amazonie bien des années auparavant.

L'expression du passé (2) : les relations entre les différents temps du passé

• Les relations imparfait / passé composé

1. Pour chacune de ces phrases, cochez la phrase qui a le même sens.

1. Quand je suis entré, ils étaient tous en train de manger.
   a) Ils se sont mis à manger quand je suis arrivé.   ❏
   b) Ils avaient commencé à manger avant mon arrivée.   ❏

2. Quand il faisait froid, ma mère nous obligeait à mettre trois pull-overs.
   a) Cette année-là, ma mère nous obligeait à mettre trois pulls à cause du froid.   ❏
   b) À chaque fois qu'il faisait froid, ma mère nous obligeait à mettre trois pulls. ❏

3. Pendant qu'il faisait la cuisine, elle a lu le journal.
   a) Elle a commencé à lire le journal quand il s'est mis à faire la cuisine.   ❏
   b) Elle a lu tout le journal pendant qu'il faisait la cuisine.   ❏

4. Quand on a annoncé la nouvelle à la radio, j'étais chez des amis.
   a) J'ai appris la nouvelle chez mes amis.   ❏
   b) Je suis allé annoncer la nouvelle à des amis.   ❏

5. Le public a sifflé lorsqu'il a pris la parole.
   a) C'est parce qu'il a pris la parole que le public a sifflé.   ❏
   b) Il a pris la parole pour faire taire le public.   ❏

2. Imparfait ou passé composé ? Faites les modifications orthographiques nécessaires.

1. Quand je *(arriver)* .... à Paris, en 1987, la Pyramide du Louvre, la grande Arche et la Cité de la musique *(ne pas exister)* ....

2. Dans les années 60, l'influence des États-Unis *(être)* .... très forte en France, comme le bien *(montrer)* .... Jean-Luc Godard dans ses premiers films.

3. Hier, quand vous *(appeler)* ...., je *(ne pas entendre)* .... parce que je *(être)* .... dans le jardin.

4. Mercredi, je *(arriver)* .... en retard parce que ma voiture *(refuser)* .... de démarrer. Je *(devoir)* .... prendre un taxi.

5. Dimanche dernier, pendant que je *(lire)* ...., je *(entendre)* .... un drôle de bruit dans la salle de bains. La baignoire avait débordé ! Le voisin du dessous *(monter)* .... aussitôt.

6. À l'époque dont je vous parle, tout *(paraître)* .... plus facile pour les gens qui *(vouloir)* .... créer leur propre entreprise.

7. Cet appartement, il le *(payer)* .... 200 000 euros ; il *(prendre)* .... un crédit sur quinze ans.

8. Hier soir, dès que je (rentrer) ...., je (se mettre) ....
à travailler parce que je (avoir) .... un devoir à terminer pour
aujourd'hui.

3. Même consigne.

Ex. : *La nuit (tomber)* **tombait** *quand le train (entrer)* **est entré** *en gare.*

1. Il (pleuvoir) ...., je (prendre) .... mon
parapluie.

2. Les footballeurs parisiens (faire) .... match nul contre Bordeaux
dans un stade où les spectateurs (être) .... très nombreux.

3. La mer (briller) .... sous un soleil éclatant, au loin quelques
bateaux de pêcheurs (danser) .... sur les vagues. Je (s'avancer)
.... vers l'eau elle (être) .... glacée ;
je (hésiter) .... un moment et courageusement je (plonger)
.... dans une vague ; j'en (sortir) .... aussitôt en courant.

4. Il (ouvrir) .... son réfrigérateur et il (se rendre compte)
.... qu'il (ne rien avoir) .... à manger. Il
(remettre) .... son manteau, (prendre) ....
son caddie et (aller) .... au supermarché qui heureusement
ne (fermer) .... qu'à dix heures du soir.

5. Les voyageurs (attendre) .... sur le quai de la gare. Le train
(avoir) .... du retard. Certaines personnes (lire) ....
tranquillement un journal, les autres (faire) .... les cent pas, les
yeux fixés sur les rails, d'autres (téléphoner) .... Enfin, au grand
soulagement de tous, le train (entrer) .... en gare et les voyageurs (se précipiter) .... vers les wagons.

• Les relations imparfait / passé simple

1. Imparfait ou passé simple ? Conjuguez les verbes entre parenthèses au temps convenable.

Il était une fois une jolie petite fille que l'on (appeler) (1) .... le
Petit Chaperon rouge car elle (porter) (2) .... toujours un manteau à capuchon rouge. Un jour, sa mère lui (demander) (3) ....
d'aller voir sa grand-mère qui (être) (4) .... malade et qui
(habiter) (5) .... de l'autre côté de la forêt. Elle lui (donner)
(6) .... un panier avec une galette et un petit pot de beurre ;
elle lui (dire) (7) .... de faire bien attention au loup qui (vivre)
(8) .... dans la forêt et de ne pas écouter ses discours.

L'enfant *(partir)* (9) .... gaiement. En chemin, elle *(s'arrêter)* (10) .... plusieurs fois pour cueillir des fleurs, des fraises. Soudain, elle *(entendre)* (11) .... une belle voix grave qui *(dire)* (12) .... : « Bonjour, mon enfant, où vas-tu ainsi, toute seule ? » Le Petit Chaperon rouge lui *(répondre)* (13) .... vivement qu'elle *(ne pas avoir)* (14) .... le droit de lui parler. Il *(soupirer)* (15) .... en disant que les parents *(être)* (16) .... vraiment injustes avec lui alors qu'il *(n'avoir)* (17) .... que de bonnes intentions.

Il lui *(raconter)* (18) .... beaucoup d'histoires et il *(être)* (19) .... si amusant, qu'elle *(finir)* (20) .... par l'écouter.

• Les relations passé composé / passé simple

1. Observez ce texte. Contrairement à ce qu'on dit souvent, le passé simple et le passé composé peuvent coexister.

Onze heures <u>sonnèrent</u>, et presqu'aussitôt le reflet de la lumière <u>se mit</u> à bouger au plafond du couloir. De nouveau, je <u>me levai</u> de mon fauteuil d'un bond [...]. La lueur <u>hésita</u>, <u>s'arrêta</u> une seconde sur le seuil, où le battant de la porte ouverte me la cachait encore ; puis la silhouette <u>entra</u> et <u>fit</u> deux pas sans se tourner vers moi, le bras de nouveau élevant le flambeau devant elle sans aucun bruit. J'<u>ai</u> rarement [...] <u>attendu</u> avec une impatience et une incertitude aussi intenses – le cœur battant, la gorge nouée – quelqu'un…

Julien Gracq, *La Presqu'île*, Corti, 1970.

La concordance des temps

1. Reliez les propositions entre elles.

1. La météo annonce
2. Le gouvernement constate avec inquiétude
3. Il nous a affirmé
4. – À ton avis, quel âge a-t-elle ? – Je pense
5. Des panneaux lumineux prévenaient les automobilistes
6. Je vous assure, monsieur l'agent,
7. Le jardinier jugeait
8. L'avocat a prouvé

a. que son client était innocent.
b. que je viens de me garer et que je vais partir.
c. qu'il était temps de tailler les arbres.
d. qu'on avait fermé une portion de l'autoroute.
e. qu'il allait faire le nécessaire.
f. qu'elle doit avoir dans les cinquante ans.
g. que les routes seront verglacées.
h. que la délinquance des jeunes augmente.

2. Même consigne.

1. Le chef d'État a déclaré
2. L'enquête démontrera
3. J'estimais
4. Voyons ce
5. Elle se dit
6. Combien de téléspectateurs pensent
7. Les personnes âgées disent
8. Nous espérons

a. que certaines émissions télévisées abêtissent ?
b. que vous avez fait.
c. qu'il proposerait de nouvelles réformes.
d. que j'avais eu raison de partir.
e. que c'était toujours mieux autrefois.
f. que vous réussirez et que vous trouverez le bonheur.
g. qu'il valait mieux attendre et qu'elle allait trouver la solution.
h. que l'accusé n'a pas commis le crime.

3. Mettez les verbes entre parenthèses à la forme verbale convenable. Faites les modifications orthographiques nécessaires. (Plusieurs possibilités.)

1. Regarde le ciel, je suis sûr qu'il *(pleuvoir)* ....

2. Aujourd'hui, on constate que beaucoup de gens *(se méfier)* .... du progrès.

3. Lisez ce livre, je pense qu'il vous *(plaire)* ....

4. Mon ami m'a téléphoné de l'aéroport ; il était très énervé ; il m'a dit que son avion *(décoller)* .... à l'instant même, qu'il le *(rater)* .... et il a ajouté qu'il *(attendre)* .... sur place le prochain vol.

5. On s'est rendu compte que l'automobiliste *(conduire)* .... en état d'ivresse.

6. Le chef cuisinier affirme qu'il *(ne pas importer)* .... de viande interdite.

7. Le médecin nous a assurés que l'état du malade *(s'améliorer)* .... rapidement dans les jours à venir.

8. J'ai envoyé par la poste les cadeaux que je *(acheter)* ....

4. LES AUTRES MODES PERSONNELS

Le mode subjonctif

---

1. À partir de l'infinitif, donnez la troisième personne pluriel du présent de l'indicatif puis la première personne singulier du subjonctif présent, comme dans l'exemple.

Ex. : *tenir →* ***ils tiennent →*** ***que je tienne***

1. prendre →   2. sortir →   3. venir →   4. arriver →   5. réussir →
6. mettre →   7. lire →   8. choisir →   9. connaître →   10. écrire →

2. Indiquez la première personne pluriel du subjonctif présent, comme dans l'exemple.

Ex. : *sortir →* ***que nous sortions***

1. écrire →   2. lire →   3. tenir →   4. dormir →   5. répondre →
6. comprendre →   7. étudier →   8. payer →   9. prévenir →   10. vendre →

3. Donnez l'infinitif correspondant aux subjonctifs suivants.

Ex. : *que nous aimions →* ***aimer***

1. que vous écriviez →   2. que tu ailles →   3. que tu aies →   4. qu'il plaise →
5. qu'il pleuve →   6. qu'il pleure →   7. que vous croyiez →   8. que vous remerciiez →

4. À partir de l'infinitif, indiquez la première personne singulier puis la première personne pluriel du subjonctif présent, comme dans l'exemple.

Ex. : *venir →* ***que je vienne, que nous venions***

1. pouvoir →   2. savoir →   3. attendre →   4. faire →
5. payer →   6. vouloir →   7. avoir →   8. être →

5. Transformez en mettant la phrase au subjonctif, comme dans l'exemple.

Ex. : *Je dois aller chez Martin demain.* → ***Il faut que j'aille chez Martin demain.***

1. Tu dois descendre la poubelle.
2. Vous devez prendre le train de 11 h 10.
3. Nous devons faire très attention à ce que nous mangeons.
4. Il doit être à Lyon avant mercredi.
5. Tu dois mettre des gants et un bonnet, il fait froid ce matin.
6. Nous devons étudier l'itinéraire avant de partir.
7. Je dois lire ce rapport pour la réunion de demain.
8. Elles doivent venir, c'est très important !

6. Transformez ces phrases à l'impératif en phrases au subjonctif, comme dans l'exemple.

Ex. : *Chante-moi une chanson.* → **Je voudrais que tu me chantes une chanson.**

1. Étudiez bien cette leçon, ça vous sera utile pour l'examen.
2. Va voir qui a sonné, s'il te plaît.
3. Puisque tu vas faire les courses, prends-moi le journal et des timbres.
4. Venez passer quelques jours avec nous à la campagne.
5. Sortez un peu, prenez l'air, ça vous fera du bien.
6. Mets d'autres chaussures, celles-ci ne sont pas assez chaudes.
7. Écrivez-moi quand vous serez arrivé, ça me ferait plaisir.
8. Fais-nous plaisir en faisant ce qu'on te demande.

7. Même exercice avec *il vaut mieux que..., il vaudrait mieux que..., il est préférable que..., je préférerais que..., il ne faudrait pas que...*

Ex. : *Pars plutôt demain.* → **Il vaut mieux que tu partes demain.**

1. Faisons la vaisselle ce soir et non demain ?
2. Elle sortira à sept heures plutôt qu'à six heures.
3. Tenez votre enfant par la main dans les escalators, c'est préférable.
4. Ne conduis pas si tu as bu de l'alcool.
5. Payez vos dettes tout de suite, n'attendez pas !
6. Étudiez un peu de solfège, pour apprendre à jouer du piano, c'est mieux.
7. Il craint un peu ses parents, c'est mieux que le contraire !
8. Il ne sait pas la vérité. C'est mieux comme ça !

8. Parmi les deux phrases proposées, laquelle est la plus proche de la phrase de départ ?

1. Je voudrais que tu fasses attention à toi.
   a) Sois prudent.
   b) Reste attentif.

2. Je ne pense pas qu'il sache ce qu'il fait.
   a) Je ne sais pas ce qu'il fait.
   b) Il ne sait pas ce qu'il fait, selon moi.

3. Pourvu qu'il soit heureux !
   a) Il est heureux et c'est bien.
   b) Je lui souhaite d'être heureux.

4. Dommage que vous ayez dû partir !
   a) Je regrette que vous ayez été obligé de partir.
   b) Je suis désolé que vous ne puissiez pas rester.

9. Expression des sentiments. Transformez comme dans l'exemple.

Ex. : *Tu viens ? Je suis content.* → **Je suis content que tu viennes.**

1. Il est de mauvaise humeur tous les matins. Ça m'énerve !
2. Dis-moi tout. J'aime mieux ça.
3. Tu peux l'aider à déménager ? Elle sera vraiment ravie.
4. On est souvent désagréable avec les employés de la Poste. Je trouve ça anormal.
5. Il ne sait pas encore lire. Je suis étonné.
6. Vous refusez cette offre extraordinaire ? Ça me surprend beaucoup.
7. Elle part au ski avec des amis que personne ne connaît. Sa mère n'est pas très contente.
8. Tu dois déjà partir ? Je suis désolé.

10. Expression du doute. Répondez comme dans l'exemple.

Ex. : – *Il est malade ? – **Non, je ne pense pas qu'il soit malade.***

1. Il peut sortir ?
2. Il sait ce qui est arrivé ?
3. Il croit à cette histoire ?
4. Il faudra mettre une cravate pour aller au mariage de Clara ?
5. Elle connaît les pays baltes ?
6. Elle a plus de trente ans, à votre avis ?
7. Ça vaut cinquante euros, vraiment ! ?
8. Elle ira aux sports d'hiver cette année ?

11. Transformez en utilisant l'infinitif si le sujet des deux phrases est le même ou le subjonctif si les deux sujets sont différents.

Ex. : *Il reçoit un prix. Il est content.* → ***Il est content de recevoir un prix.***
Il reçoit un prix. Je suis content. → ***Je suis content qu'il reçoive un prix.***

1. Nous sommes encore en retard. Nous sommes désolés.
2. On lui fait beaucoup de compliments. Elle est toute fière.
3. Il n'est pas là. Je suis étonné.
4. On se moque souvent d'elle. Elle est furieuse.
5. Il ne tient jamais ses promesses. Tout le monde est indigné.
6. Je ne pourrai pas venir. Je suis désolé.
7. Elle ne dit jamais merci. On est choqués.
8. Il est toujours dans la lune. Ça m'agace !

12. Voici vingt verbes ou locutions verbales. Entourez ceux ou celles qui sont suivi(e)s du subjonctif.

vouloir que – désirer que – savoir que – il faut que – être heureux que – être surpris que – dire que – penser que – souhaiter que – regretter que – attendre que – aimer que – demander que – douter que – ordonner que – affirmer que – avoir peur que – trouver que – raconter que – se plaindre que

13. Barrez la mauvaise forme.

1. J'espère qu'elle | pourra | puisse | venir avec nous ce soir.
2. C'est vraiment dommage que tu | dois | doives | partir déjà !
3. J'ai peur que nous ne | pouvons | puissions | pas finir ce travail dans les délais imposés.
4. Il est clair que vous nous | mentez | mentiez |.
5. C'est bien normal que je | suis | sois | fâché contre toi, non ! ?
6. J'attendrai que le printemps | revient | revienne | pour planter les rosiers.
7. Il faut absolument que vous | allez | alliez | voir cette pièce, la mise en scène est superbe.
8. Je crois bien que nous nous | trompons | trompions | de route.

14. Transformez comme dans l'exemple.

Ex. : *Je regrette qu'il vienne.* → *Je regrette qu'**il soit venu**.*

1. Je ne pense pas que tu puisses faire ça tout seul.
2. C'est dommage que tu n'entendes pas la fin de l'histoire.
3. Ne pense pas que je veuille être indiscret.
4. Je trouve tout à fait normal que tu descendes les poubelles.
5. Je ne crois pas qu'elle prenne une décision.

6. J'ai bien peur que tu n'oublies de faire ce que je t'avais demandé.

7. Il ne me semble pas que nous soyons impolis avec eux.

8. Ça m'étonne beaucoup qu'il devienne célèbre, comme ça, brusquement.

15. Reliez.

1. Êtes-vous vraiment certain qu'il	a. ne nous ayez pas vus.
2. Tu es contente qu'il	b. aies été félicité par tout le monde.
3. C'est très étrange que vous	c. n'ayons pas pu venir.
4. J'ai bien peur qu'elles	d. soit coupable ?
5. C'est bien normal que tu	e. ne tombent malades.
6. Je regrette vraiment que nous	f. ait été reçu à l'examen ?
7. Ils ont toujours peur que leurs enfants	g. t'aie posé cette question ?
8. Tu trouves étrange que je	h. aient oublié notre rendez-vous.

16. Mettez l'infinitif entre parenthèses à l'indicatif (passé composé) ou au subjonctif passé, comme dans l'exemple.

Ex. : *C'est impossible que tu (prendre)* **aies pris** *ce train. J'étais à la gare et je ne t'ai pas vu.*

1. Il est tout à fait regrettable que vous *(décider)* .... cela sans avertir vos supérieurs hiérarchiques.

2. Il a accepté tout de suite nos propositions sans que nous *(avoir besoin)* .... d'insister.

3. Je suis très heureux qu'ils *(se marier)* .... à Paris. Comme ça, j'ai pu assister à leur mariage.

4. Il est absolument évident que nous *(faire)* .... une belle sottise en achetant cette voiture !

5. Je suppose que vous *(recevoir)* .... tous les documents que nous vous avons envoyés il y a une semaine.

6. C'est vraiment triste qu'il *(être obligé)* .... de vendre sa ferme.

7. Ses parents et ses amis ne croient pas qu'il *(pouvoir)* .... commettre une chose pareille.

8. J'attendrai que les enfants *(partir)* .... pour ranger la maison.

17. Parmi les conjonctions suivantes, trois ne sont pas suivies du subjonctif. Lesquelles ?

afin que – sans que – tant que – avant que – quoique – bien que – pourvu que – jusqu'à ce que – de peur que – à moins que – à condition que – aussitôt que – pendant que – pour que

18. Terminez les phrases suivantes.

1. Tu ne sortiras pas d'ici tant que tu ....

2. Dépêchons-nous de rentrer avant qu'il ....

3. Tu peux prendre la voiture à condition que ton père ....

4. Reste tranquille pendant que je ....

5. On pourrait aller au cinéma à moins que vous ....

6. Je te répéterai la même chose jusqu'à ce que tu ....

7. Donne-moi tes dates de vacances pour que je ....

8. Il est rentré à cinq heures du matin, très discrètement, sans que personne ....

19. Les phrases suivantes expriment-elles l'obligation (O), le souhait (So), le doute (D), la surprise (Su) ou le regret (R) ?

1. Je suis désolé que vous n'ayez pas pu assister à notre petite fête.
2. Quel dommage qu'il soit déjà parti, il était adorable.
3. Bizarre, bizarre qu'on nous ait caché cela !
4. Il est indispensable que tu ailles t'inscrire à l'université avant le 15 septembre.
5. J'aimerais beaucoup que tu m'écoutes, pour une fois !
6. Personnellement, je ne crois pas qu'il y ait une grève des transports la semaine prochaine.
7. Tiens, c'est drôle que tu me dises ça aujourd'hui !
8. Pourvu que tout se passe comme prévu !

Le mode conditionnel

1. Présentez les nouvelles suivantes comme des informations non confirmées. Attention aux temps.

Ex. : *Elle est malade depuis trois semaines.* → *Elle **serait** malade depuis trois semaines.*
Un avion s'est écrasé au sud du Népal. → *Un avion **se serait écrasé** au sud du Népal.*

1. Un Français sur deux croit à l'existence des extraterrestres.
2. Un scientifique australien a découvert un vaccin contre le Sida.
3. Le pouvoir d'achat des Français restera stable dans les six prochains mois.
4. Une loi interdisant de telles manipulations génétiques sera votée prochainement.
5. D'importantes découvertes archéologiques ont été faites dans le nord du Pérou.
6. Le paquet a été envoyé de la poste centrale de Rome le 15 avril à 13 h.
7. Le navigateur atteindra la Guadeloupe d'ici quatre à cinq jours.
8. L'accident est dû aux mauvaises conditions météorologiques.

2. Reformulez les phrases suivantes en utilisant le conditionnel de politesse.

Ex. : *Vous pouvez fermer la porte !* → *Vous **pourriez** fermer la porte, s'il vous plaît ?*

1. Vous avez l'heure ?
2. Tu peux me laisser tranquille deux minutes ?
3. Tu ne sais pas où j'ai mis mon téléphone portable ?
4. Vous ne voulez pas changer de table, s'il vous plaît ?
5. Tu peux me raccompagner chez moi ?
6. Tu es d'accord pour nous aider à changer nos meubles de place ?
7. Je peux vous interrompre une seconde ?
8. Je me marie en mars. Veux-tu être mon témoin ?

3. Donnez un conseil en utilisant le conditionnel présent, comme dans l'exemple.

Ex. : *Va le voir !* → ***Moi, à ta place, j'irais le voir. / Si j'étais toi, j'irais le voir.***

1. Prends le menu à 15 euros, c'est le meilleur.
2. Appelle le médecin, c'est idiot de rester comme ça.
3. Ne viens pas trop tard si tu veux qu'il y ait encore des soldes intéressants.
4. Adresse-toi au service des renseignements, c'est plus rapide.
5. Ne fais pas ça, c'est trop risqué.
6. Achetez cette voiture, c'est une occasion unique, je vous assure !
7. Coupe-toi les cheveux, ça serait mieux.
8. Réfléchis un peu avant de te décider.

4. Reliez.

1. Tu devrais arrêter de boire.
2. J'aimerais que tu arrêtes de bouger.
3. Vous ne devriez pas lui parler aussi sévèrement.
4. Tu devrais lui dire ce que tu penses d'elle.
5. Je voudrais bien que vous me fichiez la paix.

a. Il est tellement sensible !
b. Ou alors, c'est moi qui conduis.
c. Je pense que c'est plus honnête.
d. Deux minutes et je te libère.
e. Je vous ai déjà dit non, non et non !

5. Dans les phrases suivantes, le sentiment exprimé est-il : le conseil (C), la suggestion (Su), le souhait (So), le reproche (Rep) ou le regret (Reg) ?

1. Tu n'aurais pas dû lui dire ça, il va être fâché.
2. Tu n'aimerais pas qu'on se mette au tennis tous les deux ? Ça nous ferait du bien, tu ne crois pas ?
3. J'aimerais beaucoup que tu puisses venir avec moi en Irlande.
4. Nous aurions été vraiment heureux de vous recevoir chez nous.
5. Moi, je lui écrirais tout de suite pour m'excuser mais tu es assez grand pour savoir ce que tu dois faire.
6. Vous pourriez faire attention, non ! Regardez, vous avez abîmé ma voiture !
7. Je voudrais que tu écrives un mot à ton grand-père pour son anniversaire.
8. On pourrait aller voir un western, qu'est-ce que tu en penses ?

6. L'expression de la condition/hypothèse. Reliez.

1. Il serait guéri depuis longtemps
2. Si tu te dépêchais un peu,
3. Nous serions allés le chercher
4. Si tu avais travaillé un tout petit peu plus,

5. Je ne me serais pas perdu

6. S'il avait fait un peu plus chaud,
7. Si tu avais pris le temps de bien lire la consigne
8. Si par hasard tu ne pouvais pas venir

a. on se serait baignés.
b. tu aurais été reçu au concours.
c. tu aurais su faire ton exercice.
d. on arriverait juste à l'heure pour le début de la séance.
e. si tu m'avais indiqué le chemin correctement.
f. s'il avait suivi les conseils du médecin.
g. il faudrait nous avertir à temps.
h. s'il nous avait prévenus de son arrivée.

7. Le futur dans le passé. Concordance des temps et discours indirect. Mettez ces phrases au discours indirect comme dans l'exemple.

Ex. : « Je _serai_ absent du 12 au 18 septembre. » → **Le médecin a annoncé qu'il _serait_ absent du 12 au 18 septembre.**

1. « Je reviendrai en octobre », nous a-t-il promis.
2. Il avait affirmé : « Dans trois mois, les travaux seront terminés. »
3. Elle s'écria : « Jamais je ne recommencerai une pareille aventure ! »
4. Je vous l'avais bien dit : « Cet homme-là ne vous apportera que des ennuis. »
5. Ils m'avaient dit, à cette époque-là : « Dans quelques mois, quand nous aurons un peu plus de temps, nous te ferons signe. »
6. Il lui avait promis : « Je te construirai un palais, tu seras comme une reine, je serai aux petits soins pour toi ! »
7. Ils nous ont écrit : « Nous partirons le 15 et nous vous appellerons dès que nous serons arrivés. »
8. « Dès que vous aurez obtenu le prêt de votre banque, on pourra signer l'acte de vente », a déclaré l'employé de l'agence immobilière.

Le mode impératif

1. Remplacez les formes verbales soulignées par un impératif.

Ex. : _Vous prendrez ce médicament à jeun._ → **Prenez** _ce médicament à jeun._

– Pardon madame, je ne suis pas d'ici et j'aimerais aller à la tour Eiffel ? Je peux y aller à pied ? Est-ce que c'est très loin d'ici ?

– Non, ce n'est pas loin. Voilà, nous sommes ici près de la tour Montparnasse. (1) Vous prendrez donc le boulevard de Vaugirard jusqu'au boulevard Pasteur. (2) Vous descendrez le boulevard Pasteur vers la place Cambronne. Quand vous serez place Cambronne, (3) vous tournerez légèrement sur votre droite et (4) vous vous engagerez dans une petite rue qui s'appelle la rue du Laos. (5) Vous irez jusqu'au bout de la rue, ensuite (6) vous traverserez l'avenue de la Motte-Picquet et (7) vous marcherez dans les jardins du Champ-de-Mars. (8) Vous regarderez droit devant vous et vous verrez la Tour. Vous ne pouvez pas la manquer.

2. Même consigne.

Le maître à l'enfant :

– (1) Tu feras attention, mon petit. (2) Tu ne seras pas distrait, (3) tu m'écouteras. (4) Tu prendras ton livre, (5) tu l'ouvriras à la page 10 et (6) tu liras la poésie à voix basse. (7) Tu la liras plusieurs fois et, après, (8) tu la copieras sur ton cahier. (9) Tu ne parleras pas à ton voisin, (10) tu ne le regarderas pas et (11) tu essaieras de réciter la poésie pour toi, à voix basse. Ensuite, si tu veux, (12) tu me la réciteras.

3. Même consigne.

Le chef de chœur aux chanteurs :

– S'il vous plaît, mesdames, messieurs, un peu de silence. Bien ! (1) Nous reprendrons cinq mesures avant la fin. Mais d'abord, j'aimerais entendre les voix séparément. Les sopranes, à vous ! Non, non, (2) vous ne devez pas crier, (3) nous commencerons sur un pianissimo et puis (4) vous ferez grandir le crescendo, mais (5) vous le ferez grandir progressivement, dans un seul souffle.

À vous, les altos ! (6) Nous prendrons une bonne respiration et (7) nous donnerons tout sur une seule note, comme l'a voulu le compositeur. (8) Vous rejoindrez les sopranes à la quatrième mesure, (9) vous n'oublierez pas ! Mais, attention, (10) vous saurez partir sur le temps ! Les basses et les ténors, je vous écoute. Non, ça ne va pas. Le rythme n'y est pas. (11) Nous reprendrons ensemble. (12) Vous ne devez pas presser le tempo, (13) vous devez le garder jusqu'au bout.

Bon, maintenant tous ensemble, (14) nous chanterons de tout notre cœur.

4. Donnez les différentes valeurs de l'impératif : dites s'il exprime l'ordre, le souhait, la prière, le conseil, la politesse, la condition, l'opposition, une maxime.

Ex. : _Levez-vous !_ **(ordre)**

1. Soyez indulgent, monsieur le juge !
2. Mange tes épinards et tu auras droit à un délicieux dessert !
3. Boude, fais la tête, je n'achèterai pas le DVD de ce film violent.
4. Fais de beaux rêves !
5. Veuillez vous asseoir !
6. Tiens-toi tranquille, ne bouge pas tout le temps !
7. Ne réveillez pas l'eau qui dort.
8. Soyez heureux !

Les semi-auxiliaires modaux : devoir, pouvoir, vouloir, savoir

1. *Devoir*, verbe exprimant l'obligation. Transformez comme dans l'exemple.

Ex. : *Je dois partir.* → ***Il faut que je parte.***

1. Vous devez prendre un ticket à la caisse.
2. Je dois payer le téléphone avant la fin de la semaine.
3. Tu dois toujours avoir un peu d'argent sur toi en cas de problème.
4. Elle doit être à la gare dix minutes avant le départ du train.
5. On doit tenir ses promesses.
6. Nous devons étudier cette leçon pour lundi.
7. On doit absolument faire des économies !
8. Ils doivent aller à Dijon mercredi prochain.

2. Ordonnez ces quatre phrases de la plus injonctive (ordre très autoritaire) à la moins injonctive (suggestion).

1. Tu devrais vraiment faire un peu plus attention aux autres.
2. Tu dois faire tes devoirs avant d'aller jouer.
3. Tu dois obéir, un point, c'est tout !
4. Tu devrais aller voir un médecin ou passer à la pharmacie…

3. *Devoir*, verbe exprimant la possibilité, la probabilité. Transformez comme dans l'exemple. Attention à la phrase 4.

Ex. : *Il n'est pas venu en cours ce matin. Il est peut-être malade.* → ***Il doit être malade.***

1. Il n'est toujours pas là ? Il a probablement raté son train.
2. Tu es brûlant ! Tu as certainement de la fièvre.
3. Impossible de trouver mon écharpe. Il se peut que je l'aie oubliée dans le bus.
4. Il ne t'a pas écrit ? Tu auras peut-être une lettre demain !
5. Il ne t'a pas dit bonjour ? Il était sans doute dans la lune, ça lui arrive souvent.
6. Tu crois que j'ai déjà payé cette facture ? C'est bien possible, tu as sans doute raison.
7. Il est encore très beau. Il était certainement superbe à vingt ans.
8. La concierge n'est pas là ? Elle est probablement dans les escaliers.

4. Dans les phrases suivantes, le verbe *devoir* a-t-il une valeur d'obligation (O) ou de probabilité (P).

1. Tu dois te dépêcher si tu veux attraper le train de 11 h 10. (…)
2. Vous devez faire la queue comme tout le monde, madame. (…)
3. Quand le crime a été commis, il devait être environ sept heures trente. (…)
4. J'ai dû intervenir pour séparer deux élèves qui se battaient. (…)
5. On est perdus ! On a dû se tromper de chemin. (…)
6. Selon la météo, il devrait faire moins froid dimanche. (…)
7. Quand il a vu tous ses cadeaux, il a dû être vraiment content. (…)
8. Tu devras faire bien attention à tout ce que tu diras. (…)

5. *Pouvoir*, verbe exprimant la possibilité ou la capacité physique. Quelles sont les phrases dans lesquelles vous pouvez remplacer : *pouvoir* par *être capable de* ?

1. Tu peux me passer le sel, s'il te plaît ?
2. Il peut rester deux heures sans dire un mot.
3. Tu peux sortir mais ne rentre pas trop tard.
4. Je pourrais vous dire un mot ?
5. Quand il est en colère, il pourrait tuer quelqu'un !
6. Tu peux garder un secret ?
7. Vous pouvez garder la monnaie.
8. Quand nous nous sommes quittés hier, il pouvait être environ six heures.

6. Dans les huit phrases suivantes, deux phrases expriment une idée de doute ou d'approximation. Lesquelles ? Quel indice vous a aidé(e) ?

1. C'est bien, vous pouvez sortir, mais dans le calme.
2. Je peux venir avec toi à ce concert.
3. Tu peux tout lui dire, il est très compréhensif.
4. Je suis fatigué, je ne peux plus faire un pas.
5. Il peut très bien venir à six heures comme à sept heures, comme ne pas venir du tout !
6. Je suis sûr que tu peux faire mieux.
7. L'enfant pouvait avoir une douzaine d'années.
8. Elle est toute petite, elle ne peut pas comprendre que c'est mal de faire ça.

7. Laquelle des deux phrases a le même sens que la phrase de départ ?

1. Vous pouvez partir avec Air France ou avec Alitalia, les deux compagnies vont à Moscou.
   a) Il vous est possible de choisir entre Air France ou Alitalia, les deux compagnies vont à Moscou.
   b) Vous partirez probablement avec Air France ou Alitalia, les deux compagnies vont à Moscou.

2. L'homme pouvait mesurer un mètre soixante-dix, il était chauve et portait des lunettes fumées.
   a) L'homme mesurait environ un mètre soixante-dix, il était chauve et portait des lunettes fumées.
   b) L'homme avait un mètre soixante-dix, il était chauve et portait des lunettes fumées.

3. Tu pourras toujours me supplier, c'est inutile.
   a) Si tu veux, essaie de me supplier mais c'est inutile.
   b) Tu auras beau me supplier, c'est inutile.

4. Je l'ai vu et revu, sans pouvoir mettre un nom sur son visage.
   a) J'étais incapable de me rappeler son nom.
   b) Je n'avais pas l'autorisation de mettre un nom sur ce visage.

5. Qu'est-ce qui s'est passé ? Mystère ! Personne n'a pu le dire.
   a) Personne, probablement, n'a dit ce qui s'est passé.
   b) Personne n'a été capable de dire ce qui s'est passé.

8. *Savoir / connaître*. Complétez avec les verbes *savoir* ou *connaître* que vous conjuguerez au temps et au mode qui conviennent.

1. Vous .... mes amis Gonzalez ?

2. Vous .... la septième symphonie de Beethoven ?

3. Est-ce que vous .... comment aller de Paris à Reims sans prendre l'autoroute ?

4. Tu .... ce qui m'est arrivé hier ?

5. Je suis sûr que vous .... comment vous débrouiller.

6. Je .... mon ami Franck depuis dix-sept ans.

7. Demain, je .... la nouvelle petite amie de mon fils. Ils viennent dîner à la maison.

8. Personne ne .... qui a téléphoné ce soir-là.

9. *Je veux / je veux bien / je voudrais / je voudrais bien*. Dans les phrases suivantes, employez la forme qui convient le mieux.

1. Excusez-moi, je .... un tout petit renseignement.

2. Je .... t'aider mais qu'est-ce que je peux faire ? Dis-le-moi.

3. Je .... que tu obéisses et tout de suite !

4. Je .... un kilo de pommes et une livre de fraises, s'il vous plaît.

5. Je .... revoir ce film. Tu crois qu'il va repasser un jour ?

6. Écoute, je .... être gentille mais il ne faut pas exagérer !

10. Parmi les verbes des huit phrases suivantes, lesquels pourrait-on remplacer par : *avoir l'impression que* ?

1. <u>Je sais bien qu</u>'il y a des choses un peu bizarres dans cette affaire.

2. <u>Je crois que</u> tu t'es trompé sur son compte. En réalité, il est plutôt sympathique.

3. <u>Il me semble qu</u>'il a beaucoup changé depuis quelques mois.

4. <u>Il paraît qu</u>'il va faire un froid de canard demain.

5. <u>J'ai entendu qu</u>'on disait des horreurs sur son compte, mais est-ce vrai ?

6. <u>Il a semblé que</u> les témoins étaient moins affirmatifs que lors de la première audience.

7. <u>On dirait qu</u>'ils sont fâchés, ils ont évité de se saluer et ne se sont pas regardés une seule fois.

8. <u>Il est question que</u> le fils de Sabine parte travailler en Australie l'année prochaine.

5. LES MODES IMPERSONNELS

Le mode infinitif

1. Identifiez les formes de l'infinitif. Est-ce que l'infinitif est au présent ou au passé, est-ce qu'il est actif ou passif ?

Ex. : *Je pense <u>avoir compris</u>. (**Infinitif passé actif :** il y a l'auxiliaire « avoir »)*

1. Il est sorti sans nous <u>saluer</u>.
2. J'aimerais <u>être informé</u> sur le projet.
3. Je crois <u>comprendre</u> qu'il y a eu un malentendu.
4. Il affirme <u>avoir rendu</u> le livre à la bibliothèque en temps voulu.
5. Je pense <u>être parti</u> avant la fin du moi.
6. Elle est venue à la réception sans y <u>avoir été invitée</u>.
7. Téléphonez à la météo avant de <u>prendre</u> la route.
8. Il a été expulsé du terrain pour <u>avoir été</u> brutal avec l'arbitre.

2. Mettez l'infinitif à la forme négative.

Ex. : *Je préférerais <u>avoir</u> affaire à lui. → Je préférerais **ne pas avoir** affaire à lui.*

1. Le skieur blessé affirme <u>pouvoir</u> reprendre la compétition l'année prochaine.
2. Il certifie <u>avoir changé</u>.
3. Je souhaiterais <u>répéter</u> mes explications.
4. Je suis sûre de lui <u>avoir donné</u> mon numéro de téléphone.
5. Il conviendrait de temps en temps de <u>se laisser</u> aller à la paresse.
6. Le député dit <u>avoir reçu</u> de l'argent en échange d'un service.
7. Regarde le critique ; il semble <u>apprécier</u> la pièce.
8. On m'a conseillé de me <u>faire couper</u> les cheveux.

3. Remplacez l'expression soulignée par une proposition infinitive.

Ex. : *Je regarde <u>la pluie qui tombe</u>.*
   *→ Je regarde **tomber la pluie**.*
  ou *→ Je regarde **la pluie tomber**.*

1. Je vois <u>le métro qui arrive</u>.
2. Cette nuit, j'ai entendu <u>le vent qui soufflait</u>.
3. Je regarde <u>les acteurs qui répètent</u>.
4. J'écoute à la radio <u>des musiciens qui jouent</u>.
5. Je sens <u>les premières gouttes de pluie qui tombent</u>.
6. Je vois avec inquiétude <u>que la date de l'examen approche</u>.
7. Il y a quelques années, j'ai entendu <u>cet écrivain qui parlait à la Sorbonne</u>.
8. Nous voyons <u>que le monde change</u>.

4. Même consigne : mais attention, il y a un COD dans la deuxième proposition.

Ex. : *Je regarde les enfants qui lancent un ballon.* → *Je regarde **les enfants lancer un ballon**.*

1. J'ai vu le vent qui soulevait la poussière.

2. Dans le métro, j'ai entendu un violoniste qui jouait une *Partita* de Bach.

3. À marée haute, on voit la mer qui recouvre le sable jusqu'aux cabines.

4. Il y a quelques années, j'ai entendu cet écrivain qui faisait une conférence sur une de ses œuvres.

5. J'ai senti que quelqu'un me touchait l'épaule.

6. Vous avez vu que le public applaudissait à tout rompre le candidat du jeu télévisé ?

7. Les parents ont entendu que leur fils ouvrait la porte d'entrée tout doucement.

8. Le public écoutait le joueur de tennis qui faisait un discours de remerciement après sa victoire.

Le mode participe

• Le participe présent

1. Mettez l'infinitif au participe présent.

Ex. : *(Vouloir)* **Voulant** *partir en vacances, il a acheté ses billets à l'avance.*

1. Il a démissionné, *(savoir)* .... que ce poste ne lui convenait pas, *(être)* .... sûr qu'il trouverait mieux ailleurs.

2. Quand cet écrivain écrit un roman, il oublie tout, *(négliger)* .... femme, enfants, parents, amis.

3. Je revois encore Renoir *(peindre)* ...., un pinceau attaché à sa main. C'était dans un film qui montrait le peintre *(souffrir)* .... de rhumatismes aigus.

4. Elle marchait dans la rue, *(réfléchir)* .... aux événements de la journée.

5. Les péniches, *(avancer)* .... lentement mais sûrement, descendaient la Seine, lourdes de tout leur chargement.

6. Les enfants jouaient dans le jardin, *(courir)* ...., *(crier)* ...., *(se cacher)* ...., *(se poursuivre)* ....

7. Le malade, qui se levait pour la première fois depuis des semaines, a fait quelques pas dans la chambre puis, *(s'asseoir)* .... dans un fauteuil, a repris son souffle.

8. Parmi tous les livres *(constituer)* .... votre bibliothèque, combien vous ont profondément influencé et définitivement changé ?

2. Même consigne : attention à la forme négative.

Ex. : *(Ne pas vouloir)* **Ne voulant pas** *lui faire de peine, je n'ai pas dit à mon amie qu'elle avait grossi.*

1. *(Ne pas voir)* .... la scène, j'ai changé de place.

2. *(Ne pas aimer)* .... les jeux de cartes et *(ne rien comprendre)* .... aux règles du bridge, elle a préféré regarder plutôt que de jouer.

3. Elle aimait rester chez elle, *(ne aller)* .... nulle part, ni au cinéma, ni au théâtre, ni au restaurant, *(lire)* .... quelques nouveautés ou *(écouter)* .... ses CD.

4. *(Ne jamais dire)* .... de mal de personne, il était respecté de tous.

5. *(Ne plus s'entendre)* .... avec son mari, elle a préféré divorcer.

6. Les deux chefs d'État, *(ne plus avoir)* .... d'autres affaires à traiter, se sont levés et se sont serré la main.

7. L'orateur poursuivait son discours, *(ne pas conclure)* ...., au grand ennui des auditeurs.

8. *(Ne pas connaître)* .... la ville, elle avait besoin d'un plan.

3. Remplacez la proposition soulignée par un participe.

Ex. : *Marie espérait que personne ne la regardait, alors elle cracha discrètement son chewing-gum.*

→ **Espérant** *que personne ne la regardait, Marie cracha discrètement son chewing-gum.*

1. Lorsque mon voisin entend le moindre bruit, il se précipite à la fenêtre.

2. Parce qu'il voyageait souvent, le représentant de commerce n'avait pas réussi à fonder une famille.

3. Bien qu'il ait réussi, il n'est pas satisfait ; il n'a pas eu la meilleure note.

4. Comme elle avait suivi un régime sévère, elle est passée de la taille 44 à la taille 38.

5. Elle croyait qu'elle pourrait arriver à l'heure, elle marchait de plus en plus vite.

6. Comme il ne s'était pas arrêté à un stop, il a été arrêté et sévèrement sanctionné.

7. Elle ne se sentait pas bien ; elle a fait demi-tour et elle est rentrée chez elle.

8. Si elle s'apercevait de son erreur, elle la corrigerait immédiatement.

• Le gérondif

1. Remplacez l'expression soulignée par un gérondif (gérondif = *en* + participe présent. Le gérondif indique une action qui se passe exactement en même temps que celle de la proposition principale).

Ex. : *On enseignait autrefois aux enfants qu'ils ne devaient pas parler pendant qu'ils mangeaient.*

→ *On enseignait autrefois aux enfants qu'ils ne devaient pas parler **en mangeant***.

1. Il aimait toujours réfléchir et marcher.

2. Il a quitté le restaurant et il a oublié son sac sur la banquette.

3. Pendant qu'elle bricolait, elle écoutait de la musique.

4. Elle s'est cassé la jambe quand elle a fait une chute à skis.

5. Si nous avions écouté plus attentivement, nous aurions compris la démonstration du professeur.

6. Alors qu'elle descendait l'escalier à toute allure, elle a bousculé et fait tomber son voisin qui, lui, montait.

7. « Si tu t'appliques mieux, tu réussiras, c'est sûr », répète-t-on à chaque collégien.

8. Elle a quitté la salle de réunion, parce qu'elle a vu entrer des gens qu'elle ne voulait pas voir.

2. Le gérondif peut exprimer la manière, la cause, le temps, la condition... Répondez aux questions posées en utilisant le verbe ou les verbes entre parenthèses et en les complétant si nécessaire.

Ex. : *Comment fait-on la crème Chantilly ? (battre) et (ajouter)*

→ ***En battant** de la crème fraîche **et en y ajoutant** du sucre.*

1. Comment vous informez-vous ? *(lire), (écouter), (regarder)*

2. Quand buvez-vous votre tisane calmante ? *(se mettre au lit)*

3. Pourquoi ce jeune homme a-t-il sauté de joie ? *(apprendre)*

4. Comment peut-on maigrir ? (*manger*)

5. Est-ce que vous auriez été plus heureux ? (*gagner*)

6. Quand ferme-t-on sa porte à double tour ? (*sortir*)

7. Comment la police a-t-elle retrouvé le criminel ? (*enquêter*), (*interroger*)

8. Quand a-t-il demandé un médecin ? (*voir*)

3. Mettez les expressions soulignées à la forme négative.

Ex. : **A.** *Il a quitté la ville en laissant son adresse à ses amis.*

→ *Il a quitté la ville **sans laisser** son adresse à ses amis. (Il a laissé son adresse à ses amis et il a quitté la ville : le gérondif marque la simultanéité.)*

B. *Je ferais une bêtise en t'écoutant.*

→ *Je ferais une bêtise **en ne t'écoutant pas**. (Je ferais une bêtise si je t'écoutais : le gérondif marque la condition ; il peut marquer aussi le temps, la condition, l'opposition.)*

A.

1. Il est sorti en claquant la porte.

2. J'ai traversé le boulevard en regardant à droite et à gauche.

3. On fait des omelettes en cassant des œufs.

4. Tu as répondu en hésitant.

5. Il s'est enrhumé en sortant de chez lui.

6. Le voleur a mis la main dans le sac de la femme en se cachant.

7. Nous sommes arrivés à l'heure en nous pressant.

8. Il a réussi en travaillant dur.

B.

1. J'ai quitté le lieu du rendez-vous en te voyant arriver.

2. Tu me rendrais service en venant demain.

3. Tu serais plus heureux en comptant sur les autres.

4. J'ai vexé mon ami en répondant à sa lettre.

5. Est-ce qu'on vous gênerait en partant tout de suite ?

6. Vous vous êtes blessés en prenant toutes les précautions !

7. Que ressent un cinéaste en tournant ?

8. L'automobiliste a évité le choc en ralentissant.

4. Choisissez : faut-il un participe présent ou un gérondif ?

Ex. : *Comme il se sentait fatigué, il s'est mis au lit.*

→ ***Se sentant** fatigué, il s'est mis au lit. (Il n'y a pas d'action.)*

C'est pendant qu'il jouait au ballon qu'il s'est blessé

→ *C'est **en jouant** au ballon qu'il s'est blessé. (Il y a une action : jouer au ballon.)*

1. Comme il court très vite, il a réussi à rattraper l'autobus.

2. Parce qu'il a couru très vite, il a réussi à rattraper l'autobus.

3. Parce qu'elle mange peu, elle se maintient toujours au même poids.

4. Parce qu'elle a mangé très peu pendant quelques mois, elle a pu perdre 10 kg.

5. Étant donné qu'elle veut réussir à tout prix, elle a travaillé avec acharnement.

6. Elle est partie ; elle croyait que plus personne ne l'aimait.

7. Est-ce qu'on est plus heureux quand on croit à la vie éternelle ?

8. Il a ralenti quand il a vu l'attroupement sur la chaussée.

• La proposition participe

1. Dites si la proposition participe exprime le temps, la cause, la condition, l'hypothèse ou l'opposition. (Remarquez les deux sujets différents : « le temps » et « ils... » dans l'exemple).

Ex. : ***Le temps** s'étant remis au beau*, ***ils** ont pu aller pique-niquer en forêt. **(cause)***

1. La soirée se prolongeant, elle a préféré rentrer chez elle.
2. Le chômage augmentant, le gouvernement prendrait des mesures très rigoureuses.
3. Ses devoirs terminés, il allume la télévision.
4. L'incendie ayant gagné les derniers étages, les pompiers ont dû déployer la grande échelle.
5. La vaisselle lavée et rangée, le jeune femme pourra enfin se reposer.
6. Le métro étant en grève, il s'est quand même rendu à son travail.
7. Son premier film ayant remporté un grand succès, le metteur en scène n'a eu aucun mal à trouver de l'argent pour tourner le second.
8. Son premier film ayant remporté un grand succès, le metteur en scène n'aurait eu aucun mal à trouver de l'argent pour tourner le second.

2. Remplacez la proposition subordonnée soulignée par une proposition participe.

Ex. : *Comme le brouillard se levait, on a pu enfin apercevoir le sommet du Mont-Blanc.*
    → ***Le brouillard se levant**, on a pu enfin apercevoir le sommet du Mont-Blanc.*

    Quand elle eut terminé son discours, elle quitta la salle.
    → ***Son discours terminé**, elle quitta la salle.*

1. Alors que l'hymne national retentissait, tout le monde s'est mis debout.
2. Quand elle aura corrigé ses copies, la jeune professeure pourra aller se coucher.
3. Si le téléviseur tombait en panne, toute la famille serait désespérée.
4. Alors que le ciel se dégageait et que la pluie s'éloignait, chacun a fermé son parapluie et a repris ses occupations.
5. Comme minuit sonnait, elle a éteint son ordinateur et elle est allée se coucher.
6. Si l'usine rouvrait ses portes, les ouvriers retrouveraient leur travail et la région recommencerait à vivre.
7. Étant donné que les nouvelles technologies se sont développées, les relations entre le marin et la terre restent permanentes.
8. Comme le train roulait à toute allure, les voyageurs qui se levaient avaient du mal à garder leur équilibre.

LES MOTS INVARIABLES

1. LES PRÉPOSITIONS

1. Reliez chaque personne à la caractéristique qui lui convient.

1. La chanteuse	a. au maillot jaune.
2. Le jockey	b. à l'écharpe tricolore.
3. La vieille dame	c. à la toque blanche.
4. Le vieux monsieur	d. à la voix d'or.
5. Le notable	e. aux chats.
6. Le cuisinier	f. aux piercings sur le visage.
7. Le cycliste	g. au chapeau melon.
8. Les punks	h. à la casaque verte.

2. Complétez ces phrases par la préposition *à* ou *de* qui convient selon le contexte.

1. Pour son anniversaire, on lui a offert des couverts ...... poisson en inox.

2. Prendrez-vous une tasse ...... café ou une tasse ...... thé après le repas ?

3. Cette robe ...... volants est bien démodée.

4. Ce n'est pas ton étui ...... lunettes, c'est celui de Lise !

5. Un ou deux verres ...... vin rouge par jour, c'est bon pour la santé, paraît-il !

6. La glace a fondu avant que nous ayons eu le temps de chausser nos patins ...... glace.

7. Il n'est pas difficile de se fabriquer des vêtements quand on a une machine ...... coudre.

8. Vous trouverez toutes les bouteilles ...... vin que vous voulez dans la cave ...... vins, sous la maison.

3. Choisissez la bonne préposition.

1. Il est rare [de|à] voir des cigognes en Alsace en cette saison.

2. Le parc des Cévennes est agréable [de|à] visiter au printemps.

3. Il est agréable [de|à] visiter le parc des Cévennes au printemps.

4. Ce n'est pas obligatoire [de|à] savoir conduire pour faire ce travail.

5. Il est utile [de|à] connaître plusieurs langues aujourd'hui.

6. C'est une information utile [de|à] savoir avant de voyager dans ce pays.

7. Voilà un gâteau facile [de|à] faire pour les enfants.

8. Il n'est pas facile [de|à] réussir ce gâteau du premier coup.

4. Même consigne.

1. Quand irez-vous [de|à] Marseille ?

2. À quelle heure vas-tu [de|à] la bibliothèque ?

3. Qui est resté [de|à] la maison aujourd'hui ?

4. L'avion qui vient de se poser à Roissy arrive [de|à] Montréal.

5. Dans combien de temps retournerez-vous [de|à] Oslo voir vos amis ?

6. Les enfants reviennent [de|à] l'école à 11 h 30 pour déjeuner à la maison.

7. Ils retournent [de|à] l'école à 13 h 30 pour les activités de l'après-midi.

8. En tout, ils restent [de|à] l'école six heures par jour.

5. Complétez par les prépositions *à* ou *en*. Attention à la contraction avec l'article.

Nous ne sommes jamais retournés (1) .... Italie car toute notre famille vit aujourd'hui (2) .... Brésil. Comme nous avons seulement des vacances (3) .... été, nous préférons aller à la montagne où le climat est plus tempéré. Si un jour, nous avons des congés (4) .... hiver ou (5) .... automne, nous envisagerons de faire le voyage jusqu'à Naples. Nous aimerions aussi aller (6) .... Portugal puisque maintenant, nous parlons le portugais. Peut-être (7) .... printemps prochain si nous pouvons avancer la date de nos vacances. Il paraît qu'(8) .... mai, toutes les maisons sont fleuries.

6. Barrez la mauvaise réponse. Attention à la contraction avec l'article.

1. N'oublie pas de passer │chez│à│ le boulanger après ton travail.

2. J'ai rendez-vous │chez│à│ le médecin à 17 heures.

3. Où peut-on trouver des journaux étrangers à Paris ? │Chez│À│ la gare St-Lazare.

4. │Chez│À│ qui habitez-vous en province ?

5. Zut ! J'ai laissé mes affaires de sport │chez│à│ moi !

6. Nous allons │chez│à│ le restaurant tous les dimanches, │chez│à│ Jean-Guy, le cuisinier basque de la rue Volta.

7. – Avant d'aller │chez│à│ la poste, peux-tu porter mes affaires │chez│à│ le teinturier ? – Tu veux dire │chez│à│ le pressing du carrefour ? – Oui, c'est cela.

8. Ma copine est convoquée │chez│à│ la directrice ; j'espère qu'elle n'a rien fait de grave.

7. Complétez les phrases suivantes avec la préposition *à*, *dans* ou *en*.

1. Vous êtes venus .... voiture ou .... train ?

2. Dès qu'il fait beau, je vais au travail .... bicyclette.

3. Il a peur .... avion, c'est pourquoi il ne prend jamais de vacances .... un pays lointain.

4. Moi j'habite .... le centre-ville mais la plupart de mes amis habitent .... banlieue.

5. .... France, il n'y a presque plus de police .... cheval, mais elle existe encore .... les pays anglo-saxons.

6. Nous allons .... Irlande cet automne. On trouve .... ce pays beaucoup de coins superbes.

7. .... Paris, ... le quartier Montparnasse, vous trouverez de nombreux cinémas.

8. Elle a oublié son parapluie .... ma voiture. Or, il pleut à verse et elle doit rentrer chez elle .... pied !

8. Choisissez entre *en* et *dans*, pour exprimer le temps.

1. Il est presque minuit, ... une minute, la nouvelle année commence !

2. Patientez quelques instants, le musée ouvre ses portes .... cinq minutes.

3. Vous avez fait toute la vaisselle .... un quart d'heure, vous êtes rapide !

4. .... un mois, ils seront de retour, ne pleurez pas !

5. Avec le TGV, on fait le voyage Paris-Montpellier .... un peu plus de trois heures.

6. Avec les réformes prévues, il risque d'y avoir de grandes manifestations .... les mois à venir.

7. Soyez à la maison .... une heure, je vous attends pour préparer les gâteaux d'anniversaire.

8. .... combien de temps a-t-il parcouru les 100 mètres ? .... 10 secondes ! C'est un champion !

9. Choisissez entre *en, dans* et *pour*, pour exprimer le temps.

– Tu pars (1) .... trois jours seulement ?

– Oui, je pars demain matin, vendredi, et je serai de retour lundi matin.

– Ce sera suffisant pour visiter toutes les maisons que tu as repérées ?

– Je l'espère ; je prends un TGV direct qui fait le trajet (2) .... deux heures et demie et qui part très tôt le matin. Je serai sur place de bonne heure. On peut faire beaucoup de choses (3) .... peu de temps lorsqu'on est bien organisé.

– Si tu ne trouves pas tout de suite ce que tu veux, tu seras obligé d'y retourner ?

– Oui, c'est possible, (4) .... un mois, si je peux m'absenter un autre vendredi.

– Et (5) .... combien de jours cette fois-là ?

– Je ne sais pas encore. Je vais voir ce que je peux faire (6) .... un week-end. Si c'est vraiment trop court, je repartirai (7) .... une semaine complète. Il faut absolument que je trouve avant que toute ma famille arrive.

– Elle arrive quand ?

– (8) .... trois mois.

10. Reliez les deux parties de la phrase qui vont ensemble.

1. Elle a rangé son foulard	a. sur la table.
2. Il a mis les poubelles	b. dans la classe.
3. Les élèves sont entrés	c. dans le frigidaire, s'il te plaît ?
4. J'aime marcher seule	d. sur le trottoir.
5. J'ai laissé les courses	e. dans l'escalier.
6. Tu pourras ranger les courses	f. sur le quai.
7. Sur l'affiche, il est écrit : La concierge est	g. dans un tiroir de la commode.
8. Mon train arrive à 7 h, attendez-moi	h. sur la plage.

11. Voici la carte de l'Europe et l'itinéraire suivi par Yao-Su, étudiant chinois, entre le 15 mai et le 30 juin. Le point 1 est son point de départ, le point 8, son point d'arrivée. Résumez son voyage en quelques phrases, en utilisant des verbes comme : *partir, arriver, passer, traverser, séjourner, s'arrêter,* **etc.**

Ex. : *Yao-Su est parti…*

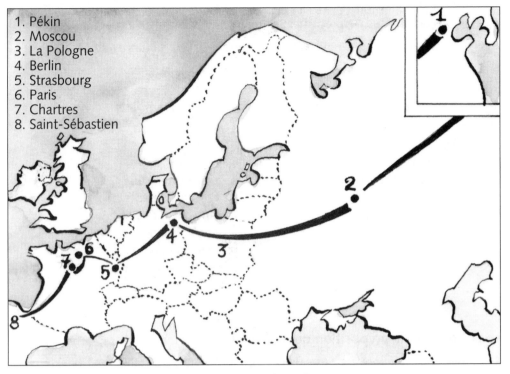

1. Pékin
2. Moscou
3. La Pologne
4. Berlin
5. Strasbourg
6. Paris
7. Chartres
8. Saint-Sébastien

12. Trouvez la préposition qui correspond au dessin.

1. Elle s'est allongée .... la plage pour lire.

2. L'enfant s'est allongé .... la table pour jouer.

3. La mère a allongé son bébé .... la table pour le changer.

4. Il est souple, il est passé .... la grille pour entrer dans le jardin.

5. Beaucoup d'avions volent .... nous en ce moment.

6. Un sous-marin est un bateau qui va .... l'eau.

7. Avec ses cubes, le bébé construit une tour : il les met l'un .... l'autre.

8. L'oiseau qui chante sur la branche est juste .... moi.

13. Choisissez entre *par* et *pour*, pour compléter les phrases suivantes.

1. Elle ne passe jamais .... le parc Mistral à la nuit tombée.

2. Ils sont arrivés .... le train de nuit.

3. Prenez un cachet trois fois .... jour pendant une semaine. C'est très efficace contre le mal de gorge.

4. C'est un collègue que j'apprécie beaucoup, j'ai de l'estime et du respect .... lui.

5. Elles sont parties .... l'Italie en passant .... le tunnel du Mont-Blanc.

6. Elles ont une grande affection .... leurs grands-parents.

14. Reliez les deux parties de la phrase qui vont ensemble.

1. Il est malhonnête de partir	a. sans protection.
2. Les radis se mangent	b. sans sucre.
3. Vous habitez encore	c. sans énergie.
4. Les cascadeurs travaillent	d. avec du beurre.
5. Je prends mon café	e. avec vos parents !
6. Il y a du verglas, conduis	f. sans payer l'addition.
7. Ce matin, je suis fatiguée,	g. avec prudence.
8. Tu serais plus jolie	h. avec un peu de rouge à lèvres.

15. Choisissez la préposition qui convient.

1. Ce n'est pas | vers | envers | ses collègues qu'il ressent de la colère mais | vers | envers | la direction qui l'a licencié.

2. Si vous continuez votre chemin | vers | envers | la rivière, vous trouverez le château.

3. On a le temps de faire les lits, ils n'arriveront que | vers | envers | vingt heures.

4. Il s'est battu | vers | envers | et contre tous pour faire accepter sa proposition.

5. Ils habitent | vers | envers | Nantes, je crois.

6. Attendez-moi pour déjeuner, je serai de retour | vers | envers | midi.

7. En partant sans prévenir, ce baby-sitter a mal agi | vers | envers | nous.

8. Le torero se tient immobile alors que le taureau se dirige | vers | envers | lui en soufflant.

16. Complétez par la préposition qui convient : *entre* ou *parmi* ? Attention à la phrase 7.

1. Victor ? Arthur ? .... les deux, mon cœur balance.

2. Si vous souhaitez me rencontrer, je suis au bureau .... 14 et 18 heures, tous les jours.

3. Il est difficile de choisir .... tous ces livres celui qui plaira le plus à notre ami.

4. .... toutes les propositions de travail qui te sont faites, laquelle te semble la plus intéressante ?

5. Regarde, le chat dort .... les deux coussins sur le canapé.

6. .... nous, dis-moi la vérité : c'est toi qui as eu l'idée de les inviter ?

7. La course était très difficile. Tous les bateaux n'ont pas continué. Trois .... eux ont regagné leur port de départ.

8. .... tous les bateaux, un seul n'est pas sponsorisé. Il appartient à un magnat du pétrole.

17. Même consigne avec *dès* et *depuis*.

1. Elle s'est inscrite dans un club de basket-ball .... son arrivée à Paris.

2. Elle sort le mobilier de jardin .... les premiers beaux jours.

3. Je n'ai pas de nouvelles d'eux .... leur retour du Maroc.

4. Cet enfant m'inquiète, il ne mange plus .... quelques jours. Il couve quelque chose.

5. Nous partirons .... le lever du soleil pour être au refuge avant la canicule.

6. Pierre ? Je ne l'ai pas vu .... une éternité. Que devient-il ?

7. Comme beaucoup de mes camarades, je l'ai perdu de vue .... des années.

8. C'est décidé, elle quittera la maison .... sa majorité pour vivre indépendante.

18. Reliez les deux parties de la phrase qui vont ensemble.

1. Merci infiniment, j'ai retrouvé un emploi
2. Le jeune homme l'a reconnue
3. Il a fait ses études dans différents pays
4. Ils se sont rencontrés
5. L'autoroute est fermée
6. Les voitures klaxonnent
7. Elle a fini par le quitter
8. Tous les enfants seront vaccinés

a. à cause du verglas.
b. à cause des embouteillages.
c. grâce à votre soutien.
d. à cause de ses mensonges.
e. grâce à ses longs cheveux roux.
f. grâce à des amis communs.
g. à cause de l'épidémie.
h. grâce à des programmes d'échange.

BILAN

1. Complétez le texte suivant par les prépositions *à, avec, dans, de, dès, en, grâce à, jusqu'à, par, pour, sans* et *sur*, en tenant compte de la syntaxe et du sens des phrases.

Aujourd'hui, (1) .... le TGV, vous pouvez aller (2) .... Paris (3) .... Grenoble (4) .... trois heures. Le train passe (5) .... Lyon mais certains TGV sont (6) .... arrêt (7) .... Grenoble. Tout de suite en sortant de la gare, vous découvrez les montagnes, quand le temps est clair. (8) .... les bords de l'Isère, la rivière qui traverse la ville, de nombreuses boutiques et quelques restaurants se sont ouverts. Le tramway circule (9) .... les rues du centre de la ville mais beaucoup de Grenoblois se déplacent (10) .... vélo. La population est jeune, (11) .... une moyenne d'âge inférieure à la moyenne nationale car Grenoble attire de nombreux étudiants. (12) .... ses trois universités, ses laboratoires de recherche, ses écoles spécialisées et surtout (13) .... sa situation, au cœur de trois massifs montagneux, ils peuvent travailler (14) .... un bel environnement et être (15) .... les pistes de ski (16) .... une heure (17) .... le mois de novembre et (18) .... Pâques. Cette proximité leur permet de partir (19) .... le week-end seulement. Quand la saison du ski est finie, vient le temps des randonnées et des escalades. Donc, (20) .... ou (21) .... neige, il fait bon vivre (22) .... Grenoble.

2. Trouvez la préposition qui convient. Attention aux articles contractés.

Les deux jeunes gens étaient très différents l'un (1) .... l'autre. Lui, ne s'intéressait que (2) .... le sport ; elle, ne pensait que (3) .... la musique et (4) .... le théâtre. Lui, se prenait (5) .... un champion de tennis ; elle, se passionnait (6) .... l'opéra. Elle était abonnée (7) .... toutes les revues musicales et elle passait ses soirées (8) .... son piano.

Ils s'étaient connus (9) .... un avion qui partait (10) .... la Chine. (11) .... le premier regard, lui, était tombé amoureux (12) .... la jeune fille. Et (13) .... ce moment, il s'était mis (14) .... la suivre partout. Il faut dire que c'était un jeune homme qui savait ce qu'il voulait. Et en cela, il tenait (15) .... son père.

(16) .... elle, au début, elle n'avait éprouvé qu'une affectueuse curiosité (17) .... lui. Par moments même, agacée (18) .... cette présence obsédante, elle s'éloignait (19) .... son amoureux, mais alors, elle se sentait malheureuse, et elle était forcée (20) .... constater que le jeune homme lui

manquait. Elle se décidait alors (21) .... reprendre contact (22) ....
lui et la paix revenait (23) .... eux.

Un soir, il roulait sur une route de campagne. Cela faisait un an jour (24) ....
jour qu'ils s'étaient rencontrés. Ils avaient décidé (25) .... fêter cet anniversaire en se rendant (26) .... un petit village proche (27) .... la forêt
de Rambouillet. Ils avaient pris la route, heureux (28) .... se retrouver seuls.
(29) .... l'ami le plus proche, personne n'était au courant (30) ....
ce départ secret. Ils roulaient donc (31) .... une heure environ (32) ....
la forêt, quand la voiture s'arrêta brusquement. Panne d'essence ? Impossible, ils
avaient fait le plein (33) .... leur départ ! Panne de moteur ? Impossible, la voiture était neuve. Alors ? Ils descendirent, firent quelques pas et butèrent
(34) .... un arbre qui était tombé (35) .... la chaussée. Ils eurent
un petit frisson en pensant (36) .... ce qui serait arrivé si la voiture ne
s'était pas arrêtée. Que faire ? (37) .... quelques minutes de réflexion, ils
remontèrent dans la voiture, et miraculeusement, celle-ci se remit (38) ....
marche ; alors, contournant avec précaution le tronc d'arbre, ils reprirent la route,
pensifs et étonnés. Tout en roulant (39) .... le village, ils crurent apercevoir
(40) .... les arbres une ombre blanche et légère qui s'enfuyait.

3. Utilisez chacune de ces expressions de temps dans une phrase.

1. À deux heures.
2. Pendant deux heures.
3. Pour deux heures.
4. Vers deux heures.
5. Depuis deux heures.
6. En deux heures.
7. Avant deux heures.
8. Jusqu'à deux heures.

4. Quel contexte peut-on donner à ces expressions ?

Ex. : – S'il vous plaît, madame, j'aimerais essayer ce pantalon.
    – Bien sûr. En quelle taille ?
    – En 40, s'il vous plaît.

1. Sur 40 (notation)
2. Au 40 (adresse)
3. Avant 40 (date)
4. À 40 (quantité)
5. Depuis 40 (date)
6. En 40 (date)
7. En 40 (taille)
8. Jusqu'à 40 (énumération)
9. Pour 40 (quantité prévue)

2. LES ADVERBES

1. Dans les phrases suivantes, soulignez les adverbes. Répondez ensuite par « Vrai » ou « Faux » aux trois questions qui suivent ; donnez des exemples en utilisant les phrases de l'exercice.

1. J'aime énormément les films japonais, spécialement ceux des années 50.

2. Savez-vous que fumer nuit gravement à la santé ?

3. J'ai appelé Michel mais en vain : il est toujours absent.

4. Évidemment, tu es en retard ! Assieds-toi, on en reparlera tout à l'heure.

5. Il parle tellement vite qu'on comprend mal ce qu'il veut dire.

6. Même si nous ne nous voyons pas très souvent, nous nous écrivons assez régulièrement et nous nous téléphonons quelquefois.

7. Elle chante merveilleusement bien, elle peint remarquablement, elle s'habille à merveille, bref, elle a tout pour elle.

8. Elle est très intelligente, assez jolie mais très peu aimable.

a. L'adverbe peut modifier un verbe	VRAI	FAUX
b. L'adverbe peut modifier un adjectif	VRAI	FAUX
c. L'adverbe peut modifier un autre adverbe	VRAI	FAUX

2. L'adjectif modifie le nom ; l'adverbe modifie le verbe. Transformez la phrase comme dans l'exemple.

Ex. : *Elle est toujours très aimable. (répondre)* → *Elle répond toujours très **aimablement**.*

1. Elle est très gentille avec tout le monde. *(se comporter)*
2. Il a été grossier avec ses camarades. *(agir)*
3. Elles sont très délicates avec les malades. *(soigner)*
4. Sois poli avec ta grand-mère. *(répondre)*
5. Il est un peu lent. *(travailler)*
6. Elle est un peu bizarre, non ? *(agir)*
7. Il a toujours été très courtois. *(se conduire)*
8. Vous êtes un élève assidu. *(assister aux cours)*

3. Transformez en remplaçant le segment souligné par un adverbe, comme dans l'exemple.

Ex. : *Elle réussit tous ses examens avec facilité.* → *Elle réussit tous ses examens **facilement**.*

1. Cet enfant a répondu avec beaucoup d'intelligence pour son âge.
2. Ils ont travaillé jour et nuit et de manière intense pour résoudre le problème.
3. Comme nous avons marché d'un pas rapide, nous sommes arrivés avec une demi-heure d'avance.
4. Si un touriste vous demande son chemin, répondez-lui avec gentillesse.
5. Cet instituteur répond aux questions des enfants avec une très grande patience.
6. Elles bavardent avec gaieté.
7. Ils se sont tous approchés en silence.
8. Ne réagis pas de manière aussi négative.

4. Dans les phrases suivantes, l'adjectif souligné a-t-il une valeur d'adverbe ? Cochez les phrases où c'est le cas.

1. Mm… Ça sent <u>bon</u> ! Qu'est-ce qu'on mange ?   ❏

2. Ce manteau est un peu <u>cher</u> mais vraiment joli. Je l'achète.   ❏

3. Pour réussir, il faudra travailler <u>dur</u>.   ❏

4. Comme elle est un peu sourde, elle parle <u>fort</u>.   ❏

5. C'est difficile de trouver un appartement à Paris, et en plus, ça coûte <u>cher</u>. ❏

6. Si tu as mal à la gorge, il faut bien te couvrir et boire <u>chaud</u>.   ❏

7. Un bon petit chocolat bien <u>chaud</u>, ça ne te dit rien ? Ça te ferait du bien.   ❏

8. C'est toi qui avais vu <u>juste</u>. Tu as entièrement raison.   ❏

5. Place de l'adverbe. Adverbes de quantité, d'intensité + *souvent, toujours*… Mettez ces phrases au passé composé.

1. Il prend souvent l'avion.

2. Vous habitez toujours à Lyon ?

3. Il pleut beaucoup dans l'ouest de la France.

4. Il mange trop : il est malade.

5. Je comprends bien ce que tu veux dire.

6. Elle danse trop, elle est fatiguée.

7. Tu ne travailles guère ce semestre !

8. Je ne comprends rien à tes histoires !

6. Place de l'adverbe. Mettez l'adverbe entre parenthèses à la place qui convient, comme dans l'exemple. Attention, l'adverbe n'est pas toujours entre l'auxiliaire et le participe passé ! (Parfois plusieurs possibilités.)

Ex. : *Il a travaillé pendant toute l'année. (bien)*
   → *Il a **bien** travaillé pendant toute l'année.*

1. J'ai rencontré Alexandra dans le métro. *(hier)*
2. Il a fini son exercice. *(presque)*
3. Nous nous sommes rendu compte de notre erreur. *(vite)*
4. Maintenant, j'habite à Londres mais j'ai vécu. *(longtemps) (ailleurs)*
5. Vous avez fini de dîner ? *(déjà)*
6. Je l'ai connue au Canada. *(autrefois)*
7. Quand je les ai interrogés, ils ont répondu. *(n'importe comment)*
8. J'ai compris *(tout)* : vous vous êtes moqués de moi !

7. Barrez le mot incorrect.

1. Allez, courage, encore un petit effort, on est | bien tôt | bientôt | arrivés.

2. – Vous voulez du poisson, il est tout frais ? – Non, je prendrai | plus tôt | plutôt | une omelette.

3. J'étais vraiment | très | trop | content de la connaître enfin.

4. J'aime bien les vacances à la mer mais j'aime | aussi | même | la campagne.

5. J'ai rencontré un homme |si| aussi| étrange que je ne peux pas l'oublier.

6. Il est |très|trop| fatigué pour nous accompagner, il préfère rester à la maison.

7. Tout a été volé : les bijoux, les tableaux, les meubles, les vêtements et |aussi|même| les ustensiles de cuisine !

8. Elles se ressemblent beaucoup mais Inès n'est pas |si| aussi| jolie que sa sœur.

8. Dans les phrases suivantes, placez les adverbes : *bien, en vain, souvent, très, plutôt, ensemble, de temps en temps, énormément, récemment, aussitôt.*

1. Dès que j'ai été prévenu, j'ai .... appelé la police.

2. – Comment allez-vous ? ...., j'espère. – Non, je ne vais pas très ...., je suis fatiguée en ce moment.

3. Depuis dix jours, il a plu ...., les quais sont inondés.

4. Elle est .... sage, elle est vraiment sage comme une image.

5. Maintenant, ils vivent chacun de son côté mais ils ont longtemps habité ....

6. J'aime bien aller au café, pas tous les jours, bien sûr, mais ....

7. – Tu vois toujours Émilie ? – Oui, je l'ai vue .... Elle travaille toujours rue Saint-Dominique.

8. Comme on le dit dans la fable, on a .... besoin d'un plus petit que soi.

9. Je lui ai expliqué dix fois ce problème mais .... : il a vraiment la tête dure !

10. – On peut se voir demain ? – Non, ... dimanche, si ça ne t'ennuie pas. Je préfère.

SE SITUER DANS L'ESPACE ET LE TEMPS

V

1. SE SITUER DANS L'ESPACE

1. Regardez le plan et proposez un itinéraire plus court.

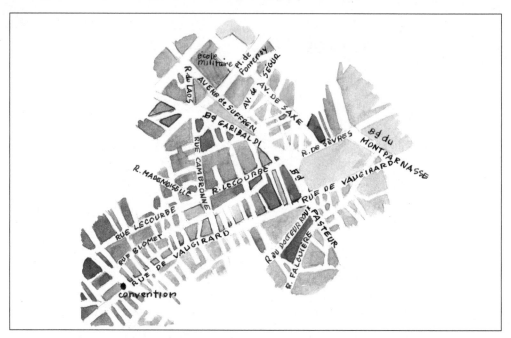

Pour aller du métro Convention à l'École militaire, vous prenez la rue de Vaugirard à gauche jusqu'au boulevard du Montparnasse puis, à gauche, la rue de Sèvres. Vous allez tomber sur l'avenue de Saxe. Vous continuez toujours tout droit : vous arrivez place de Fontenoy. L'École militaire est là !

2. Regardez le dessin et complétez cette description avec la préposition ou l'adverbe qui convient.

L'homme se trouve exactement (1) .... du dessin. Il est souriant.
(2) .... la tête, il porte un chapeau et (3) .... du cou, un appareil photo. (4) .... de lui, plusieurs enfants se pressent. Il en tient un
(5) .... le cou. Un autre a grimpé (6) .... son dos et lui passe les bras (7) .... du cou. (8) ...., un autre homme passe. Il porte un sac (9) .... son dos et un bâton (10) .... la main.

3. Lisez la description de l'appartement, regardez le plan et corrigez les erreurs dans le texte.

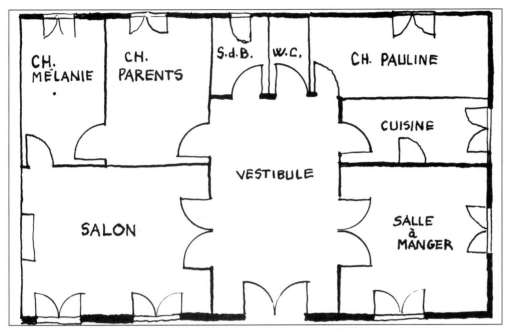

En face de la porte, un vestibule. À droite, le salon. À gauche, la salle à manger qui communique avec la salle de bains. En face de la cuisine, de l'autre côté du couloir, la salle de bains. Au fond, trois chambres : à gauche, celle de Mélanie qui communique avec la salle de bains et avec la chambre de Pauline. Au fond du couloir, à droite, la chambre des parents. Entre les chambres des deux filles, il y a une petite salle d'eau avec une douche et des toilettes qu'elles se partagent.

4. Complétez avec la préposition qui convient.

1. Cet été, je vais passer quelques semaines .... Sardaigne. Après, je rentre .... Marseille parce que je dois travailler pour mes examens de septembre.

2. J'aimerais beaucoup aller .... Équateur mais le billet coûte trop cher. Finalement, je crois que je vais aller .... Portugal voir mes cousins.

3. Il a longtemps vécu .... Cantal mais maintenant, il habite .... Provence.

4. – Tu vas faire du ski .... Alpes ou .... Pyrénées ? – Ni l'un ni l'autre ! Je vais .... Auvergne.

5. Je ne suis jamais allé ni .... Yémen, ni .... Koweït, ni .... Qatar, ni .... Syrie. Et vous ?

6. Il habite .... Paris mais il a une maison de campagne .... Bourgogne.

7. – Pardon, monsieur, l'avion qui vient d'atterrir arrive .... Mexique ou .... Brésil ?

– Je crois que c'est un plutôt un avion qui vient .... Colombie.

8. Ce reporter est tout le temps parti. Il revient juste .... Irlande et il repart demain .... Argentine et .... Chili.

5. Entourez le verbe qui convient.

1. J'aimerais bien que <u>tu ailles</u> / <u>tu viennes</u> dîner chez moi mercredi.

2. Avec tous ces embouteillages, tu sais à quelle heure <u>je suis allée</u> / <u>je suis arrivée</u> chez moi hier soir ? À minuit passé !

3. – Mais où es-tu en ce moment ? D'où téléphones-tu ? Je t'attends depuis une heure !

– <u>Je me trouve</u> / <u>Je me situe</u> exactement en bas de chez toi mais j'ai oublié le code de la porte d'entrée.

4. Je pars le 15 et <u>je reviens</u> / <u>je retourne</u> ici le 28.

5. <u>Tu vas</u> / <u>Tu viens</u> chez tes amis Lauret pour le réveillon ?

6. <u>Tu n'es jamais arrivé</u> / <u>Tu n'es jamais venu</u> chez moi, n'est-ce pas ?

7. Si vous ne vous sentez pas mieux, n'hésitez pas <u>à retourner</u> / <u>à revenir</u> me voir.

8. Presque tous les étudiants <u>sont revenus</u> / <u>sont retournés</u> chez eux pour les fêtes de Noël.

2. SE SITUER DANS LE TEMPS

1. Complétez le texte par des expressions de temps.

Ex. : *Il est six heures **du matin**. Je viens de me lever et j'ai encore sommeil.*

(1) ....*Aujourdui*...., nous sommes le 21 février 2002. (2) ....

8 heures (3) .... Il fait encore froid, mais il semble qu'on sente

déjà les premiers souffles du printemps. Oui, mais le printemps, c'est seulement

(4) .... un mois. Il faut encore attendre. Brrr, je me rappelle,

(5) .... janvier, (6) .... un mois exacte-

ment, il faisait froid, si froid. Vivement la chaleur, l'été (7) ....!

(8) .... hiver a été très dur. Toujours dans des manteaux épais,

emmitouflés des pieds à la tête.

(9) .... encore, 20 février, je portais mon manteau de fourrure.

J'espère que ce radoucissement de la température durera et que (10) ....

22 février, nous ne retomberons pas dans l'ère glaciaire. Mais le temps n'est pas fiable,

il change toujours.

2. En vous servant des repères chronologiques et des verbes suivants, et en utilisant des expressions de temps, écrivez un petit texte : *arriver, avoir, être, faire (beau, mauvais, froid), neiger, partir, passer, préférer, quitter, rentrer, rester, retrouver.*

Ex. : *Aujourd'hui, nous sommes **le 20 janvier** et il fait froid…*

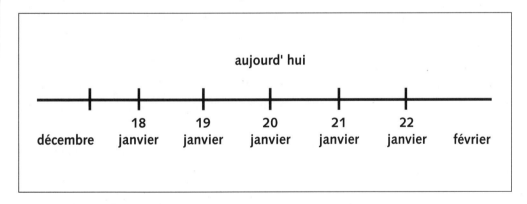

3. Complétez le texte suivant par des expressions de temps.

Ex. : *Nous étions **en** octobre, exactement le 10 octobre, l'automne était là ; **ce jour-là**, la nature était resplendissante ; **la veille**, 9 octobre, un vent froid avait fait tomber les feuilles rousses qu'on ramasserait quelques jours **plus tard**.*

C'était l'été, le 21 juin : ...., une foule joyeuse avait envahi les

boulevards et les rues. Les gens respiraient enfin cet air tiède et doux que l'on dési-

rait tant quelques mois ...., quand tout le monde grelottait. Le

mois ...., en mai, la ville était encore traversée par de grandes

rafales d'un vent froid. .... année- ......, l'hiver avait été long et

chacun attendait avec impatience, les jours, les semaines, les mois ....

4. Choisissez la préposition : *pendant, pour, en, dans.*

Ex. : *Je partirai **dans** quelques jours.*

1. Allô ? Angelika ? Je t'annonce que je serai chez toi, à Athènes, ...*en*...... quatre jours. Comment ? Non, je viens seulement .... une semaine, je ne peux pas rester davantage. Qu'est-ce que je ferai .... cette semaine ? Tu sais, j'aimerais bien faire quelques excursions. Il paraît qu'on peut visiter Délos et Mykonos .... deux ou trois jours.

2. .... mon enfance, je rêvais toujours à ce que je ferais plus tard. Je me disais avec émerveillement, ... cinq ans, j'aurai 16 ans, je serai grande, je pourrai faire ce que je veux.

.... des nuits entières, j'imaginais cette vie magique d'adulte, cette vie de liberté où tout est possible. Je me voyais partant .... des semaines, des mois même, vers des régions inconnues, étranges où tout serait différent. Les études, les examens ? Je croyais que .... un ou deux ans seulement, tout serait réglé. Et après le monde serait à moi. Eh oui, rêves d'enfant !!

5. Quel temps avec *depuis, il y a... que, ça fait... que* ?

Ex. : *Une petite pièce, mon bon monsieur, je (ne pas manger) **n'ai pas mangé** depuis trois jours.*

1. Il avait quitté la ville et il *(marcher)* ..*marchait*....... depuis deux heures.
2. Il y a vingt ans qu'il *(enseigner)* ..*enseigne*....... et il aime toujours son métier.
3. Ça faisait trois nuits qu'il *(ne pas dormir)* ...*n'avait pas dormit*.
4. Elle *(jouer)* ....*joue*..................... du clavecin depuis l'âge de 10 ans. C'est une très bonne claveciniste.
5. Elle *(rajeunir)* a ..*rajeuni*....... depuis la mort de son mari, vous ne trouvez pas ?
6. Il y avait déjà deux heures que l'avion *(se poser)* ...*s'était posé*.
7. Faut-il le déranger, frapper à sa porte ? Il *(travailler)* ....*travaille*...... depuis ce matin et il est déjà minuit.
8. Voilà deux jours qu'il *(s'enfermer)* ...*s'est enferme*. dans sa chambre et qu'il *(ne parler)* ne ..*parle pas*.... à personne.
n'a pas parlé

6. Dans les phrases suivantes, dites si l'action est continue dans le présent ou si elle est terminée dans le passé plus ou moins proche. Entourez la bonne réponse.

Ex. : *Il y a deux jours qu'il a de la fièvre. (**continue dans le présent** / terminée dans le passé)*

*Il y a deux jours, il a eu de la fièvre. (continue dans le présent / **terminée dans le passé**)*

1. a. Il y a deux heures, j'ai vu un spectacle idiot à la télévision. *(continue dans le présent / terminée dans le passé)*
b. Ça fait deux heures que je regarde un spectacle idiot à la télévision. *(continue dans le présent / terminée dans le passé)*

2. a. Ça fait une heure que je te cherche partout. *(continue dans le présent / terminée dans le passé)*
b. Il y a une heure, je t'ai cherché partout. *(continue dans le présent / terminée dans le passé)*

3. a. Il y a plusieurs années, j'ai étudié le chant. (*continue dans le présent / terminée dans le passé*)

b. J'étudie le chant depuis plusieurs années. (*continue dans le présent / terminée dans le passé*)

4. a. Il y a deux jours qu'il pleut. (*continue dans le présent / terminée dans le passé*)

b. Il a plu, il y a deux jours. (*continue dans le présent / terminée dans le passé*)

as early as, from / starting

7. Choisissez dès, à partir de ou depuis. Attention aux articles contractés !

Ex. : *Elle ne mange plus de viande **depuis** trois mois.*

1. Chaque année, ...dès........... le 21 mars, le train Paris-Deauville est direct et on n'a plus besoin de changer à Lisieux.

2. Dès, A partir de ce soir, je me mets au lit à 11 heures et non plus à 2 ou 3 heures du matin, comme d'habitude.

3. Je suis insomniaque .depuis... plusieurs années.

4. ...Dès....... demain, je commence un régime, je te le promets.

5. Depuis. des semaines, les navigateurs tentaient de traverser l'Atlantique.

6. Dès, A partir le 20 janvier, la station de métro « Varenne » sera fermée au public, en raison de travaux de rénovation.

7. On la voit s'activer dans la maison .dès..... 7 heures du matin. Elle est épuisante.

8. Depuis sa retraite, elle vit seule et enfermée chez elle.

This doesn't exist!

8. Soir ou soirée, matin ou matinée, jour ou journée, an ou année? Barrez la mauvaise réponse.

Page 213 in lesso Book

Ex. : *Il a été malade pendant ~~tout l'an~~ toute l'année .*

1. Je resterai tout le ~~matin~~ toute la matinée chez mes amis. Je reviendrai à midi.

2. Chaque ~~an~~ année nous faisons le tour de Corse en bateau.

3. Je vais tous les soirs ~~toutes les soirées~~ chez mes amis. *or chaque soirs*

4. Elle travaille jour ~~journée~~ et nuit ! *Expression*

5. L' an prochain ~~année prochaine~~ j'étudierai le chinois.

6. Je vous souhaite de passer ~~un an~~ une année magnifique.

7. Je vois le médecin ce matin ~~cette matinée~~ .

8. Il va chez sa mère tous les jours ~~toutes les journées~~ et parfois même il y passe ~~tout le jour~~ toute la journée .

9. Reliez correctement.

1. Elle fait une cure à Vittel C   a. ce soir.

2. Elle est rentrée tard, hier soir, elle a dormi D   b. tous les jours.

3. Je resterai à la bibliothèque jusqu'à 20 heures A   c. chaque année.

4. Merci, nous avons passé E   d. toute la matinée.

5. Elle fait une pause à 5 heures B   e. une merveilleuse journée.

tous les matins = chaque matin = repetition = everd pour a specific duration - use feminin

toute la matinée - the whole MORNING

LES DIFFÉRENTS TYPES DE PHRASES

1. LA PHRASE INTERROGATIVE

1. Les différentes formes de l'interrogation. Les questions suivantes sont-elles d'un niveau de langue familier (F), courant (C)? Lorsqu'elles sont en français familier, réécrivez-les en français courant.

   1. Le métier de Fabrice, c'est quoi, exactement?
   2. Pour aller chez toi, je fais comment?
   3. Qui avez-vous rencontré?
   4. Qu'est-ce qui s'est passé?
   5. Quelle boisson désirez-vous?
   6. Quand est-ce que tu passes ton examen?
   7. Comme auteurs français, vous aimez qui?
   8. Que s'est-il passé?
   9. Qu'est-ce que tu as acheté pour dîner?
10. Ce garçon sur la photo, qui est-ce?
11. On peut s'adresser où pour avoir des renseignements?
12. Ton pull, il vient d'où?
13. Vous pourrez passer me voir demain après 17 heures?
14. Je peux vous aider?
15. Ils se sont levés à quelle heure?

2. Complétez avec *oui, si* ou *non*.

1. – Tu peux venir à l'anniversaire de Sophie, finalement?

– .... mais j'arriverai un peu tard, vers 8 heures.

2. – Ce n'est pas l'heure de partir à la gare?

– ...., on a encore le temps, le train part dans plus d'une heure.

3. – Tu ne prends pas ton manteau?

– ...., je vais le chercher.

4. – Tu ne manges rien! Tu n'as pas faim?

– ...., j'ai pris mon petit déjeuner trop tard.

5. – Tu n'as pas compris?

– ...., j'ai compris.

6. – Tu penseras à poster cette lettre?

– ...., j'y penserai. Ne t'inquiète pas.

3. *Un entretien d'embauche*. Formulez la question correspondant à la réponse.

1. – ....
– Élise Dalloy.

2. – ....
– Vingt-trois ans.

3. – ....
– À Versailles.

4. – ....
– Oui. C'est le 01 47 77 84 25.

5. – ....

– Un BTS de gestion des entreprises. Et un diplôme d'anglais de la chambre de commerce.

6. – ....

– Oui, j'ai fait un stage de trois mois à Prisunic et j'ai travaillé dix-huit mois dans une entreprise en Écosse.

7. – ....

– Anglais très couramment et espagnol assez bien.

8. – ....

– Dès la semaine prochaine si vous voulez.

4. Reliez.

1. Je vous dois combien ?	a. En voiture.
2. Qu'est-ce que c'est ?	b. Parce que je suis tombé.
3. À quelle heure il arrive ?	c. Il est géomètre.
4. Comment vous allez à Rome ?	d. Celui-là, le bleu.
5. Qui est-ce ?	e. Dans trois semaines.
6. Pourquoi tu pleures ?	f. Dans le placard, à sa place.
7. Où as-tu mis l'aspirateur ?	g. Mon frère Charles.
8. Lequel tu veux ?	h. Un petit cadeau pour toi.
9. Quand rentre-t-il du Japon ?	i. Treize euros vingt.
10. Quelle est sa profession, exactement ?	j. À 12 h 40.

5. Posez la question correspondant aux mots soulignés, comme dans l'exemple.

Ex. : *Je suis arrivé à midi.* → ***À quelle heure es-tu arrivé ?***

1. Il est dans la cuisine.
2. J'ai pris *Madame Bovary*, je ne l'ai jamais lu.
3. Je fais la vaisselle.
4. Nous viendrons en train, c'est plus rapide.
5. Plus de 500 euros, c'était cher !
6. Je ne sais pas. Quand j'ai décroché, il n'y avait personne au bout du fil.
7. Air-France. Le vol est direct jusqu'à Tokyo.
8. Dans les Landes, comme chaque année au mois d'août.

6. *Qui est-ce qui... ; Qui est-ce que... ; Qu'est-ce que... ; Qu'est-ce qui...* Complétez.

1. .... a téléphoné ce matin ?

2. .... tu dis ? Répète, je n'ai pas entendu.

3. .... vous avez fait dimanche ?

4. .... s'est passé ? Vous avez vu quelque chose ?

5. .... est petit, vert, rond et délicieux ? Je vous aide : c'est un légume.

6. .... vous cherchez ? Karen ? Elle est sortie.

7. .... veut bien m'aider à mettre la table ?

8. .... tu as rencontré en allant au marché ? Je suis sûr que tu t'es arrêté pour bavarder.

2. LA PHRASE NÉGATIVE

1. Mettez ces phrases à la forme négative. Attention, pour les phrases 7 et 8, il y a deux réponses possibles.

1. J'ai trouvé une erreur dans les comptes.
2. Tout le monde a applaudi.
3. Quelqu'un est venu vous voir.
4. Cette robe vaut plus de deux cents euros.
5. Ses trois enfants vivent encore avec elle.
6. J'ai déjà déjeuné.
7. Il connaît tout le monde.
8. Il a toujours habité ici.

2. Même consigne. Attention, parfois, il y a deux réponses possibles, et il y en a trois pour la phrase 8.

1. Il y a des lettres pour moi ?
2. Il veut dire quelque chose.
3. À 90 ans, il conduit encore sa voiture.
4. J'ai mangé de la viande et des légumes.
5. J'aime le vert et le bleu.
6. J'ai vu tous les films de ce metteur en scène finlandais.
7. Il dit toujours bonjour à tout le monde.
8. C'est un livre qu'on trouve partout.

3. Reliez.

1. Combien de livres as-tu vendus ?
2. Quand irez-vous le voir ?
3. Je vous dois combien ?
4. Qui as-tu rencontré ?
5. Tu as écrit à ton oncle ?
6. Il y a encore quelqu'un ?
7. Il reste quelque chose à manger ?
8. Où allez-vous en vacances cette année ?

a. Rien du tout, c'est gratuit.
b. Non, plus rien du tout.
c. Aucun !
d. Nulle part. On reste à la maison.
e. Jamais !
f. Non, pas encore.
g. Personne.
h. Non, plus personne.

4. Répondez par la négative aux questions suivantes. Attention, pour la phrase 7, il y a deux réponses possibles.

1. Vous voyez quelque chose ?
2. Tu te souviens de quelque chose ?
3. Il travaille toujours chez Renault ?
4. Il y a un cinéma dans le quartier ?
5. Tu as déjà fini ton travail ?
6. Quelqu'un a appelé pour moi ce matin ?
7. Tout le monde a compris ?
8. Tu as encore faim ?

5. Mettez ces phrases à la forme affirmative. Attention, parfois, il y a deux réponses possibles.

1. Je n'ai rencontré personne quand je suis allé faire les courses.
2. Personne n'a rien bu.
3. Rien de grave n'est arrivé.
4. Dans le menu à 10 euros, il n'y a ni fromage ni dessert.
5. La nouvelle n'a suscité aucun étonnement.
6. Je n'ai rien entendu.
7. Il ne prend jamais sa voiture pour aller à l'université.
8. Il ne travaille plus dans cette entreprise.

6. Transformez les phrases comme dans l'exemple. Attention à la phrase 3.

Ex. : *Il ne sait pas nager. Il en a honte.* → *Il a honte **de ne pas savoir nager**.*

1. Je ne connais pas son adresse. J'en ai bien peur.
2. Je ne donnerai pas suite à cette correspondance. J'en ai bien envie.
3. Je ne veux plus recevoir de publicité dans ma boîte aux lettres. Je le souhaite vivement.
4. Ne fumez pas. Pour guérir votre toux, ce serait mieux.
5. Ne faisons pas de bruit en rentrant. Les voisins nous l'ont demandé.
6. Nous ne pouvons pas répondre favorablement à votre demande. Nous nous en excusons.
7. Ne rions pas quand elle arrivera. Enfin, essayons !
8. Ne sois pas aussi méchant avec ta sœur. Tu pourrais essayer !

7. Remettez ces phrases dans l'ordre. Attention, pour les phrases 3 et 4, il y a deux possibilités.

1. Je n'ai / ni / rien / depuis / rien/ ce matin / mangé / bu / .
2. Personne / . / à ce sujet / jamais / plus / rien / dit / n'a
3. Ils ne vont /nulle part / plus / . / ensemble / jamais
4. Rien /comme / plus / avant / ne / sera / . / jamais

8. Dans trois phrases, l'adverbe *jamais* est réellement négatif. Lesquelles ?

1. Jamais personne n'a rien vu d'aussi étrange.
2. Si jamais tu vois Paul, dis-lui qu'il me passe un coup de fil.
3. Je n'ai jamais dit le contraire.
4. Je n'ai plus jamais rien dit à personne.
5. As-tu jamais rêvé de partir loin, bien loin ?

9. Parmi les phrases suivantes, lesquelles ont une valeur réellement négative ?

1. Le directeur ne peut vous recevoir pour l'instant.
2. Je me suis acheté un tout petit rien.
3. Je ne l'ai vu que deux fois.
4. J'ai très peur qu'il ne soit malade.
5. Elle n'a cessé de rire pendant tout le cours.
6. Si jamais tu recommences, c'est l'exclusion définitive !
7. Jamais je n'ai été aussi malheureux qu'à cette époque-là.
8. Il n'a jamais manqué de rien.

10. Cochez les phrases où le *ne* est explétif, c'est-à-dire sans réelle valeur négative.

1. Il faut absolument éviter qu'une telle situation <u>ne</u> se reproduise. ❏

2. Il est moins intelligent qu'il <u>ne</u> le pense. ❏

3. Je <u>ne</u> sais que vous dire. Votre demande me laisse perplexe. ❏

4. Je crains fort qu'on <u>ne</u> parte pas en vacances cette année. ❏

5. Rentrons vite les fauteuils avant qu'il <u>ne</u> pleuve. ❏

6. J'ai peur que ma fille <u>n'</u>ait pris froid en allant à l'école. ❏

7. On peut manger chez moi, à moins que tu <u>ne</u> préfères dîner au restaurant. ❏

8. Elle <u>n'</u>a connu que des aventures sans lendemain. ❏

11. *Ne* a-t-il une valeur négative ou non ?

1. Je <u>n'</u>ose penser aux conséquences qu'aurait pu avoir votre action.
2. Il est beaucoup plus intelligent qu'il <u>n'</u>en a l'air.
3. Ils <u>ne</u> cessent de se plaindre de tout, c'est exaspérant.
4. On <u>ne</u> saurait penser à tout !
5. J'ai bien peur que mon frère <u>ne</u> puisse venir pour mon anniversaire.
6. Comment empêcher qu'il <u>ne</u> fasse des bêtises ?
7. Malheureusement, je <u>ne</u> peux vous renseigner, je ne suis pas d'ici.
8. Quand on lui fait des compliments, elle <u>ne</u> sait comment réagir.

12. Transformez les phrases en utilisant l'un des verbes suivants : *démentir, désapprouver, nier, refuser, ignorer, douter, contester, manquer de*. Attention aux modifications parfois nécessaires.

1. Il ne savait pas qui avait pu lui écrire cette lettre.
2. Il n'a aucun savoir-vivre, c'est vraiment un homme sans éducation.
3. Il n'a pas voulu que sa fille sorte ce soir.
4. Je ne crois pas vraiment à sa sincérité.
5. Le public n'était pas d'accord avec les arguments de l'orateur.
6. L'accusé a déclaré qu'il n'avait pas participé à cette action.
7. Le ministre a dit que la nouvelle de son retrait de la vie politique était parfaitement fausse.
8. Je ne suis pas d'accord avec ton attitude dans cette affaire.

13. Donnez le contraire des adjectifs suivants.

1. Ce fait est <u>discutable</u>.
2. Vos projets sont <u>réalistes</u>.
3. C'est quelqu'un de très <u>agréable</u>.
4. Ils étaient tous très <u>contents</u>.
5. C'est quelqu'un d'<u>heureux</u>.
6. Il a toujours été plutôt <u>conformiste</u>.
7. Leurs opinions sont souvent <u>semblables</u>.
8. Votre demande me paraît tout à fait <u>normale</u>.

BILAN

1. Donnez la forme négative ou le contraire des expressions soulignées.

C'était un homme <u>heureux</u>, <u>satisfait</u>, <u>content</u> de tout. <u>Il était encore</u> jeune. <u>Il travaillait</u>, <u>il avait des amis</u>, <u>il avait de nombreux amis</u> : il <u>avait toujours quelqu'un</u> à voir. <u>Parfois</u>, il <u>sortait</u> de chez lui. <u>Il allait quelque part</u> : <u>dans une boîte</u>, <u>dans un bar</u>, <u>dans un cinéma</u>. <u>Il aimait</u> les lumières et l'agitation des lieux publics. <u>Partout</u>, dans cette ville, <u>il se sentait</u> chez lui. Il <u>appréciait</u> et <u>recherchait</u> la compagnie des gens.
Lui-même <u>avait toujours quelque chose</u> à dire. <u>Quelque chose</u> d'intéressant, <u>quelque chose</u> de profond. <u>Quelque chose</u> qui pouvait amuser, passionner. Les gens le quittaient <u>à regret</u>.
<u>Tout le monde</u> voulait se dire son ami. On le trouvait <u>sympathique</u>, <u>agréable</u>. Bref, à la forme <u>affirmative</u>, on <u>avait vraiment envie</u> de le connaître.

2. Faut-il ou non un *ne* explétif ?

1. Elle était aussi stupide qu'on ...... me l'avait dit, mais lui, était plus amusant que je ...... l'aurais cru d'abord.

2. Il a marché jusqu'à ce qu'il ...... soit épuisé.

3. Il hurle pour que tout le monde ...... l'entende.

4. Il parle à voix basse de peur que le malade ...... l'entende.

5. La mère a fait de nombreuses recommandations à son fils avant que celui-ci ...... prenne son nouvel emploi.

6. Il réussira à condition qu'on ...... l'aide.

7. Il échouera à moins qu'on ...... l'aide.

8. Son intervention a évité que je ...... commette une grave erreur.

3. *Ne... (pas)* ou *ne... pas* ? Ajoutez *pas* si nécessaire.

1. Je n'ose .... imaginer ce qui serait arrivé si tu n'avais .... été là !

2. Je ne veux .... partir.

3. Ils ne savent .... où aller.

4. Salut ! Cela fait des siècles que nous ne nous sommes .... rencontrés.

5. Cela fait des années que nous ne nous parlons ....

6. Machin ? Non, je ne l'ai .... vu. De toute façon, il ne m'aurait rien dit que je ne sache .... déjà !

7. Si tu n'as .... le temps de faire ce travail, dis-le-moi franchement.

8. C'est bien toi qui as fait ce travail, si je ne me trompe ....

3. LA PHRASE EXCLAMATIVE

1. Transformez comme dans l'exemple.

Ex. : *Ces lunettes sont vraiment belles.* → ***Quelles belles lunettes !***

1. C'est une excellente idée.
2. C'est un drôle de garçon.
3. Ces fleurs sont merveilleuses. Merci.
4. C'est un ami précieux.
5. C'est un bel endroit pour passer les vacances.
6. C'est une coïncidence extraordinaire !

2. À votre avis, quel sens ont les interjections suivantes : surprise, approbation, dégoût, appel, arrêt, soulagement, douleur, incrédulité ?

1. Beurk ! Ça se mange ?
2. Tiens ! Tu es là ?
3. Mon œil ! Raconte ça à d'autres !
4. Extra ! Vraiment super !
5. Hep ! Psst ! Viens voir là !
6. Minute ! Je n'ai pas fini ce que j'ai à dire.
7. Aïe ! Ouille, ouille, ouille !
8. Ouf ! J'ai fini.

3. Regardez ces quatre dessins. Quelle phrase de l'exercice 2 chacun illustre-t-il ?

a.

b.

c.

d.

4. MISE EN RELIEF

1. Mettez en relief, comme dans les exemples, les phrases proposées. Il y a parfois deux possibilités.

Ex. : *J'ai appelé ce matin.* → *C'est moi qui ai appelé ce matin.*

J'ai obtenu un prêt de 5 000 euros pour acheter une voiture.
→ *C'est moi qui ai obtenu un prêt de 5 000 euros pour acheter une voiture.*
→ *C'est pour acheter une voiture que j'ai obtenu un prêt de 5 000 euros.*

1. Pierre habite à Limoges et non à Périgueux.
2. Pierre habite à Limoges et pas François.
3. Vous venez pour le docteur Véry ?
4. Nous avons pris cette décision pour ton bien.
5. Je pars d'abord, les enfants suivront.
6. Je ne fais pas ça pour moi mais pour vous.
7. Vous parlez bien de Vanessa Higel, n'est-ce pas ?
8. Tu viens chez moi ou je vais chez toi ?

2. Retrouvez la phrase de départ, comme dans l'exemple.

Ex. : *C'est à elle que tu t'es adressé pour l'inscription ?*
→ *Tu t'es adressé à elle pour l'inscription.*

1. C'est seulement avant-hier qu'elle nous a prévenus de son arrivée.
2. C'est lui qui avait raison, pour une fois !
3. C'est bien de votre fils aîné qu'il s'agit, n'est-ce pas ?
4. Ce n'est pas de sermons ou de conseils que j'ai besoin, c'est d'une aide immédiate.
5. C'est à vous que je parle.
6. Ce n'est pas moi qui ai invité Martine, elle s'est invitée toute seule.
7. C'est quand il a éclaté de rire que nous avons compris qu'il plaisantait.
8. C'est vers Dijon qu'ils pensent aller passer leurs prochaines vacances.

3. Passage du code oral au code écrit. Reprenez les phrases suivantes en français écrit, comme dans l'exemple. Vous devrez supprimer tout ce qui est propre au code oral.

Ex. : *Moi, mon père, tu sais, il a travaillé jusqu'à soixante-dix ans.*
→ *Mon père a travaillé jusqu'à soixante-dix ans.*

1. Ils sont toujours en retard, tes amis.
2. Toi, c'est le lundi que tu détestes. Moi, c'est le vendredi.
3. De la bière, vous en voulez un peu ? Vous aimez ça ?
4. Les Vernant, ça fait un bon petit moment qu'on les a pas vus, non ?
5. Ton amie Louise, elle va aller où cet été, tu le sais ?
6. C'est quand qu'il a appelé, mon frère, exactement ?
7. Ma sœur, c'est simple, je l'adore, surtout quand c'est elle qui s'occupe du ménage !
8. Marion, son frère, il me semble qu'il joue dans un groupe de rock, vers Bordeaux.

DE LA PHRASE SIMPLE À LA PHRASE COMPLEXE

1. LA PROPOSITION SUBORDONNÉE RELATIVE

→ (Voir aussi « Pronoms relatifs », p. 47)

1. Complétez avec *qui, que (qu'), dont* ou *où.*

1. Tu as pensé à poster la lettre .... je t'ai confiée ce matin ?

2. Regarde cette fille, celle .... est là, devant la poste. C'est celle
.... je t'ai parlé hier, tu sais, celle .... promène ses trois chiens à
quatre heures du matin.

3. Ça, c'est le meuble .... je range toutes les choses .... les
enfants n'ont pas le droit de toucher.

4. Tu sais ce qu'est devenu François, ce garçon .... tu avais rencontré au ski
il y a deux ans et .... faisait des études de chinois ?

5. Il a deux sœurs, Claire .... a trois ans de moins que lui, et
Hélène .... est plus âgée et .... vit à Lyon.

6. J'aimerais bien retrouver cet ouvrage de géographie .... j'avais utilisé
pour mon mémoire de maîtrise et .... n'a jamais été réédité.

7. L'Afrique est un continent .... je ne suis jamais allé mais ....
j'aimerais beaucoup connaître.

8. Il y a tant d'endroits .... on ne connaît pas et .... font rêver !

2. À partir des deux phrases proposées, faites une seule phrase en utilisant un pronom relatif, comme dans l'exemple.

Ex. : *Je vais aller passer mes vacances dans un village de Provence. J'y suis déjà allé l'année dernière.*
*→ Je vais aller passer mes vacances dans un village de Provence **où (dans lequel)** je suis déjà allé l'année dernière.*

1. Si on allait voir ce film ? Tout le monde en parle.

2. Il a découvert par hasard des secrets de famille. Personne ne lui en avait jamais soufflé mot.

3. J'ai enfin trouvé l'appartement idéal. Je le cherchais depuis des mois.

4. Ils ont acheté une nouvelle voiture. Elle leur a coûté une fortune !

5. On peut se rencontrer demain au café Voltaire. Il se trouve rue de Berlin.

6. Je n'ai pas encore lu le dernier livre de Houellebecq. On me l'a offert pour Noël.

7. Ils aimeraient revoir cette maison de Bretagne. Ils y ont passé leur lune de miel.

8. Tu peux me rapporter ces documents ? J'en ai vraiment besoin.

3. Complétez le texte avec les propositions relatives suivantes.

1. où s'entassaient dans un désordre indescriptible

2. qu'il tira de sa serviette avec maladresse

3. dont elle tira quelques bouffées

4. qui lui parut très peu cordiale

5. qui craqua légèrement sous son poids

6. qui n'augurait rien de bon
7. dont tout le monde parlait avec crainte et admiration
8. qu'il s'efforça de rendre calme et assurée

Un peu intimidé, Julien frappa d'une manière .... et une voix ....
lui cria d'entrer. Derrière un bureau .... des livres et des papiers, une femme
corpulente l'observait. C'était donc elle, Georgina Dorsel, cette femme ....!
Il lui tendit un peu nerveusement la lettre de recommandation ....; elle la
posa sur la table d'un geste négligent .... puis lui tendit une boîte de ciga-
res. Il refusa et elle-même alluma un havane ...., longuement, sans le
regarder. Visiblement, elle cherchait à mettre ses nerfs à l'épreuve. Enfin, elle releva
les yeux, se carra dans son fauteuil .... et l'interrogatoire commença.

4. Attention à l'orthographe. Complétez avec *qu'il, qui il, qui le, qui l'*.

1. Je n'ai pas cru un seul mot de ce .... nous a raconté.

2. Où est mon portable ? C'est toi .... as pris ?

3. Tu connais l'étudiante irlandaise avec .... correspond ?

4. Il refuse de dire à .... pense mais on a tous deviné !

5. Il a un petit chien .... suit partout et .... emmène même au
bureau !

6. Je ne savais pas .... avait été malade.

7. Magali, l'amie de mon fils. Vous savez, la jeune fille allemande .... a rencontrée
cet été. Elle va venir en France à Noël et je pense .... veut nous la présenter.

8. Toi .... connais bien, tu sais ce .... aimerait pour son anniversaire ?

5. Lisez ces deux phrases puis répondez à la question.

Phrase A : Les spectateurs, qui avaient réservé leurs places, ont pu entrer dans la
salle de concert.
Phrase B : Les spectateurs qui avaient réservé leurs places ont pu entrer dans la salle
de concert.
Dans l'une de ces deux phrases, <u>seuls</u> les spectateurs ayant réservé ont pu entrer. Les
autres sont restés à la porte. S'agit-il de la phrase A ou de la phrase B ?

6. Dans les six phrases suivantes, la proposition relative est-elle « explicative » : on peut la supprimer sans changer le sens de la proposition principale ; ou « déterminative » : si on la supprime, le sens de la proposition principale change ?

1. Tous les élèves <u>qui auront oublié leur cahier lundi</u> seront punis.
2. Les deux enfants, <u>qui étaient un peu craintifs</u>, changèrent de trottoir pour éviter le chien.
3. Ce livre, <u>qui est très utile pour votre examen</u>, se trouve dans toutes les librairies.
4. Les élèves <u>dont le nom commence par la lettre A, B et C</u> sont convoqués le 12 avril à 8 h.
5. L'appartement <u>où le feu s'est déclaré</u> se trouve au 6e étage de ce bâtiment.
6. La fille des voisins, <u>que j'ai rencontrée ce matin dans l'ascenseur</u>, m'a annoncé qu'elle allait se marier en mars.

7. Le mode du verbe dans la relative. Entourez la forme correcte.

1. J'ai trouvé un studio où je <u>peux</u> / <u>puisse</u> travailler tranquillement.

2. Pardon, monsieur, c'est bien le bus 43 qui <u>va</u> / <u>aille</u> à la gare du Nord ?

3. J'aimerais bien trouver un autre travail qui me <u>laissera</u> / <u>laisserait</u> plus de temps libre.

4. Nous recherchons Minouchette, une chatte noir et blanc avec un collier bleu, qui <u>a disparu</u> / <u>ait disparu</u> dimanche après-midi dans le quartier.

5. À votre avis, existe-t-il un chemin qui <u>va</u> / <u>aille</u> à la gare en passant par la forêt ?

6. C'est une ville que je <u>connais</u> / <u>connaisse</u> bien car j'y ai passé deux ans.

7. Je crois que c'est le plus beau film que <u>j'ai jamais vu</u> / <u>j'aie jamais vu</u>.

8. C'est un film que je <u>n'ai jamais vu</u> / <u>n'aie jamais vu</u>.

8. Mettez le verbe au temps et au mode qui conviennent. Attention à la phrase 7 !

1. J'ai couru tous les magasins mais je n'ai rien vu qui me *(plaire)* ....
2. Y a-t-il quelqu'un d'autre que moi qui *(savoir)* .... la vérité ?
3. Tes chaussures ? Ne les cherche pas. Elles sont dans ton armoire. Comme d'habitude, c'est moi qui les *(ranger)* ....
4. Essayons de trouver un café sympathique où *(s'arrêter)* .... un moment. Je suis épuisé.
5. Je cherche un hôtel où je *(pouvoir)* .... payer par chèque.
6. Dans aucun des hôtels de cette ville on ne *(pouvoir)* .... payer par chèque.
7. Si vous ne savez pas où *(loger)* ...., vous pouvez venir à la maison.

9. Remplacez la proposition relative soulignée par l'adjectif correspondant, comme dans l'exemple.

Ex. : *C'est un texte <u>qu'on ne peut pas comprendre</u>.* → *C'est un texte **incompréhensible**.*

1. Ce médecin a une écriture <u>qu'on ne peut pas lire</u>.
2. Mon fils est très désordonné : c'est un enfant <u>qu'on ne peut pas corriger</u> !
3. C'est un comportement <u>qu'on ne peut admettre</u>.
4. Quand elle est de bonne humeur, elle est d'une drôlerie <u>à laquelle personne ne peut résister</u>.

5. Est-ce que c'est une eau que tout le monde peut boire ?
6. Il a été d'une impolitesse que l'on ne saurait tolérer !
7. C'est un problème que personne, apparemment, n'arrive à résoudre.
8. Il fut saisi d'une colère qu'il ne pouvait pas contrôler.

10. Reformulez ces phrases de manière à supprimer la proposition relative. Choisissez l'un des adjectifs suivants : *lunatique, hebdomadaire, hexagonal, insomniaque, illégal, ambigu, quotidien, expérimental.*

1. Il a eu une réponse qui pouvait être interprétée de diverses manières.
2. Montmartre-Pigalle, voilà la promenade qu'il a faite tous les jours pendant trente ans.
3. Cette femme est plutôt intéressante mais c'est quelqu'un qui change d'humeur d'un moment à l'autre.
4. Ce médecin a la réputation de bien soigner les gens qui n'arrivent pas à dormir.
5. La France est un pays qui a six côtés.
6. Le vendredi était sacré : c'était le jour de la visite qu'il faisait chaque semaine à sa tante Félicité.
7. Il ne croit qu'aux résultats qui sont strictement fondés sur l'expérience.
8. Faites bien attention ! Ce que vous faites en ce moment, c'est quelque chose qui va à l'encontre de la loi.

2. LA PROPOSITION SUBORDONNÉE COMPLÉTIVE

Le mode du verbe dans la complétive

1. Remplacez le verbe à l'infinitif par le temps de l'indicatif qui convient (le verbe principal est un verbe d'opinion).

Ex. : *Nous espérons qu'elle (persévérer)* **persévérera** *dans ses projets.*

1. Je trouve que vous (*conduire*) .... imprudemment.

2. Nous estimons que vous (*avoir raison*) .... d'agir ainsi.

3. Il s'imagine qu'il (*pouvoir*) .... réussir sans effort.

4. Il me semble que vous (*ne pas saisir*) .... l'essentiel de ce texte.

5. Tu as jugé avec raison que je (*ne pas accepter*) .... tes propositions.

6. Elle espère que ses élèves (*obtenir*) .... leur diplôme.

7. Nous pensons qu'une séparation de quelques jours (*résoudre*) ....
les difficultés d'un couple.

8. J'ai longtemps cru qu'avec un peu de patience on (*convaincre*) ....
les gens.

2. Retrouvez la proposition principale parmi les propositions suivantes (le verbe principal est un verbe de déclaration) : *le jeune ingénieur affirmait, les employés ont appris, une femme criait, le professeur a dit, on vient de nous informer, mon ami a juré, je prétends, le délégué syndical a promis.*

1. .... que l'avion avait du retard.

2. .... que l'entreprise pourrait fermer ses portes.

3. .... qu'il n'avait pas commis d'erreur dans ses calculs.

4. .... qu'on lui avait volé son téléphone portable.

5. .... que nous devions revoir nos conjugaisons.

6. .... qu'il faut toujours dire la vérité.

7. .... qu'il transmettrait nos revendications à la direction de l'usine.

8. .... qu'il m'aimerait toujours.

3. Remplacez le verbe à l'infinitif par le temps de l'indicatif qui convient (le verbe principal est un verbe de constatation). Attention à la phrase 3 !

1. Le professeur nous a expliqué que l'œuvre de ce philosophe (*influencer*) ....
la pensée de son temps.

2. L'avocat a prouvé que son client (*ne pas commettre*) .... de délit.

3. Le témoin certifie qu'il (*tout voir*) ....

4. Mon amie avait promis qu'elle nous (rejoindre) .... dans la soirée.

5. Nous avons remarqué que le ciel (s'obscurcir) ....

6. Je constate que vous (acquérir) .... une certaine expérience.

7. Nous nous sommes rendu compte que le temps (changer) ....

8. Je me suis souvenu que nous (déjeuner) .... dans ce même restaurant quelques années auparavant.

4. Remplacez le verbe à l'infinitif par le mode et le temps qui conviennent.

1. Je trouve que tu (ne pas dormir assez) ....

2. Trouvez-vous qu'il (être) .... utile d'apprendre l'imparfait du subjonctif ?

3. Je ne crois pas qu'on (pouvoir) .... tout régler par la violence.

4. Je trouve déraisonnable que vous (étudier) .... si peu pour votre examen.

5. Ils étaient sûrs que leur équipe (gagner) ....

6. Je ne suis pas certain que les voyages (être) .... la solution à toutes nos difficultés.

7. Crois-tu que nous (pouvoir) .... ou que nous (vouloir) .... te faire du mal ?

8. Je ne peux pas croire qu'il (mentir) ....

5. Remplacez le verbe à l'infinitif par le mode et le temps qui conviennent.

1. Est-ce que vous pensez que nous (savoir) .... répondre à toutes les questions ?

2. Je ne savais pas que mes amis (divorcer) ....

3. Je pensais qu'une robe aussi simple (valoir) .... beaucoup moins cher.

4. Je suis très déçue. Je ne pensais pas qu'il (être) .... si égoïste.

5. Elle croit que ses parents (s'opposer) .... à ses projets.

6. Nous espérons tous que les négociations (aboutir) .... au plus tôt.

7. Je doute que tu (comprendre) .... un jour les mathématiques.

8. Je me doutais bien que toi tu (ne pas faire) .... une telle bêtise.

6. Remplacez le verbe à l'infinitif par le mode et le temps qui conviennent (le verbe principal est un verbe à double sens).

1. Je suppose que vous (comprendre) ...., donc, je n'insiste pas.

2. Supposons que vous (avoir) .... le pouvoir de changer le monde, par quoi commenceriez-vous ?

3. Tout le monde admet que tu (avoir) .... raison de t'engager dans cette affaire.

4. J'admets que tu (vouloir) .... agir seul.

5. À son air triste, j'ai compris qu'il *(échouer)* ....

6. Tu comprends, tout de même, que je *(vouloir)* .... décider seul de mon avenir !

7. Dis à Pierre qu'il *(pleuvoir)* .... et dis-lui qu'il *(prendre)* .... son parapluie.

8. Le violoniste avait décidé qu'il ne *(jouer)* .... que deux sonates.

7. Remplacez le verbe à l'infinitif par le mode et le temps qui conviennent (le verbe principal est un verbe à double sens).

1. Après sa condamnation, l'accusé criait qu'on *(commettre)* .... une erreur judiciaire.

2. La vieille dame qui avait été volée criait qu'on *(aller)* .... immédiatement chercher la police.

3. Je doute qu'on le *(voir)* .... à la soirée, il avait l'air préoccupé ce matin.

4. On se doutait bien que cette chanson *(connaître)* .... un grand succès, elle est si belle !

5. J'ai décidé que je *(refuser)* .... ce poste.

6. J'étais bien décidé à ce qu'on m'*(entendre)* .... jusqu'au bout.

7. La mère inquiète ne s'est remise au lit que lorsqu'elle a entendu, au bruit de la clé dans la serrure, que son fils *(rentrer)* ....

8. J'entends que vous *(savoir)* .... par cœur votre scène à la prochaine répétition, a dit le metteur en scène.

8. Reliez les propositions de manière à obtenir une proposition principale et une proposition subordonnée complétive, et faites les transformations nécessaires (notez la disparition du pronom neutre).

Ex. : *Viendra-t-il ? Je ne le crois pas.* → *Je ne crois pas* **qu'il vienne**.
Elle est malade ; ils s'en sont rendu compte. → *Ils se sont rendu compte* **qu'elle était malade**.

1. Avez-vous compris ? J'en doute.
2. Il avait fait une grossière erreur, je m'en étais aperçu.
3. Mon ami vient de rentrer de voyage ; je l'ai su hier.
4. Est-il rentré de voyage ? Je ne le sais pas.
5. Faites des efforts, travaillez, c'est le moment ou jamais.
6. Une femme comme elle pourra être à la fois mère de famille et ministre ; je m'en doute bien.
7. Ce chanteur a perdu sa voix en vieillissant ; c'est évident.
8. Le gouvernement veut modifier la loi de 1905 ; la majorité des députés s'y oppose.

9. Reliez les propositions de manière à obtenir un proposition principale et une proposition subordonnée complétive, et faites les transformations nécessaires.

1. Vous nous quittez déjà ? Je le regrette.
2. Faisons quelque chose pour cette jeune fille, elle le mérite.
3. Prends au sérieux ce que tu fais ! Ah comme j'aimerais cela !

4. Réponds-moi quand je te parle, je l'exige.

5. Nous travaillons avec un dictionnaire ; le professeur y tient.

6. N'interviens pas dans la discussion, c'est préférable.

7. Asseyez-vous, j'attends, avant de commencer.

8. Nous ne voyons ni la scène ni les acteurs ; c'est dommage.

10. Remplacez le verbe à l'infinitif par le mode et le temps qui conviennent (le verbe principal est un verbe de sentiment).

1. Je m'étonne qu'ils *(ne pas être)* .... encore là.

2. Les parents se plaignent toujours que leur enfant *(désobéir)* ....

3. Beaucoup de gens redoutent que la paix *(être)* .... menacée.

4. Je suis désolé que vous *(ne pas pouvoir)* .... assister à mon mariage.

5. Les spectateurs étaient furieux que l'arbitre *(refuser)* .... le but.

6. Je trouve normal qu'on *(venir)* .... en aide aux S.D.F.

7. Le vieux chanteur était surpris et ému que le public *(se souvenir)* ....

encore de lui.

8. Le maire était ravi que la fête qu'il avait organisée *(obtenir)* ....

un tel succès.

11. Même consigne (le verbe principal est un verbe impersonnel qui exprime la certitude ou le doute).

1. Il est évident que ce travail *(ne valoir)* .... rien.

2. C'est sûr, c'est certain que nous *(se revoir)* .... bientôt.

3. Il est hors de doute que l'infirmière *(condamner)* .... pour

euthanasie.

4. Il est incontestable qu'une telle virtuose *(remporter)* .... le

premier prix de ce célèbre concours de piano et de violon.

5. Il est probable que nous *(connaître)* .... encore des grèves cet hiver.

6. Il paraît qu'un projet de loi *(interdire)* .... la vente des ciga-

rettes aux moins de 16 ans.

7. Il me semble que cet écrivain *(inventer)* .... une nouvelle

manière d'écrire.

8. Il est assez probable que nous *(terminer)* .... ce travail avant

ce soir.

12. Même consigne.

1. Il semble que le metteur en scène *(changer)* .... de style.

2. Il me semble que nous *(déjà voir)* .... ce film.

3. Il paraît que l'acteur principal *(mourir)* .... d'une crise cardiaque

à la fin du tournage.

4. Il me semble important que tout le monde *(pouvoir)* .... voir

ce film.

5. Il est possible que le film *(être)* .... interdit dans certains pays.

6. Il est impossible que vous ne *(connaître)* .... pas le sujet du film, tout le monde en a parlé.

7. Il est important que le cinéma *(être)* .... libre et indépendant, mais il est peu probable qu'il le *(être)* .... partout.

8. Peu importe que ce film *(avoir)* .... ou non du succès, l'essentiel c'est qu'il *(être fait)* ....

13. Complétez les phrases suivantes par un verbe introducteur à la forme impersonnelle (choisissez dans la liste suivante le(s) verbe(s) le(s) plus approprié(s)) : *il est absurde ; c'est bien ; il est bizarre, certain, clair, curieux, désolant, douteux, étrange, évident, indispensable, inutile, manifeste, navrant ; il paraît ; il est probable, regrettable, sûr, triste, utile.*

1. .... que la télévision ait une place si importante dans les foyers français.

2. .... que ce livre connaîtra un grand succès ; il est excellent.

3. .... qu'on n'ait pas encore trouvé un vaccin contre cette terrible maladie.

4. .... qu'on écrive tant d'articles à propos des amours de cette chanteuse et de cet acteur. Est-ce que cela intéresse vraiment les gens ?

5. .... qu'elle n'a pas appris sa leçon d'histoire.

6. .... que vous preniez de nombreuses photos pour avoir, plus tard, des souvenirs de votre voyage.

7. .... que le prix des timbres va augmenter.

8. .... qu'elle obtiendra une bourse Erasmus, pour poursuivre ses études à l'étranger. Elle remplit, je crois, toutes les conditions.

14. Reliez.

1. Je suis très heureux que	a. tu refuserais finalement notre offre.
2. Nous savions qu'	b. on résolve un jour ce mystère.
3. Il est peu probable qu'	c. il ne changerait pas d'avis, il est trop têtu.
4. Je me suis aperçu qu'	d. chacun se mette au travail.
5. Il semble que	e. tu fasses enfin le voyage dont tu rêvais.
6. En te voyant hésiter, nous avons compris que	f. vous avez acquis de l'expérience.
7. Je constate avec plaisir que	g. elle ne comprenait pas ce que je lui expliquais.
8. Il est temps que	h. la situation sociale ait empiré.

15. Reliez.

1. Nous étions convaincus qu'

2. Il est très myope, je t'assure qu'
3. Il vaudrait mieux que

4. Ce professeur déteste qu'

5. Il est peu vraisemblable qu'
6. Le directeur est tout étonné que

7. Ne sois pas pessimiste, je pense que

8. Je ne doute pas qu'

a. elle soit intelligente, mais parfois elle a du mal à suivre.
b. il réussirait.
c. tu pourrais faire de grandes choses si tu t'en donnais la peine.
d. elle tienne compte de nos remarques.
e. il ne nous a pas vus.
f. tu reviennes, nous avons besoin de toi.
g. vous ayez résolu cette difficulté sans aucune aide.
h. on soit en retard.

La transformation :
complétive → infinitif

1. Remplacez la proposition soulignée par un infinitif précédé ou non d'une préposition.

Ex. : *Tu estimes que tu as raison.* → *Tu estimes **avoir raison**.*

1. Je crois que je vous ai donné toutes les informations.
2. La jeune employée espérait qu'elle s'acquitterait de sa tâche à la satisfaction de tous.
3. L'étudiant s'imaginait qu'il pourrait réussir sans travailler.
4. Je me souviens que j'ai passé mon bac le jour de mon dix-septième anniversaire.
5. Elle a reconnu qu'elle avait menti.
6. Il s'est soudain rappelé qu'il avait déjà lu ce roman policier.
7. Il me semble que je n'ai pas saisi l'essentiel de ce texte.
8. Le client prétend qu'il vous a payé et qu'il ne vous doit plus rien.

2. Remplacez la proposition soulignée par un infinitif précédé ou non d'une préposition. Attention aux phrases 7 et 8 !

1. Ça y est ! Je pense que j'ai enfin compris.
2. L'étudiante qu'on voulait exclure de la salle d'examen affirmait qu'elle n'avait pas triché.
3. L'automobiliste complètement ivre jurait qu'il n'avait rien bu. *(jurer = dire)*
4. Puis, il a juré qu'il ne boirait plus. *(jurer = promettre)*
5. Le lycéen embarrassé disait qu'il avait besoin d'aide pour faire ses devoirs.
6. Son père a promis qu'il l'aiderait.
7. Les professeurs en grève ont demandé que le ministre de l'Éducation nationale les reçoive au plus tôt.
8. Les ouvriers s'attendent à ce que la direction les licencie tous. On a délocalisé leur entreprise.

3. Remplacez la proposition soulignée par un infinitif précédé ou non d'une préposition.

Ex. : *Les habitants terrorisés ont senti que la terre tremblait.*
    → *Les habitants terrorisés ont senti **la terre trembler**.*

   Je n'aime pas la foule ; je crains toujours qu'on (ne) me bouscule.
    → *Je crains toujours **d'être bousculé(e)**.*

1. Le vieil homme sentait que sa mémoire lui faisait défaut.
2. J'ai vu que la voiture prenait le virage trop vite.
3. J'entends qu'on frappe à la porte.
4. Il semble qu'il se soit trompé.
5. Le client mécontent voulait qu'on le rembourse.
6. Elle se plaignait qu'on l'ait mal informée.
7. Je désire qu'on m'écoute en silence.
8. Elle avait peur qu'on ne la licencie.

4. Même consigne.

Ex. : *Il sera nécessaire que tu travailles davantage si tu veux réussir.*

→ *Il **te sera nécessaire de travailler** davantage si tu veux réussir.*

Je suggère que vous visitiez d'autres appartements avant de prendre une décision.

→ *Je **vous suggère de visiter** d'autres appartements avant de prendre une décision.*

1. Il suffit que tu sois là et tout le monde est heureux.
2. Je souhaite que vous soyez heureux.
3. Il est impossible que je réponde immédiatement à cette question difficile.
4. Il serait utile qu'on vérifie l'information.
5. Il faut que tu repartes tout de suite.
6. J'ai proposé qu'ils fassent le trajet en train et non pas en voiture.
7. Cette mère est très autoritaire avec ses enfants : elle ne permet pas qu'ils sortent le soir.
8. Je conseille que tu réfléchisses un peu avant de prendre cette décision.

La transformation :
complétive → participe passé ou adjectif

1. Remplacez la proposition subordonnée par un participe passé ou un adjectif. Faites les transformations nécessaires.

Ex. : *Elle croit <u>qu'elle est très belle</u>.* → *Elle **se croit très belle**.*
  Tu as montré <u>que tu étais capable</u> de grandes choses. → *Tu **t'es montré capable** de grandes choses.*

1. Elle croyait <u>qu'elle était responsable</u> de l'accident
2. Vous estimez <u>que vous avez été trahis</u> dans cette affaire.
3. Je crois <u>qu'il est innocent</u>.
4. Nous sentions <u>que nous étions très fatigués</u> après cette randonnée dans les bois.
5. Quand elle se regarde dans une glace, elle trouve <u>qu'elle est laide</u>.
6. Nous savions <u>que ma grand-mère était très malade</u>.
7. Il jugeait <u>que nous étions incapables de le comprendre</u>.
8. Elle a montré <u>qu'elle était digne de la confiance</u> qu'on avait mise en elle.

La transformation : complétive → nom

1. Remplacez la proposition subordonnée soulignée par un nom.

Ex. : *Je doute qu'il soit loyal.* → *Je doute **de sa loyauté**.*

1. Je ne suis pas sûre qu'il soit fidèle.
2. Je regrette que mes amis soient partis.
3. Nous étions désolés qu'il ait échoué.
4. Les supporters étaient furieux que leur équipe ait été vaincue.
5. En revanche, les adversaires étaient ravis que leur équipe ait gagné.
6. Je suis indigné que certaines personnes soient cruelles envers les animaux.
7. Nous nous réjouissons que vous ayez réussi.
8. J'ai appris qu'on avait arrêté l'automobiliste responsable de l'accident.

2. Même consigne.

Ex. : *Il est regrettable que tu aies été absent.* → ***Ton absence** est regrettable.*

1. Il faut choisir, mais avant, il est indispensable que l'on étudie sérieusement les projets.
2. Il serait utile que vous révisiez attentivement les verbes.
3. Il est déplorable que les mers soient polluées.
4. Il est interdit que des démarcheurs entrent dans l'immeuble.
5. Il est impossible que nous décidions quoi que ce soit en ce moment.
6. Il est vraiment nécessaire que tu reviennes.
7. Il est certain qu'il est coupable.
8. Il est évident qu'il est pessimiste.

BILAN

1. Proposez des verbes introducteurs. Variez ces verbes.

Ex. : *Il désire / souhaite / voudrait **qu'on le comprenne**.*

1. .... qu'il a compris.
2. .... qu'il ait compris.
3. .... que nous finissions rapidement.
4. .... qu'il va neiger.
5. .... que tu sois amoureuse.
6. .... qu'il n'aille pas voir un médecin alors qu'il est malade.
7. .... que tu comprennes qu'il faut voter.
8. .... qu'on est en plein été.

2. Est-il possible de remplacer la subordonnée par un infinitif ou est-il obligatoire de garder la proposition subordonnée ?

Ex. : *J'estime que j'ai bien fait d'agir comme je l'ai fait.*
→ *J'estime **avoir bien fait** d'agir comme je l'ai fait. (Ici les deux structures sont possibles.)*
*Je veux que **tu** m'obéisses. (Ici l'infinitif n'est pas possible.)*

1. Je pense qu'il a dit la vérité.
2. Il croit qu'il a tous les droits.
3. Je veux que tu sois prêt à l'heure dite.
4. J'exige que tu viennes immédiatement.
5. Nous espérons que nous trouverons un coin tranquille pour les vacances.
6. Elle adore qu'on lui fasse des compliments.
7. Nous désirons que vous vous chargiez de cette affaire.
8. Elle affirme qu'elle n'a pas aimé ce roman dont tout le monde parle.

3.

A. Nous n'avons pas le même sujet dans les deux propositions, mais l'infinitif est malgré tout possible avec certains verbes.

Ex. : *Vraiment fâchée contre lui, je lui ai dit qu'il aille au diable !*
→ *Vraiment fâchée contre lui, je lui ai dit **d'aller** au diable !*

1. Le contrôleur a demandé que le voyageur montre son billet.
2. J'ai suggéré à mes amis qu'ils abattent une cloison dans leur nouvel appartement.
3. Je conseille que vous preniez vos vacances en juin, vous serez plus tranquilles.
4. J'ordonne que tu finisses ce que tu as commencé.

B. L'infinitif semble impossible dans les phrase suivantes : mais n'est-il pas possible malgré tout de trouver un moyen pour utiliser l'infinitif ?

Ex. : *Je désire que la banque m'accorde un prêt.*
→ *Je désire **obtenir** un prêt de la banque.*

5. Je voudrais qu'on me décharge de cette affaire.
6. Qui ne désire pas qu'on l'aime ?
7. J'aimerais que tu me prêtes ta bicyclette pour faire une randonnée.
8. Je souhaite que vous me vendiez votre voiture.

4. Reliez correctement.

1. Est-ce que tu aimerais	a. d'aller voir un médecin ; tu as l'air fatigué.
2. Je lui ai dit	b. avoir un renseignement.
3. Il est certain	c. revoir ce film ?
4. Je désire	d. de fermer son livre et de passer à table.
5. Elle voulait	e. de réussir.
6. J'ai promis à mes amis	f. se changer avant de sortir.
7. Je te conseille	g. être embauchée dans l'entreprise.
8. Elle espérait	h. de leur montrer les photos de mon voyage.

5. Reliez correctement les éléments suivants en ajoutant ou non la préposition *de*.

A.

1. Quand j'étais enfant, j'avais peur	de	a. s'être mis en colère.
2. Le gouvernement craint	....	b. voir la paix s'installer dans ce pays.
3. Elle a demandé à la banque	....	c. discuter avec vous.
4. Tout le monde espère	....	d. rester seul.
5. Le jeune informaticien envisage	....	e. voir le prix du pétrole augmenter.
6. Je te promets	....	f. créer un nouveau site Internet.
7. Il regrette	....	g. faire une grande fête pour ton anniversaire.
8. Nous refusons	....	h. lui accorder un prêt.

B.

1. Quand j'étais enfant, j'avais peur	de	a. sa colère.
2. Le gouvernement craint	....	b. la paix.
3. Elle a demandé à la banque	....	c. toute discussion.
4. Tout le monde espère	....	d. la solitude.
5. Le jeune informaticien envisage	....	e. une augmentation du prix du pétrole.
6. Je te promets	....	f. la création d'un nouveau site Internet.
7. Il regrette	....	g. une grande fête pour ton anniversaire.
8. Nous refusons	....	h. un prêt.

3. LE DISCOURS RAPPORTÉ

1. Transformez le discours direct en discours rapporté. Les verbes introducteurs restent au présent. Attention à la suppression du pronom neutre dans certaines phrases.

Ex. : *Toutes les observations scientifiques le prouvent : la Terre se réchauffe.*
→ *Toutes les observations scientifiques **prouvent que la Terre se réchauffe**.*

1. Le bulletin météorologique de ce matin annonce : « Il y aura du vent et de la pluie sur tout le pays. »
2. Mon amie est fâchée, elle crie : « Tu as eu tort de me raconter des mensonges. »
3. J'ai encore perdu au Loto. Le buraliste me dit : « Vous aurez plus de chance la prochaine fois. »
4. Tout le monde le pense : « Les joueurs brésiliens ont bien joué et ils ont mérité leur victoire. »
5. Avant son départ, ses amis le préviennent : « La course sera très dure, tu dois faire attention à toi. »
6. On te le répète toujours : « Tu devrais changer de métier. »
7. Le directeur déclare aux ouvriers : « Je suis obligé de fermer l'usine. »
8. À chacune de ses visites, son père affirme : « Je vais très bien et je ne manque de rien. »

2. Mettez les verbes introducteurs à un temps du passé et transformez le discours direct en discours rapporté.

Ex. : *L'adolescente jure à sa mère : « Ce n'est pas moi qui ai pris ton mascara. »*
→ *L'adolescente **a juré** à sa mère **que ce n'était pas elle qui avait pris son mascara**.*

1. Il précise : « Je serai là dans deux heures. »
2. Le vieux marin nous dit : « Vous pouvez faire de la voile, il va faire beau toute la journée. »
3. Le professeur annonce : « J'annule le cours car je suis malade. »
4. Le témoin explique : « J'ai fermé le magasin à 20 heures et je suis parti. Je n'ai rien vu. »
5. Le cinéaste ajoute : « Je viens de terminer un court métrage. »
6. Ses parents lui répètent sans cesse : « Tu dois choisir un métier qui te plaît. »
7. Très heureux, le nouveau papa déclare : « Ma fille me ressemble. »
8. L'enfant répond : « Je voudrais une glace au chocolat. »

3. Complétez ces phrases au discours rapporté en faisant les transformations nécessaires. Attention à la phrase 3.

Ex. : *Nous avons dit à Yann : « Maud est arrivée hier par le train de 15 h 24. »*
Nous avons dit à Yann que Maud était arrivée la veille par le train de 15 h 24.

1. Les étudiants lui affirment : « Vous avez fait un cours très intéressant aujourd'hui. »

Longtemps après, ses anciens étudiants lui ont rappelé qu'il avait fait un cours très

intéressant ....

2. Fiévreuse, elle nous avait prévenus : « Je n'irai pas au travail demain. »

Fiévreuse, elle nous avait prévenus qu'elle n'irait pas au travail ....

3. Le voyagiste nous le rappelle : « Vous partez à la Martinique la semaine prochaine. »

Le voyagiste nous rappelle que nous partons à la Martinique ....

4. En sortant, il a crié : « Je ne rentrerai pas ce soir. »

Il avait crié qu'il ne rentrerait pas ....

absolute certain

5. « C'est promis : je reviens vous voir <u>la semaine prochaine</u>. »

Elle avait promis de revenir nous voir ..... *la semaine suivant* .....

6. Les voisins l'ont remarqué : « La lumière était encore allumée <u>ce matin</u>. »

Les voisins avaient remarqué que la lumière était encore allumée ..... *ce matin le* .....

7. Elle lui a murmuré à l'oreille : « Je suis libre <u>en ce moment</u>. »

Elle lui avait murmuré à l'oreille qu'elle était libre ..... *à ce moment la* .....

8. Les vignerons sont formels : « Le vin sera excellent <u>cette année</u>. »

En 1994, les vignerons étaient contents. Ils avaient prévu que le vin serait excellent ..... *cette année la* .....

4. Complétez le questionnaire du médecin : *Le médecin voudrait savoir…*

1. Depuis quand souffrez-vous ? *Depuis quand je souffre*
2. Est-ce que vous avez de la fièvre ? *Si j'ai de la fièvre*
3. Qu'avez-vous mangé hier ? *Ce que j'ai mangé hier*
4. Avez-vous mal au foie ? *Si j'ai mal a foie*
5. Quelles maladies avez-vous eues dans l'enfance ?
6. Supportez-vous les antibiotiques ? *Si*
7. Combien pesez-vous ?
8. Que faites-vous dans la vie ? *Ce que vou faites*

5. Voici des verbes introducteurs du discours rapporté : *ajouter, conseiller, demander, crier, dire, murmurer, ordonner, suggérer.* **Utilisez chacun d'eux dans le contexte qui convient, pour mettre les phrases suivantes au discours rapporté.**

Ex. : « *Éteins la lumière, dors maintenant, il est tard.* »

→ ***Sa mère lui demande*** *d'éteindre la lumière et de dormir parce qu'il est tard.*

1. « Prends aussi une baguette. » *de prendre Sa mere lui dit*
2. « Ne fumez pas dans la chambre. » *de ne pas fumer dans sa chambre*
3. « Ne touche pas ce plat, il est brûlant ! » *de ne pas toucher le plat parceque Je te conseille*
4. « Allez plutôt voir ce film. » *d'aller plutôt voir le film Elle me conseille*
5. « Ne faites pas de bruit, le bébé dort. »
6. « Ne prenez pas l'autoroute, elle est embouteillée. »
7. « Soyez cool, soyez zen, comme moi. » *Il me dit de être cool comme lui*
8. « Partez devant, si vous êtes pressés. »

6. *Un dimanche matin, un père et une mère bavardent. La mère s'inquiète de l'attitude de leur fils unique, Joël. Son mari la rassure et lui raconte la conversation qu'il a eue avec leur fils.* **Récrivez le dialogue (style direct) entre le père et le fils en ajoutant toutes les formes d'expressivité de l'oral.**

Je lui ai dit que son attitude nous surprenait beaucoup et nous inquiétait. Il m'a demandé pourquoi. Je lui ai expliqué que nous savions qu'il passait un examen dans trois semaines et que nous nous étonnions qu'il sorte presque tous les soirs avec ses amis. Il m'a dit qu'il avait besoin de se détendre après une journée de travail. Je lui ai reproché de partir en Angleterre la semaine prochaine. Il m'a répondu qu'il savait ce qu'il faisait. J'ai admis qu'il n'était plus un enfant mais j'ai insisté sur le fait que nous étions inquiets pour son avenir. Il m'a promis d'être raisonnable. Je lui ai conseillé de partir seulement après l'examen. Il a accepté de m'écouter.

LES RELATIONS LOGICO-TEMPORELLES

1. GRAMMAIRE DU TEXTE

Les termes de reprise

1. Dans deux de ces phrases, le pronom souligné est ambigu parce qu'on ne peut pas savoir qui il représente. Dans ces deux cas, comment pourrait-on supprimer cette ambiguïté ?

[annotation manuscrite : Cette dernière, celle-ci, la première, le plus jeune.]

1. La jeune fille et sa mère allèrent faire des courses avec leur vieille cousine Julia. Elle acheta des gants et un chapeau assortis d'un mauve très pâle.

2. Henriette va tous les samedis à la piscine de Saint-Ouen. Elle est spacieuse, propre et peu chère. *[annotation : Celle-ci, cet endroit, le bâtiment]*

3. Elsa et Sébastien ont rencontré dans le métro de très vieux amis. *[annotation : good friends]* Ils ne les avaient pas reconnus. *[annotation : Le couple, les deux jeunes gens, celle-ci]*

4. Jenny est allée aux Galeries Lafayette avec son amie Florence. Elle voulait acheter des chaussures blanches mais n'en a pas trouvé à son goût. *[annotation : La première]*

5. Le libraire a proposé un livre ancien et très rare à Xavier mais il ne l'a pas acheté car son prix était excessif.

6. Les élèves français ont très bien accueilli leurs camarades italiens. Ils avaient préparé un buffet et ils ont fait un petit discours de bienvenue.

2. Complétez avec l'un des mots suivants : *bâtiment(s), vêtement(s), outil(s), meuble(s), ouvrage(s), moyen(s) de locomotion, ustensile(s) de cuisine, œuvre(s).*

1. Deux pièces de théâtre, trois romans, plusieurs essais, un journal intime… ; tous ces ...ouvrages... *[annotation : to write]* ont été rédigés par Denis Farrel entre 1950 et 1957.

2. Dans le célèbre roman, *Le Tour du monde en 80 jours*, le héros de Jules Verne, Phileas Fogg, utilise beaucoup le train. Ce ...moyen de locomotion... est, au 19ᵉ siècle, un personnage à part entière dans la littérature française.

3. Je veux bien acheter un canapé-lit et un fauteuil. Et même une table basse si tu veux. Mais où va-t-on mettre ces ...meubles...? Tu oublies que l'on vit dans 15 m² !

4. Devant vous se trouve la Bourse, appelée aussi le palais Brongniart. La première pierre a été posée en 1808 mais le ...bâtiment... ne sera ouvert qu'en 1827.

5. Pulls, pantalons, jupes, manteaux, tous les ...vêtements... sont soldés jusqu'au 8 février. Profitez-en !

6. J'ai acheté chez vous un marteau la semaine dernière. Mais il ne convient pas. Auriez-vous un ...outil... qui servirait à la fois de marteau et de pince ?

7. Lorsque *L'Origine du monde*, un tableau célèbre de Courbet, fit son entrée au musée d'Orsay, certains protestèrent, disant que cette ...œuvre... était scandaleuse, voire pornographique.

[annotation manuscrite verticale : Homework]

8. Mon fils s'installe. Je dois lui acheter pas mal de choses, poêles, marmites, casse-roles, passoires, enfin quelques u.stensile.de.cuisine.........., même si je suis sûre qu'il va manger au restaurant presque tous les jours.

3. Dans les phrases suivantes, le verbe *faire* remplace quel verbe ?

1. Tu as pensé à écrire à Éric pour son anniversaire ? Tu sais qu'il est très susceptible et qu'il sera mécontent si tu ne le fais pas.
2. Il est beaucoup moins timide que moi, moins renfermé. Il parle plus que je ne le faisais à son âge.
3. Si tu m'avais demandé de t'accompagner à l'aéroport, tu sais bien que je l'aurais fait volontiers.
4. Je te défends d'insulter ta sœur comme tu viens de le faire !
5. On aurait dû lui proposer de venir avec nous au concert. Il n'a rien dit quand nous sommes partis mais j'ai bien vu qu'il aurait aimé qu'on le fasse.

use un connector in t
phrase that I dont usually
use

Malgré tout les difficulty elle a gagné
le course.

Je l'ai felicitee ⸻, quand même
elle le merité.

Estceque les etats uné sont est une de le plus puissant
pay du monde? Certe, mais cela s'accompagne avec
une grande responsibitié

Les connecteurs temporels

1. Complétez ce texte avec : _il y a une trentaine d'années, quelques minutes plus tard, le 1er juin, à l'époque, dans les jours qui ont suivi, à midi, à six heures précises, la veille au soir, ce matin-là, le soir à 20 h, vers la mi-juin, un jour._

(1) _Il y a une trentaine d'années_ (2) ...., il s'est passé une drôle de chose dans un petit village du centre de la France. Plus personne ne s'en souvient aujourd'hui mais, (3) _dans les jours_..., tous les journaux en ont parlé. C'était exactement (4) _à 6 heures précises_

Bref, (5) ...., (6) ...., toutes les cloches de l'église de Montlorrain-sur-Tinne se sont mises à sonner, à sonner, à sonner à toute volée ! Le curé de la ville voisine, qui avait célébré une messe (7) ...., était resté dormir au presbytère qui se trouvait juste à côté de l'église. Il sauta du lit et, (8) ...., il montait dans le clocher pour voir ce qui se passait. Personne ! Le sacristain habituellement chargé de la sonnerie n'était pas là. Pas d'enfant de chœur cherchant à faire une blague non plus. Rien ! Le curé retourna se coucher, perplexe.

La plupart des habitants du village qui avaient entendu ce vacarme s'en vinrent aux nouvelles dès le matin. Mais personne ne put leur donner une explication plausible. (9) _à midi_..., juste avant l'heure du déjeuner, les cloches recommen-cèrent à s'agiter frénétiquement. Et une fois encore, (10) .... Le pauvre sacristain en perdait la tête. Les journaux, la radio et même la télévision par-lèrent du phénomène.

(11) _Dan les jour qui suivi_........, trois fois par jour, les cloches ont sonné ainsi, follement, comme si quelque diable était dans le clocher.

Et puis un beau jour, (12) ...., plus rien ! Les cloches ont cessé de sonner à tort et à travers.

Et tout le monde a oublié cette histoire restée mystérieuse à jamais.

2. Mettez en ordre les phrases de ce texte en les numérotant de 1 à 6.

_4_ a. Dès la semaine suivante, le 14 avril exactement, le Premier ministre Michel Debré, qui n'était guère favorable à ces accords, démissionna.

_1_ b. Le 3 juillet 1962, l'indépendance de l'Algérie était proclamée.

_5_ c. Et c'est Georges Pompidou qui le remplaça à ce poste.

_2_ d. Trois mois plus tôt, le 8 avril, les accords d'Évian avaient été ratifiés à une écrasante majorité,

_6_ e. C'est donc lui qui fut chargé d'organiser le référendum d'octobre sur l'élection du président de la République au suffrage universel.

_3_ f. mettant fin à huit ans d'un conflit particulièrement meurtrier.

3. Voici un bref curriculum vitae de Victor Hugo.
a. Relevez toutes les indications temporelles.
b. Présentez la biographie de Victor Hugo de manière schématique en utilisant (lorsque cela se peut) des substantifs.

Ex. : *1802 : naissance à Besançon.*

En 1822, Victor Hugo était déjà considéré par ses amis comme un poète plein d'avenir. Ils l'avaient même sacré « prince des poètes ».
Victor Hugo était né exactement vingt ans plus tôt à Besançon où son père, le général Hugo, commandait une garnison.
Ce n'est cependant qu'en 1831 qu'il connut la grande célébrité avec son roman *Notre-Dame de Paris*. Écrivain désormais reconnu, aimé des femmes, père comblé, tout semblait lui sourire.
Hélas, en 1843, la mort de sa fille Léopoldine l'affecta si profondément qu'il cessa d'écrire pendant huit ans. Le coup d'État de Louis-Napoléon Bonaparte en 1851 le contraignit à l'exil dans les îles Anglo-Normandes : il ne devait revoir la France que dix-neuf ans plus tard, après l'abdication de celui qu'il nommait par dérision Napoléon le Petit.
Douloureuses, ses années d'exil furent néanmoins très fructueuses. C'est à cette époque qu'il rédigea en effet ses plus beaux textes, dont *Les Misérables*, publié en 1862.
Il mourut à Paris, en 1885. Il avait alors 83 ans. L'État lui fit des funérailles nationales. et le peuple de Paris, dont il était l'idole, l'accompagna en foule au Panthéon.

4. Sous forme rédigée, proposez un résumé de la vie de Molière en *six* paragraphes reliés entre eux, en prenant comme points de repère les dates : 1643. 1646/1658, 1659, 1662/1665, 1666/1672, 1673.

MOLIÈRE (Jean-Baptiste Poquelin)

1622 : Naissance à Paris, quartier des Halles, milieu bourgeois (père « tapissier du Roi »)

1632 : Sa mère meurt.

1643 : Solides études chez les jésuites, il abandonne l'idée de devenir avocat et renonce à tout pour le théâtre. Rencontre la famille Béjart et fonde avec Madeleine Béjart et ses frères l'Illustre Théâtre. Prend le nom de Molière.
Débuts de la troupe catastrophiques : Molière se retrouve en prison pour dettes (**1645**).
La troupe quitte Paris (**1646**) et se lance sur les routes. Molière restera douze ans hors de Paris.

1658 : Retour à Paris. Molière et sa troupe jouent *Nicomède* devant le roi. La troupe devient la Troupe de Monsieur (frère du roi).

1659 : Triomphe avec *les Précieuses ridicules*. Louis XIV protège désormais la troupe qui s'installe au Palais-Royal.

1662 : Il épouse Armande, la fille (ou la sœur ?) de Madeleine Béjart.

1662 : *L'École des femmes* (grand succès). Molière obtient une pension du roi mais l'auteur est accusé d'immoralité. Il va à plusieurs reprises s'attirer les foudres de la censure.

1664 : avec *Tartuffe*, représenté aux grandes fêtes de Versailles, Molière se met à dos les « dévots », à commencer par la reine mère, qui l'accusent d'impiété. Pièce interdite (on ne la jouera qu'en 1669).

1665 : *Dom Juan* déchaîne contre lui la censure : pièce interdite après quinze jours.
La Troupe de Monsieur devient cependant la Troupe du Roi et Molière obtient une pension de Louis XIV.

1666 : *Le Misanthrope.*

1668 : *L'Avare.*

1670 : *Le Bourgeois gentilhomme.*

1672 : *Les Femmes savantes.*

1672/1673 : Molière perd la faveur du roi à la suite des cabales menées par Lulli.

1673 : *Le Malade imaginaire.*

Au cours de la quatrième représentation de cette pièce, Molière est pris d'un malaise et meurt. Il faut l'intervention personnelle du roi pour qu'il soit enterré religieusement le **21 février** (mais quasi clandestinement, de nuit !).

Enfin que - so that (handwritten)

Les connecteurs logiques

finally — *however, Yet* — *further more, in addition (besides)* — *first of all, foremost* — *on the other hand* (handwritten annotations)

1. Lisez ce texte une première fois pour en saisir le sens global puis complétez-le avec : _enfin_, _néanmoins_, _en outre_, _certes_, _tout d'abord_, _bref_, _d'autre part_, _or_.

Je ne signerai pas la pétition que vous faites actuellement circuler et je voudrais vous en exposer brièvement les raisons.

(1) ...., d'une manière générale, je réprouve [condemn] toute « chasse aux sorcières », quelle qu'elle soit. (2) _Neamoins_ il semble bien que l'on puisse appeler ainsi votre démarche. [goût, step]

(3) _O_..............., je ne saurais approuver que l'on s'attaque à deux des employés les plus anciens de l'entreprise. (4) _Tout d'abord_, en ce qui concerne Mme D.H., je reconnais que les apparences peuvent jouer en sa défaveur en raison de ses sautes [mood swing] d'humeur fréquentes. (5) _Neamoi's_, vous pourriez prendre en considération les difficultés qu'elle a à affronter dans sa vie privée et admettre qu'elle a quelques circonstances atténuantes. (6) ...., le surcroît de travail qui lui a été imposé depuis janvier peut également fort bien expliquer sa nervosité actuelle.

(7) _Certes_, vos allégations concernant M. G. me paraissent tout à fait excessives et demanderaient, à mon avis, plus de retenue.

(8) _Enfin_, non seulement, je me refuse à signer cette pétition, mais je la désapprouve formellement.

more over — Adding anther idea / *Besides that...* (handwritten)

As a Result / *To add an idea* / *p. 276* (handwritten)

2. Complétez avec : _ailleurs_, _d'ailleurs_ ou _par ailleurs_.

Somewhere else (handwritten)

1. J'ai beaucoup aimé cette pièce de théâtre. _D'ailleurs_, dans ce théâtre, les spectacles sont toujours excellents.

2. On pense bien souvent que, si l'on vivait _ailleurs_, la vie serait plus facile.

3. Pas question de te donner encore de l'argent. _D'ailleurs_ justement, puisqu'on parle de ça, tu ne m'as toujours pas rendu ce que tu m'as emprunté le mois dernier.

4. Vous ferez les exercices 23, 24 et 25. _Par ailleurs_ je voudrais que vous revoyiez vos verbes irréguliers et les règles d'accord du participe passé.

5. Votre conduite est absolument inqualifiable, scandaleuse ! _d'ailleurs_, j'ai toujours pensé que vous étiez un moins que rien !

6. C'est un homme très cultivé, voire érudit, qui vit beaucoup dans les livres et connaît tout sur tout. Mais _par ailleurs_, il est également plein d'humour, il s'intéresse aux gens et fait montre d'une très grande subtilité dans les rapports humains.

You could even say (handwritten)

Homework 4/3/18 (handwritten, left margin)

in fact → hence   à ce propos

+sa resull

3. Complétez avec : *en fait, de ce fait* ou *au fait*.

1. Tu me parles souvent de Pierre Bert. Mais au fait, comment tu l'as connu ? Tu ne me l'as jamais raconté.

2. Il a longtemps fait croire à tout le monde qu'il était médecin. En fait, il n'avait jamais passé ses examens. Il exerçait la médecine de manière tout à fait illégale.

3. Tiens, au fait, en parlant de ta cousine, tu as eu des nouvelles de son frère Christian ?

4. La RATP annonce un arrêt de travail de certaines catégories de personnel. De ce fait on s'attend à quelques perturbations sur les lignes A, B et D du RER.

5. Je pensais qu'il était en mission au Japon mais, en fait, il était en vacances en Provence.

6. L'entreprise a été mise en liquidation judiciaire. De ce fait, les 250 salariés se sont retrouvés au chômage.

4. Mettez en ordre les phrases de ce texte en les numérotant de 1 à 6.

a. Et pourtant, bien que ce métier leur plaise, il est assez mal connu des lycéens. [4]

b. C'est en premier lieu la sécurité de l'emploi, le fait d'être fonctionnaire qui les attire. [2]

c. Par ailleurs, ils n'ont qu'une idée très vague des conditions de travail et de salaire de chacun de ces « profils ». [6]

d. Selon un sondage paru fin 2002, près de la moitié des lycéens français envisagent de devenir enseignants. [1]

e. Mais le désir de s'occuper d'enfants ou d'adolescents, de transmettre un savoir est également une motivation importante. [3]

f. Ils ignorent par exemple la diversité des concours qu'ils peuvent présenter : professeurs des écoles, CAPES, CAPET… ; enseignement public ou privé… [5]

5. Mettez en ordre les phrases de ce texte en les numérotant de 1 à 5 et donnez-lui un titre.

a. En effet, il semble que depuis vingt-cinq ans, les écarts de revenus soient restés à peu près les mêmes.

b. En un mot, le nombre des pauvres n'a pas augmenté (il est toujours de 10 %) mais il ne s'agit plus des mêmes catégories. [5]

c. Si l'on considère la question des inégalités sociales, on se trouve devant un paradoxe apparent. [1]

d. En revanche, une nouvelle catégorie de « pauvres » est apparue ; ce ne sont plus les ouvriers, ce sont tous les exclus du monde du travail. [4]

e. Mais en réalité, l'éventail des salaires s'est resserré (le SMIC a augmenté plus vite que les autres salaires). [3]

minimum salary

2. L'EXPRESSION DU TEMPS

La proposition subordonnée : valeurs et emplois des conjonctions de temps

[handwritten: See page 283 in the book]

[handwritten: as soon as, immediately]

1. Choisissez la conjonction de temps qui convient : *quand, lorsque, dès que, aussitôt que, chaque fois que, toutes les fois que.* **Il peut y avoir plusieurs choix possibles.**

Ex. : ***Dès qu'il*** *ouvre un livre, il oublie ce qui l'entoure.*

1. *[handwritten: Aussitôt que, Dès Que, Quand]* il est sorti, le film a connu un succès immédiat.

2. *[handwritten: Chaque foi, Quand, toutes les fois que]* le téléphone sonne, elle sursaute.

3. *[handwritten: Dès que, Aussitôt ce]* elle était adolescente, elle était très grosse.

4. *[handwritten: Quand]* je déménagerai, je regretterai peut-être cet appartement petit mais ensoleillé.

5. *[handwritten: all of them]* il rentre chez lui le soir, sans perdre une minute, il retire ses vêtements et va sous la douche.

6. Attention *[handwritten: Quand, dès que, chaque foi que, aussitôt que]* tu feras une fausse note, je te taperai sur les doigts.

7. *[handwritten: Quand]* on regarde de près un tableau, on ne voit que des lignes et des taches de couleur.

8. *[handwritten: Aussitôt que]* le jour se lève, les lampadaires s'éteignent.

2. Choisissez la conjonction de temps qui convient : *(au fur et) à mesure que, pendant que, tandis que, alors que, au moment où, tant que, aussi longtemps que, depuis que.* *[handwritten: – since]*

Ex. : ***Tandis que*** *le journaliste donne des informations à la télé, elle se prépare un thé à la cuisine.*

1. *[handwritten: Au fur et mesure Que]* ses difficultés financières augmentaient, le peintre devenait de plus en plus dépressif et ses tableaux étaient de plus en plus sombres.

2. *[handwritten: Pendant que, tandi que, alor Que]* les consommateurs buvaient, mangeaient et bavardaient, les garçons de café allaient, venaient et tournaient autour d'eux.

3. *[handwritten: Tant que, Aussi longtemps que]* tu laisseras la télévision allumée, tu feras du mauvais travail.

4. *[handwritten: Au Moment ou]* j'ai ouvert la fenêtre, deux oiseaux se sont envolés.

5. *[handwritten: Pandant Que, au moment ou]* ils regardaient le ciel sombre, deux étoiles filantes ont traversé l'espace.

6. *[handwritten: Depuis que]* il avait renoncé à la cigarette, il se sentait beaucoup mieux.

7. *[handwritten: Aussi longtemps que, tant que]* vous n'aurez pas renoncé à la cigarette, vous continuerez à tousser.

8. *[handwritten: Au fur et mesure que]* le concert se déroulait, des spectateurs de plus en plus nombreux quittaient la salle, déçus.

3. Mettez le verbe au temps et au mode qui conviennent avec la conjonction *depuis que*. Faites les modifications orthographiques nécessaires.

Ex. : *Depuis qu'il (aller)* **va** *régulièrement en Chine pour affaires, il s'est mis à apprendre le chinois.*

1. Depuis que le monde (être) .... est .... monde, tout a changé, rien n'a changé. *[avait]*

2. Depuis qu'elle (mettre au monde) a mis au monde .... un enfant, elle ne voyait plus la vie de la même façon.

3. Depuis que je (quitter) ...... ai quitté ...... ma ville, je n'ai pas encore repris contact avec mes amis.

4. Depuis qu'elle avait changé d'emploi, elle (se sentir) ...... se sentai ...... beaucoup mieux, elle (être) .... étai t .... plus efficace.

5. Depuis que nous vivions à la campagne, nous (recevoir) ... recevions ... chaque dimanche des dizaines d'amis.

6. Depuis que nous (vivre) ... ~~avons~~ vécu à la campagne, nous avons pris d'autres habitudes.

7. Depuis qu'elle (entendre) ... entend. .... cet air, elle ne cesse pas de le fredonner.

8. Depuis qu'elle faisait un régime, elle (maigrir) ...... a maigri de 6 kilos.

4. Mettez le verbe au temps et au mode qui conviennent avec les conjonctions *tant que, aussi longtemps que*.

Ex. : *Tant qu'il (rouler)* **roulait** *dans sa voiture, il ne pensait à rien et se sentait libéré des tracas de la vie quotidienne.*

1. Aussi longtemps que tu (fumer) fumeras ...., tu tousseras.

2. « Tant que je (gagner) ..... gagne ...., je continue », dit le concurrent du jeu télévisé.

3. Aussi longtemps qu'il (faire) a fait .... beau, on a mangé dehors.

4. Tant qu'il (rester) ...... restait .... chez lui, il se sentait à l'abri.

5. Aussi longtemps qu'il (ne pas résoudre) ne résolvait pas. une difficulté, il pouvait passer des heures sur le sujet.

6. Aussi longtemps que tu (ne pas me dire) ne me dirai pas la vérité, je te poserai les mêmes questions.

7. « Tant que je (ne pas lire) n'ai pas .... ce roman, je ne peux pas en faire la critique », dit le journaliste à son rédacteur en chef.

8. Tant que vous (ne pas visiter) ne visitez pas l'appartement, vous ne pouvez pas me donner votre avis.

5. Mettez le verbe au temps et au mode qui conviennent (attention aux phrases 7 et 8).

Ex. : *Une fois qu'il (commencer)* ***avait commencé*** *un livre, il ne le lâchait plus.*

1. Quand tu *(remplir)* ~~aura rempli~~ ta demande de passeport, tu la remettras à l'employé de mairie.

2. Une fois que tu *(assembler)* as assemblé les éléments du meuble, tu les visses.

3. Aussitôt qu'elle *(se doucher)* s'était douché, elle prenait son petit déjeuner.

4. Lorsque les manifestants *(passer)* s'auront passé les voitures balais commenceront à ramasser les tracts et à nettoyer la chaussée.

5. Il adorait lire ; aussitôt qu'il *(terminer)* avait terminé un livre, il en commençait un autre.

6. L'orateur ne s'assiéra que lorsqu'il *(achever)* aura achevé son discours.

7. Elle a commencé à rédiger son mémoire une fois qu'elle *(rassembler)* a eu rassemblé tous les documents nécessaires. eut traversé / passé surcomposé

8. Dès qu'elle *(traverser)* a traversé la chaussée, le feu passa au vert et le flot des voitures recommença à s'écouler.

6. Remplacez la conjonction soulignée par : *à peine... que* ou *ne pas plus tôt... que*.

Ex. : *Dès que j'étais rentrée chez moi, le téléphone se mettait à sonner.*
→ ***À peine*** *étais-je rentrée chez moi* ***que*** *le téléphone se mettait à sonner.*
ou → *Je* ***n'étais pas plus tôt*** *rentrée chez moi* ***que*** *le téléphone se mettait à sonner.*

1. <u>Dès que</u> le métro est arrivé dans la station, les portes s'ouvrent et les passagers se précipitent sur les quais. À peine

2. <u>Aussitôt qu</u>'il eut heurté le rocher, le bateau se brisa et une tache noire de pétrole s'élargit sur la mer.

3. <u>Dès que</u> la vague a touché le sable, le pétrole se dépose sur toute la largeur de la plage.

4. <u>Aussitôt que</u> l'avion avait reçu l'autorisation de décoller, il allait se ranger au bout de la piste.

7.
will pursuit   p. 282 - 284
A. Trouvez le temps et le mode qui conviennent.   Subj.

Ex. : *Vous poursuivrez vos efforts jusqu'à ce que vous (trouver)* ***trouviez*** *la solution.*

1. Plusieurs députés font les cent pas dans les couloirs en attendant qu'on *(reprendre)* Subj reprenne la séance.

2. Les clientes se dépêchent de faire leurs achats avant que la période des soldes *(finir)* finissent - Subj

3. D'ici qu'on *(trouver)* trouve - Subj enfin le moyen d'éviter la pollution des mers, il pourra se passer de nombreuses années.

4. Même si un film ne me plaît pas, je reste dans la salle jusqu'à ce que le mot « fin » *(apparaître)* apparaisse sur l'écran.

B. Trouvez la conjonction convenable : *avant que, d'ici (à ce) que, en attendant que, le temps que.*

Ex. : **Le temps que** *le dîner soit prêt, je prends une douche rapide.*

5. Je ne te conseille pas d'aller dîner dans ce restaurant : *d'ici* .... on te serve, tu auras le temps de mourir de faim.

le temps que /

6. Des passants, effrayés par la tempête, se sont abrités dans des couloirs d'immeubles *en attendant qu'* il y ait une accalmie.

7. Les médecins poursuivront leurs recherches *jusqu'à ce que* ils aient enfin trouvé le vaccin contre le sida.

8. Elle m'a immédiatement offert son aide *avant que* je (ne) le lui aie demandé.

8. Reliez correctement les phrases suivantes.

1. Les députés ont délibéré toute la nuit avant que
2. Le journaliste pose et repose des questions à l'homme politique jusqu'à ce que
3. Les voyageurs jouent aux cartes ou regardent la télévision en attendant que
4. De nombreux événements se produiront d'ici que
5. Profitons de cette température printanière avant que
6. Le jeune homme se présente régulièrement au bureau du chômage jusqu'à ce qu'
7. Il y a une erreur dans tes calculs ; reprends-les jusqu'à ce que
8. De nombreux passagers font les cent pas sur les quais en attendant que

a. on lui ait trouvé un emploi.
b. le train parte.
c. l'Assemblée puisse voter.
d. celui-ci veuille bien lui répondre.
e. la tempête se calme et qu'ils puissent reprendre la route.
f. tu aies trouvé cette erreur.
g. la société change et se transforme.
h. le mauvais temps ne revienne.

9. Reliez correctement les phrases suivantes.

1. Les intermittents du spectacle feront grève jusqu'à ce qu'
2. La maman se dépêche de préparer le biberon avant que
3. Il reprendra la route une fois qu'
4. Que d'angoisses, que de soucis d'ici à ce que
5. L'acteur dit et redit son texte avant qu'
6. Quand il eut trouvé une chaise libre
7. Il dort depuis qu'
8. Je t'aimerai aussi longtemps que

a. je vivrai.
b. il est rentré.
c. nous ayons passé tous nos examens !
d. le bébé ne se mette à pleurer.
e. ils aient obtenu satisfaction.
f. il aura changé le pneu crevé.
g. on ne le fasse entrer en scène.
h. il s'assit et commanda un café.

10.

A. Remplacez la conjonction *jusqu'à ce que* par la conjonction *tant que* ou *aussi longtemps que* et faites les transformations nécessaires. (Attention, *jusqu'à ce que = tant que… ne… pas* ou *tant que* + un verbe qui exprime le contraire du verbe qui suit *jusqu'à ce que*.)

Ex. : *Les cours resteront suspendus <u>jusqu'à ce que le ministre reçoive</u> les professeurs en colère.*

→ *Les cours resteront suspendus* **aussi longtemps que le ministre n'aura <u>pas</u> reçu** *les professeurs en colère.*

Je resterai dehors <u>jusqu'à ce qu'il fasse nuit.</u>

→ *Je resterai dehors* **tant qu'il <u>fait encore jour</u>.**

1. Le pétrolier restera au port <u>jusqu'à ce que les contrôleurs lui aient donné le feu vert pour prendre la mer</u>.
2. Il lit <u>jusqu'à ce qu'il ait sommeil</u>.
3. Je répétais mes explications <u>jusqu'à ce que les élèves aient compris</u>.
4. Attention, tu attendras au bord du trottoir <u>jusqu'à ce que le feu soit passé au rouge</u>.

B. Remplacez les conjonctions *tant que* et *aussi longtemps que* par la conjonction *jusqu'à ce que*.

5. Il continue à rouler <u>tant qu'il ne se sent pas fatigué</u>.
6. Travaillez, travaillez <u>tant que vous n'avez pas atteint votre but</u>.
7. Les manifestants annoncent qu'ils resteront devant le ministère <u>tant que le ministre ne les aura pas reçus</u>.
8. Il passait ses soirées sur Internet <u>aussi longtemps qu'il n'avait pas trouvé un internaute qui partage ses passions</u>.

passé simple = passé composé

Autres manières d'exprimer l'idée du temps

1. Remplacez la proposition subordonnée par un infinitif.

Ex. : *Avant qu'on ne l'engage pour son premier film, la jeune actrice était vendeuse dans un supermarché.*
> → *Avant d'être engagée pour son premier film, la jeune actrice était vendeuse dans un supermarché.*

1. L'automobiliste pourra repartir <u>après qu'il aura fait</u> le plein. *après avoir fini*
2. <u>Au moment où il entrait</u> dans la salle des mariages à la mairie, le témoin s'est rendu compte qu'il avait oublié les alliances.
3. Il fait toujours une petite sieste <u>lorsqu'il a déjeuné</u>. *combed her hair quickly*
4. <u>Au moment où il fermait</u> la portière de sa voiture, il a vu les clés sur le tableau de bord.
5. <u>Quand il eut fini le montage de son film</u>, le metteur en scène décida de reprendre le tournage de certaines scènes qui ne lui plaisaient plus. *d'être prise en photo*
6. Elle s'est donné un coup de peigne rapide <u>avant qu'on ne la prenne en photo</u>.
7. Dans la salle de renouvellement des passeports, les gens remplissaient des papiers <u>en attendant qu'on les appelle</u>. *d'être appelé*
8. Baisse le volume de la radio <u>avant que les voisins ne t'y obligent</u>. *d'y être obligées*

2. Remplacez la proposition subordonnée par :
A. un gérondif ou un participe présent

Ex. : *Tandis qu'ils dînaient, ils suivaient les résultats des élections à la télévision.*
> → *Tout en dînant, ils suivaient les résultats des élections à la télévision.* *Au moment où*

1. <u>Lorsqu'il découvrit qu'il s'était trompé</u>, il revint sur ses pas. *au moment où*
2. <u>Quand il jugea que le moment était venu</u>, il raconta ce qu'il savait de cette affaire mystérieuse.
3. <u>Pendant qu'il marchait</u>, il regardait avec attention les arbres pour y découvrir les premiers bourgeons. *Tout en marchant / en voyant, au moment*
4. Ils ont éclaté de rire <u>quand ils ont vu son air surpris</u>.

B. un participe passé ou composé, ou par un nom

Ex. : *Aussitôt qu'il (Une fois qu'il) s'est couché, il s'endort.*
> → *Aussitôt (Une fois) couché, il s'endort.*

5. <u>Une fois qu'il s'est assis</u>, il ne peut plus se lever ; il vieillit. *Une fois assis*
6. <u>Lorsqu'elle était enfant</u>, elle rêvait de devenir danseuse. *Enfant*
7. <u>Aussitôt qu'elle est rentrée chez elle</u>, elle ouvre son courrier.
8. <u>Quand il eut enfin compris</u> ce qu'on lui demandait, il répondit à la question. *Comprenant*

3. Remplacez la proposition subordonnée par une proposition participe ou par un participe passé.

Ex. : *Comme la pluie diminuait de violence, ils ont pu quitter leur abri.*
> → *La pluie diminuant de violence, ils ont pu quitter leur abri.*

Dès qu'on a traversé cet espace désertique, on arrive à une région plus riche et plus pittoresque.

(On a deux possibilités)

→ **Ayant traversé cet espace désertique**, on arrive à une région plus riche et plus pittoresque.

ou → **Cet espace désertique traversé**, on arrive à une région plus riche et plus pittoresque.

1. <u>Alors que la circulation reprenait</u>, les derniers manifestants ont laissé la chaussée aux voitures.

2. Dans ces régions, <u>une fois que la tornade est passée</u>, le beau temps revient pour de longs mois.

3. <u>Quand on aura planté les rosiers et les tulipes</u>, le jardin prendra un autre aspect.

4. <u>Aussitôt qu'il eut rempli sa déclaration d'impôts</u>, il se sentit soulagé.

5. <u>Tandis que les premières notes de la symphonie s'élevaient de l'orchestre</u>, un grand silence s'est fait dans la salle.

6. <u>Une fois qu'elle aura remboursé le prêt</u>, mon amie pourra faire des travaux dans l'appartement qu'elle vient d'acheter.

7. <u>Quand on eut gonflé les pneus</u>, le petit groupe de cyclistes se mit en route.

8. On est arrivés au rendez-vous, <u>comme neuf heures sonnaient</u>.

4. Remplacez la proposition soulignée par un groupe : préposition + nom.

Ex. : <u>*Depuis qu'il est parti*</u>, *on n'a reçu aucune nouvelle de lui.*

→ **Depuis son départ**, on n'a reçu aucune nouvelle de lui.

1. <u>Quand il a vu le défilé</u>, l'enfant a poussé des cris de joie.

2. <u>Après qu'il sera élu</u>, le président mettra immédiatement en route les réformes annoncées.

3. <u>Depuis qu'elle s'est fait opérer</u>, elle a du mal à reprendre le dessus.

4. <u>Pendant qu'elle était anesthésiée</u>, elle a fait des rêves étranges.

5. <u>Au fur et à mesure qu'il lisait</u>, il se passionnait de plus en plus pour son sujet de thèse.

6. <u>Quand il fait beau temps</u>, il paraît qu'on peut voir le Mont-Blanc du haut de la tour Eiffel.

7. <u>Dès que les premières feuilles apparaissent aux arbres</u>, on se sent mieux, on se sent plus alerte.

8. <u>Avant que l'avion ne décolle</u>, les passagers attachent leur ceinture et éteignent leur cigarette.

5. Même consigne.

1. <u>Au moment où ils sont descendus de l'avion</u>, mes enfants ont été accueillis par des amis qu'ils n'avaient pas vus depuis longtemps.

2. <u>Avant que Pasteur ne découvre le vaccin contre la rage</u>, il avait déjà introduit dans la médecine les règles nécessaires de l'asepsie.

3. <u>Lorsqu'ils ont attaqué le fourgon postal</u>, les malfaiteurs ont tiré sur les convoyeurs qui ont riposté.

4. <u>En attendant que le professeur arrive</u>, les élèves bavardent.

5. <u>Depuis qu'il avait été arrêté et inculpé</u>, l'ancien ministre était plongé dans une profonde dépression.

6. Les voitures s'arrêtent derrière les barrières <u>jusqu'à ce que le train soit passé</u>.

7. Mes amis sont très amoureux mais célibataires dans l'âme ; <u>d'ici à ce qu'ils se marient</u>, beaucoup d'eau passera sous les ponts.

8. <u>Pendant qu'elle était à table</u>, elle faisait mille autres choses au lieu de manger.

6. Choisissez, parmi les expressions suivantes, un ou des synonymes des mots soulignés : *actuellement, à plusieurs reprises, aujourd'hui, à l'avenir, dorénavant, d'ores et déjà, jadis, longtemps, maintenant, parfois, souvent, de temps en temps.*

Ex. : *Je t'ai répété <u>à plusieurs reprises</u> qu'il fallait te laver les dents trois fois par jour.*
    → *Je t'ai répété* **souvent** *qu'il fallait te laver les dents trois fois par jour.*

Ma fille a grandi. (1) <u>Désormais</u>, elle fait attention à sa toilette, elle se regarde (2) <u>plusieurs fois</u> dans la glace, elle se maquille (3) <u>quelquefois</u> et (4) <u>dès maintenant</u> elle sait ce qu'elle fera dans la vie. Or elle n'a que 10 ans. (5) <u>Autrefois</u>, les petites filles restaient petites filles (6) <u>un bon moment</u> ; il y avait des étapes dans la vie. (7) <u>À présent</u>, tout est mélangé. Les petites filles se prennent pour des adolescentes, les adolescentes pour des femmes mûres, et les femmes mûres pour des petites filles. Comment tout cela va évoluer (8) <u>dans le futur</u> ?

BILAN

1. Reliez les propositions indépendantes de manière à obtenir une phrase exprimant l'idée du temps (variez les structures : proposition subordonnée, gérondif, infinitif, participe, etc.).

Ex. : *Le jeune voleur a vu le policier, alors, il s'est enfui.*
    → *Le jeune voleur s'est enfui* **quand il a vu** *le policier.*
ou → *Le jeune voleur s'est enfui* **en voyant** *le policier.*
ou → *Le jeune voleur s'est enfui* **à la vue** *du policier.*

1. Il est tombé ; il s'est fait mal.
2. Assieds-toi, mais avant, je vais vérifier la solidité de ce vieux fauteuil.
3. Il traversait la rue, à ce moment-là, il a entendu quelqu'un crier son nom.
4. Termine ton entrecôte et après tu auras ton dessert au chocolat.
5. Je chercherai et je trouverai.
6. Il vieillissait, au fur et à mesure, il devenait plus sage.
7. Elle a écrit la chanson et après elle l'a enregistrée.
8. Tu trouveras un travail intéressant, en attendant, je te conseille d'étudier les langues étrangères.

2. Soulignez dans ce texte toutes les manières d'exprimer l'idée du temps.

<u>Quand</u> il est arrivé sur le quai, le jeune homme a vu le bateau s'éloigner. Tandis qu'il le suivait du regard, on a entendu encore une fois les sirènes avant que le grand navire ne gagne la haute mer.

Aussi longtemps qu'il a pu voir la fumée qui s'échappait des grandes cheminées, le garçon est resté immobile sur le quai, en attendant que le paquebot ne soit plus qu'un point à l'horizon. D'ici à ce qu'il revienne, des jours et des jours pourraient s'écouler. Mais lui aussi, un jour, il prendrait la mer.

Notre héros avait toujours rêvé de partir vers des pays lointains. Mais chaque fois qu'il parlait de ce départ, toutes les fois qu'il l'évoquait, il voyait les personnes qu'il aimait s'attrister. Alors, il abandonnait ses projets. Mais il retournait au port ; il restait les yeux fixés sur l'horizon jusqu'à ce qu'un bateau accoste. Et là, il interrogeait les marins. Comment étaient les îles sous le vent ? Il rêvait et de nouveau l'envie de partir le prenait. Mais tant qu'il n'aurait pas convaincu son père que sa vie était sur ces bateaux, il ne pourrait pas s'en aller le cœur tranquille.

Ce jour-là, donc, en revenant du port, il a rencontré un vieux marin qui lui a appris qu'on avait besoin d'un homme sur un bateau qui partait le lendemain. On désirait une réponse avant la fin du jour. Alors, il a dit « oui ». Mais il n'avait pas plus tôt donné sa réponse qu'il a pensé au chagrin de son père.

Tout en marchant, il imaginait la séparation. Avant d'arriver chez lui, il a pris une décision. Il ne dirait rien, il partirait pendant la nuit et, jusqu'à ce moment-là, il ferait comme si rien ne devait se passer.

Une fois rentré, il a accompli ses tâches habituelles puis il s'est retiré dans sa chambre après avoir tendrement embrassé son père. Comme ce dernier éteignait les lumières du petit café qu'ils tenaient ensemble, il est sorti par une fenêtre pour attendre l'homme qui devait le conduire au capitaine du bateau.

Lorsque le vieux marin est venu le chercher, le jeune homme s'est éloigné malheureux et heureux à la fois.

Au moment où le bateau sur lequel il s'était embarqué a quitté le port, le mot FIN est apparu sur l'écran.

Dès que le générique a eu fini de défiler, une fois l'émotion passée, les spectateurs ont quitté leur siège, quelques femmes se tamponnant les yeux, d'autres commençant déjà une discussion sur les mérites techniques du film, sur les qualités du metteur en scène, sur le jeu des acteurs…

3. L'EXPRESSION DE LA CAUSE

1. *Parce que* ou *puisque*?

1. Je ne savais pas qu'il avait été jugé responsable de l'accident mais, ... tu me l'affirmes, je te crois.

2. Mais oui, mais oui, tu es très fort! Alors, ... tu es si costaud, aide-moi à monter ces valises dans la chambre, s'il te plaît.

3. On vient d'apprendre qu'il n'a pas pu être qualifié pour les finales de handball .... son entraînement n'a pas été assez sérieux.

4. Elle arrivera certainement avant 20 h .... elle a demandé à tout le monde d'être là pour 19 h 30.

5. Si la plage est nettoyée par les bénévoles, c'est en partie .... la mairie n'a pas les moyens de payer des entreprises spécialisées.

6. Si elle n'a pas continué ces études, c'est .... elle a trouvé un travail intéressant et bien rémunéré cet été.

7. Ils ont décidé de quitter Paris et de s'installer en province .... la vie est trop chère et trop stressante dans la capitale.

8. .... tu savais que c'était dangereux de se baigner à cet endroit, pourquoi y as-tu emmené tes cousins?

2 Choisissez parmi les conjonctions de cause suivantes celle qui convient le mieux à chaque phrase : *comme, puisque, parce que, sous prétexte que, étant donné que.* Faites les modifications orthographiques nécessaires.

1. .... il est impossible de sortir en mer avec une telle tempête, les pêcheurs ont décidé de rester au port.

2. Les pêcheurs ont décidé de rester au port .... la météo annonce une forte tempête.

3. C'est la seconde fois que cet étudiant ne rend pas son devoir .... son ordinateur est tombé en panne.

4. D'accord, je m'inquiète pour rien, mais .... tu le savais, pourquoi ne m'as-tu pas prévenue de ton retard?

5. Comment aurais-je pu emprunter ta voiture .... je ne sais même pas conduire!

6. .... elle a deux heures de liberté avant de prendre le train, elle va essayer de trouver un cadeau pour ses amis dans les boutiques de la galerie marchande.

7. Elle a refusé de nous expliquer sa conduite .... nous étions trop vieux pour comprendre ses problèmes sentimentaux.

8. Allons! Ce n'est pas .... tu es à la retraite qu'il faut interrompre toute activité physique et intellectuelle.

3. Mettez le verbe entre parenthèses au mode qui convient.

1. Le professeur est arrivé en retard, non qu'il *(oublier)* .... son cours mais parce que le métro *(être)* .... en grève.

2. Mon gâteau est raté : soit que je *(ne pas mettre)* .... la levure pour le faire gonfler, soit que je *(ne pas le laisser)* .... assez longtemps au four.

3. L'enfant rit aux éclats, ce n'est pas parce que sa mère le *(prendre)* .... dans les bras mais c'est parce qu'elle le *(chatouiller)* .... en même temps.

4. Il a les yeux rouges en sortant de chez lui, ce n'est pas qu'il *(avoir)* .... du chagrin, mais il *(faire)* .... très froid ce matin.

5. L'enfant boude devant son problème de mathématiques, non qu'il *(ne pas savoir)* .... le faire mais parce qu'il *(préfère)* .... regarder la télévision.

6. Ils ont décidé d'arrêter de fumer, ce n'est pas parce que le prix du tabac *(augmenter)* .... mais ils *(vouloir)* .... préserver leur santé.

7. Les volets des voisins sont fermés : soit qu'ils *(faire)* .... encore la grasse matinée, soit qu'ils *(partir)* .... pour plusieurs jours.

8. Ce projet ne lui plaît pas : ce n'est pas que cette randonnée *(pouvoir)* .... être dangereuse, mais c'est qu'elle *(être)* .... très fatigante et, à son âge, elle doit se ménager.

4. Barrez la locution qui ne convient pas. Faites les modifications orthographiques nécessaires.

1. Étant donné que / Étant donné les risques de verglas, l'autoroute sera fermée ce week-end.

2. Le suspect est relâché sous prétexte que / sous prétexte de les enquêteurs n'ont pas respecté la procédure d'arrestation.

3. Sous prétexte que / Sous prétexte de il avait autre chose à faire, il n'est pas venu me chercher à l'aéroport.

4. Il n'arrivait pas à monter cette armoire vu que / vu il n'y avait pas de notice explicative dans l'emballage.

5. Du fait que / Du fait de ses nombreuses absences, son stage n'a pas pu être validé.

6. Étant donné que / Étant donné l'entrée du casino est interdite aux moins de 18 ans, tu ne peux pas nous accompagner.

7. Vu que / Vu son niveau d'études, il devrait être tout à fait capable d'occuper ce poste.

8. Étant donné que / Étant donné on ne se reverra pas de sitôt, je préfère qu'on s'échange nos numéros de téléphone et nos adresses, si tu veux bien.

5. Reliez les deux parties de la phrase.

1. Elle a fini par le convaincre
2. Ils ont pu acheter leur maison
3. J'ai perdu mes données informatisées
4. Elle a refusé de nous recevoir
5. Ces rues sont interdites à la circulation
6. Nous sommes coincés sur le périphérique
7. Le verre de vin a été renversé
8. C'est une boulangerie réputée

a. sous prétexte de maux de tête.
b. par simple maladresse.
c. pour la qualité de son pain.
d. à la suite d'une panne d'électricité.
e. à force d'exemples et d'arguments.
f. grâce à un don de leur grand-mère.
g. en raison d'une manifestation.
h. à cause des embouteillages.

6. Choisissez l'expression de cause qui convient au contexte. Faites les modifications orthographiques nécessaires.

1. Bravo, tu as réussi ton examen. Tu peux être fier de toi, c'est vraiment <u>grâce à / à cause de</u> ton travail que cela a marché.
2. Ce n'est pas <u>grâce à / à cause de</u> toi que nous avons retrouvé notre chemin, tu ne te souvenais même plus de la route qu'il fallait prendre !
3. <u>En raison de / À force de</u> un incident technique sur la ligne 13 du métro, le trafic est perturbé.
4. Le projet a échoué <u>à cause de / à force de</u> la mauvaise préparation des différents partenaires.
5. Il a refusé de partir en voyage <u>sous prétexte de / grâce à</u> un manque de temps.
6. <u>Étant donné / À la suite de</u> son caractère, il faut toujours user de mille précautions avec lui.
7. La rentrée des cours est reportée <u>vu / en raison de</u> la fermeture de l'université pour travaux.
8. L'itinéraire de l'autocar a été modifié <u>à la suite de / faute de</u> un éboulement de terrain sur la chaussée.

7. Même consigne.

1. Elle arrivera un jour à interpréter ce morceau sans faute <u>à force de / grâce à</u> le répéter.
2. Elle arrivera un jour à interpréter ce morceau <u>à force de / par</u> ténacité.
3. La voleuse a été reconnue <u>pour / grâce à</u> un voisin observateur.
4. Il a été décoré par le président <u>pour / en raison de</u> avoir sauvé ces enfants de la noyade.
5. Elle a été félicitée <u>pour / grâce à</u> son courage.
6. Ils ont interrompu les négociations <u>à / en raison de</u> l'heure tardive.
7. Ils ont fait appel à un dépanneur <u>à cause de / faute de</u> savoir faire repartir la voiture.
8. Ils ont dû se contenter de conserves pour le dîner <u>à cause de / faute de</u> légumes frais.

8. *Par* et *pour* peuvent exprimer tous les deux la cause, ne les confondez pas : *par* renvoie toujours au sujet actif, *pour* ne renvoie pas au sujet actif.

Ex. : *Il a agi **par** bonté. (c'est lui qui agit, et qui est bon)*
    *On l'aime **pour** sa grande bonté. (ce n'est pas lui qui aime)*

1. a. Il a agi .... méchanceté.

   b. Il a été puni .... sa méchanceté envers sa sœur.

2. a. Il l'a épousée .... amour.

   b. Il l'a épousée .... son immense fortune.

3. a. Il a laissé passer cette occasion .... négligence.

   b. Il a été condamné .... mauvais traitements envers son chien.

4. a. Il a toujours agi .... intérêt.

   b. Il a été libéré .... bonne conduite.

9. Complétez ce texte par une conjonction (de subordination ou de coordination) de cause : *car, comme, d'autant plus que, en effet, parce que, puisque.* Faites les modifications orthographiques nécessaires.

Il est difficile de sculpter la pierre (1) .... c'est un matériau qui ne permet pas l'erreur. (2) .... on le sait, on fait très attention et on progresse petit à petit, enlevant millimètre par millimètre les épaisseurs superflues.

(3) .... la terre est un matériau plus souple, c'est généralement par le modelage que commencent les débutants, (4) ...., très souvent, il est nécessaire de faire une maquette en terre avant de commencer à sculpter la pierre. Toutes les pierres n'offrent pas la même résistance ; (5) ...., certaines variétés, crayeuses et friables, sont préférables au granit ou au marbre, pour s'exercer.

C'est (6) .... elle permet de développer sa créativité tout en demandant certaines connaissances techniques que la sculpture est une activité manuelle exigeante mais très enrichissante.

10. Dans ce texte, soulignez huit manières d'exprimer la cause.

D'après le cinéaste François Truffaut, c'est parce qu'on a fait un certain nombre de bêtises, dans sa jeunesse, qu'on devient adulte. Il n'a sans doute pas tort puisque chacun sait que certaines expériences ne sont pas transmissibles et qu'il faut donc se brûler les doigts pour apprendre ce qu'est le feu. Son personnage fétiche, car plus ou moins son double, s'appelle Antoine Doisnel. C'est un jeune homme insouciant, voire irresponsable. C'est le héros de *Baisers volés*. Étant donné qu'il a annulé son engagement volontaire dans l'armée, Antoine se retrouve libéré de toute obligation. Il a une amie, Christine, dont les parents ont de la sympathie pour lui. Le voyant désœuvré, M. Darbon, le père de Christine, lui trouve une place de gardien de nuit. Il accepte. Mais à cause de négligences de sa part, il perdra sa place. Il en retrouvera une autre dans une agence de détectives privés ; il négligera Christine sous prétexte d'une passion folle (et éphémère) pour la femme d'un de ses clients. Finalement, ils se retrouveront, non pas qu'il soit devenu plus sage mais Antoine, de nouveau seul, a besoin d'amour.

François Truffaut

4. L'EXPRESSION DE LA CONSÉQUENCE ET DU BUT

La proposition subordonnée : valeurs et emplois des conjonctions de conséquence et de but

---

1. Conjuguez les verbes entre parenthèses au temps qui convient.

Ex. : *Une tempête est annoncée, si bien que les habitants (inviter)* **sont invités** *par la météo à prendre des précautions.*

1. Nous avons du travail en retard si bien que nous *(ne pas sortir)* .... ce soir.

2. Elle a mélangé beaucoup de médicaments de sorte qu'elle *(se rendre)* .... malade.

3. Le gouvernement a pris des dispositions radicales de manière que le chômage *(être)* .... maintenant stabilisé.

4. Les citoyens ont protesté, crié, manifesté tant et tant que le gouvernement *(finir)* .... par accepter leurs revendications.

5. Les conditions climatiques ont changé de telle sorte que les écologistes du monde entier *(commencer)* .... à s'en inquiéter.

6. De plus en plus de gens possèdent des téléphones portables si bien que les cabines téléphoniques *(se faire)* .... de plus en plus rares.

7. La police de la route est devenue très sévère avec les automobilistes de telle sorte que la moindre infraction *(être)* .... sévèrement sanctionnée.

8. Le skieur est tombé dans la descente de telle façon qu'il *(ne plus pouvoir)* .... participer aux épreuves suivantes.

2. Conjuguez les verbes entre parenthèses au mode et au temps qui conviennent.

Ex. : *J'ai préparé le repas bien à l'avance pour que mes invités et moi (bavarder)* **bavardions** *tranquillement avant le dîner.*

1. La vitesse des trains a considérablement augmenté si bien qu'on *(faire)* .... aujourd'hui Paris-Marseille en trois heures.

2. Viens que je te *(dire)* .... quelque chose.

3. Le succès du clip a été immense de telle sorte qu'on *(vendre)* .... des milliers d'exemplaires de la chanson en quelques semaines.

4. En voiture, elle recommande toujours aux autres passagers d'attacher leur ceinture de sécurité de peur qu'un obstacle ne *(survenir)* ....

5. Elle chante afin que l'enfant *(s'endormir)* .... plus vite.

6. De nombreux citadins ont conduit leurs enfants au Salon de l'agriculture pour que ceux-ci *(faire)* .... connaissance avec les animaux de la ferme.

7. La mission d'un psychologue est de faire en sorte qu'une personne en difficulté *(se sentir)* .... mieux après l'avoir consulté.

8. On a multiplié les mesures de sécurité dans les aéroports de telle façon qu'il *(falloir)* .... parfois arriver plusieurs heures avant l'embarquement.

3. Conséquence ou but ? Trouvez la conjonction, le mode et le temps qui conviennent.

Ex. : *Ils ont meublé une pièce ; elle sert de chambre à coucher et de salon.*
   → *Ils ont meublé une pièce **de telle sorte qu'elle sert** de chambre à coucher et de salon.* (C'est le résultat pur et simple.)

   Mais on peut dire :
   → *Ils ont meublé une pièce **de telle sorte qu'elle serve** de chambre à coucher et de salon.* (C'est le résultat voulu, c'est le but.)

1. Il a déplacé légèrement son siège ; ainsi elle voyait parfaitement la scène.
2. Il a déplacé légèrement son siège ; ainsi elle verrait parfaitement la scène.
3. Il n'a pas bu au cours de la soirée ; ainsi il a pu conduire pour rentrer chez lui.
4. On lui a demandé de ne pas boire au cours de la soirée : ainsi il pourrait conduire pour rentrer chez lui.
5. Le journaliste a enquêté soigneusement ; ainsi les lecteurs savent tout de cette affaire mystérieuse.
6. Le journaliste a enquêté soigneusement ; ainsi les lecteurs sauraient tout de cette affaire mystérieuse.
7. Elle parle devant un micro ; ainsi on l'entend du fond de la salle.
8. Elle parle devant un micro ; ainsi on l'entendrait du fond de la salle.

4. Choisissez la conjonction : *pour que, afin que* ou *de peur que, de crainte que*. Faites les modifications orthographiques nécessaires.

Ex. : *Il parle dans le micro **pour qu'**on l'entende même du fond de la salle.*
   *Il parle dans le micro **de crainte qu'**on ne l'entende pas du fond de la salle.*

1. Il faut faire les choses soi-même .... elles soient bien faites.

2. Il faut faire les choses soi-même .... elles ne soient pas faites.

3. On a mis une muselière au chien .... il ne morde personne.

4. On a mis une muselière au chien .... il ne morde quelqu'un.

5. Ne faites pas de ski hors piste .... une avalanche ne se déclenche.

6. Ne faites pas de ski hors piste .... aucune avalanche ne se déclenche.

7. Des gens manifestent .... la guerre n'ait pas lieu.

8. Des gens manifestent .... la guerre (n')ait lieu.

5. Reliez les deux propositions en remplaçant les expressions soulignées par une des conjonctions suivantes : *si… que, tant… que, tellement… que, tant de… que, tellement de… que, tel(le)(s)… que, au point que, à tel point que.*

Ex. : *Il avait <u>beaucoup</u> plu ; les rivières ont débordé.*
    → *Il avait **tant / tellement** plu **que** les rivières ont débordé.*

1. Le brouillard était <u>très</u> épais ; on ne voyait plus la tour Eiffel.
2. La pièce avait <u>beaucoup de</u> succès ; il fallait prendre ses places plusieurs semaines à l'avance.
3. Cette vedette est <u>très</u> célèbre ; elle ne peut pas faire un pas dans la rue sans être arrêtée par des admirateurs.
4. Certaines personnes vivent aujourd'hui dans une <u>grande</u> pauvreté, ils connaissent de <u>grandes</u> difficultés financières ; on a créé les Restos du cœur pour leur venir en aide.
5. Nous étions <u>très</u> pressés ; nous n'avons même pas pu nous arrêter pour saluer nos voisins.
6. L'enfant a mangé <u>beaucoup de</u> sucreries ; il a maintenant envie de vomir.
7. L'élève a répondu avec une <u>grande</u> impolitesse ; le professeur a dû l'expulser de la classe.
8. Il aime <u>beaucoup</u> la musique ; il en écoute toute la journée.

6. Reliez les deux propositions à l'aide d'une des conjonctions suivantes : *trop… pour que, trop de… pour que, assez… pour que, assez de… pour que, suffisamment… pour que, suffisamment de… pour que.* **(Attention,** *trop… pour que, trop peu… pour que, trop de… pour que,* **ont une valeur négative.)**

Ex. : *Il fait trop sombre ; on ne voit pas le chemin.*
    → *Il fait **trop** sombre **pour qu'**on voie le chemin.*

1. Il est trop sensible ; on ne lui dira pas la vérité.
2. Il fait assez beau ; les touristes feront une promenade en mer.
3. Les plages sont trop polluées ; on ne s'y baignera pas cet été.
4. Il a montré suffisamment de compétences ; vous lui confierez ce poste.
5. Le texte est assez clair ; nous le publierons tel quel.
6. Les événements que rapporte ce livre sont trop horribles ; je ne le lirai pas.
7. Il y a suffisamment de neige ; nous pourrons skier.
8. Il y a trop peu d'émissions intéressantes à la télévision ; elle ne m'attire pas.

Autres manières d'exprimer l'idée de conséquence et de but

• Préposition + infinitif

1. Récrivez les phrases suivantes de manière à obtenir un infinitif précédé d'une préposition : *jusqu'à, à, au point de, pour.* **(Faites des modifications, si c'est nécessaire.)**

Ex. : *Le professeur était très intéressant ; il attirait un public de plus en plus nombreux.*
→ *Le professeur était intéressant* **au point d'attirer** *un public de plus en plus nombreux.*

1. Au cours du match, il a beaucoup crié ; il a une extinction de voix.
2. Les vagues étaient très hautes ; elles faisaient trembler les marins les plus expérimentés.
3. Cette affaire criminelle est trop embrouillée ; on ne la résoudra pas en quelques semaines.
4. J'étais vraiment passionné par le monde imaginaire de cet auteur ; j'en oubliais le monde réel.
5. Mes jeunes neveux ont vu très souvent *Le Magicien d'Oz* ; ils connaissent toutes les chansons de ce film.
6. L'avocat se bat avec courage ; il veut obtenir la révision du procès de son client.
7. Le silence dans la rue était très grand ; il l'a fait frissonner.
8. Le journaliste était trop partial ; on ne le croyait pas.

• Préposition + nom

1. À partir du verbe souligné trouvez un nom précédé d'une préposition *(pour, en vue de, de peur de, de crainte de)* **et complétez les phrases suivantes. (Faites les transformations nécessaires.)**

Ex. : *Elle va voir le médecin* .... (renouveler une ordonnance)
→ *Elle va voir le médecin* **pour un renouvellement d'ordonnance**.

1. Elle lit beaucoup la presse .... (mieux <u>connaître</u> le monde)

2. Les gens manifestent .... (<u>licencier</u> de nouveau)

3. On a voté des crédits .... (<u>rénover</u> un bâtiment public)

4. Il faut repenser le droit maritime .... (<u>protéger</u> nos côtes)

5. On a signé une pétition .... (<u>soutenir</u> nos camarades)

6. Ils ont choisi de ne pas prendre l'autoroute .... (<u>embouteiller</u>)

7. La direction a réuni les employés .... (<u>régler</u> rapidement le conflit social)

8. Le metteur en scène a choisi ses acteurs .... (<u>tourner</u> son nouveau film)

• Adverbes et conjonctions de coordination

1. Lisez une première fois le texte ci-dessous, puis introduisez correctement dans ce texte les expressions suivantes : *alors, ainsi, aussi, c'est pourquoi, donc, en conséquence, par conséquent.*

Un jour j'ai commencé à écrire un roman. Écrire à la main, c'est très agréable, mais très long. Après de nombreuses réflexions, j'ai (1) .... décidé d'acheter un ordinateur. (2) .... je me suis rendu dans un magasin spécialisé pour me renseigner. Est-ce qu'il valait mieux acheter un Mac ou un PC, un ordinateur portable ou un ordinateur de bureau ? Les vendeurs n'avaient pas beaucoup de temps à me consacrer, (3) .... leurs renseignements étaient-ils incomplets. (4) ...., je suis allé dans un deuxième magasin. J'ai retrouvé le même scénario. Puis dans un troisième. Mais, ce jour-là, il était fermé et sur la porte une pancarte annonçait : « Un mouvement social a entraîné un conflit entre les employés et la direction, (5) .... le magasin sera fermé pour une durée indéterminée. » Que faire ? J'ai pris mon courage à deux mains et je me suis plongé dans toutes les brochures d'information sur les ordinateurs. Et j'ai choisi tout seul mon ordinateur ; (6) ...., je peux dire que l'ordinateur que j'ai acheté est vraiment mon ordinateur et que j'en connais toutes les qualités et tous les défauts. (7) ...., grâce à des vendeurs qui ne sont pas toujours disponibles, j'ai enrichi ma connaissance et mon expérience dans un domaine dont j'ignorais tout.

BILAN

....

Cause ou conséquence ? Reliez les deux propositions indépendantes de manière à obtenir deux phrases : une phrase exprimant la cause, une phrase exprimant la conséquence. (Variez les conjonctions.)

Ex. : *Elle a dû interrompre ses recherches ; son ordinateur est tombé en panne.*
    (1. = résultat, conséquence)   (2. = cause)
       → *Elle a dû interrompre ses recherches **parce que son ordinateur est tombé en panne**.*
  ou → *Son ordinateur est tombé en panne **de sorte qu'elle a dû interrompre ses recherches**.*

1. Elle a hurlé ; elle a eu très peur en voyant le pitbull s'approcher d'elle.
2. Elle est tombée malade ; elle travaille beaucoup.
3. Il a lu et relu le poème : il le connaît maintenant par cœur.
4. Je n'ai pas pu retrouver la maison de mon amie ; j'avais perdu l'adresse.
5. Le professeur a une extinction de voix ; il a beaucoup parlé pendant le cours.
6. Elle rougit dès qu'on lui parle ; elle très timide.
7. Tout le monde l'admire ; elle s'habille avec une grande élégance.
8. Les routes sont coupées jusqu'à nouvel ordre ; l'eau de la rivière est montée et a envahi la chaussée.

5. L'EXPRESSION DE L'OPPOSITION ET DE LA CONCESSION

1. Choisissez la phrase équivalente à la phrase de départ.

1. Quand bien même vous insisteriez, je ne peux pas accepter votre proposition.
a. Même si vous insistez, je ne peux pas accepter votre proposition.
b. Je ne peux pas accepter votre proposition mais insistez quand même.

2. Je le retrouverai, où qu'il aille.
a. Je le retrouverai de toute façon.
b. Je le retrouverai quand il sera parti.

3. Quoi que tu aies pu imaginer, il ne s'est rien passé entre elle et lui.
a. Quelles que soient les idées que tu aies pu avoir à leur sujet, il ne s'est rien passé entre elle et lui.
b. Tu peux très bien l'imaginer, mais il ne s'est rien passé entre elle et lui.

4. Il aura beau raconter ce qu'il veut, plus personne ne croira à ses histoires désormais.
a. Il essaie de persuader les gens mais personne ne croit à ses histoires.
b. Même s'il essayait de raconter des histoires, personne ne le croirait.

5. Même en nous dépêchant, nous n'arriverons jamais à attraper le train.
a. De toute façon, on va rater le train.
b. Nous n'arriverons jamais à attraper le train sauf si on se dépêche.

6. Il a décidé d'arrêter de fumer, quitte à prendre quelques kilos.
a. Il a décidé d'arrêter de fumer, il a pris quelques kilos.
b. Il a décidé d'arrêter de fumer au risque de prendre quelques kilos.

2. Cochez les bonnes cases.

	+ nom	+ infinitif	+ verbe indicatif	+ verbe subjonctif
malgré				
même si				
avoir beau				
bien que				
au lieu de				
quitte à				
à défaut de				
sans				
sans que				

3. Complétez en mettant le verbe entre parenthèses à l'infinitif, à l'indicatif ou au subjonctif. Attention au temps !

1. Je veux que tu viennes avec nous même si cela te *(déplaire)* ....

2. C'est lui qui a pris cette décision catastrophique, bien qu'il *(prétendre)* .... le contraire.

3. Tu ferais mieux de m'aider au lieu de *(rester)* .... là à ne rien faire.

4. Même si vous *(insister)* ...., il n'acceptera jamais, j'en suis sûr !

5. Quoi qu'on *(faire)* ...., il trouve toujours que c'est insuffisant, que ça ne va pas, que c'est mal.

6. Il a eu beau *(faire)* .... l'innocent, tout le monde a très bien compris qu'il était responsable.

7. Il est parti sans un mot, sans *(se retourner)* ....

8. Il a disparu sans que personne *(s'en apercevoir)* ....

4. Avec ces deux phrases, faites une seule phrase en utilisant le mot ou l'expression entre parenthèses. Vous pouvez modifier légèrement les énoncés initiaux.

Ex. : *Il a plu sans arrêt. / Les vacances se sont bien passées. (malgré)*
   → ***Malgré une pluie continue, les vacances se sont bien passées.***

1. Il fait régime sur régime. / Il n'arrive pas à maigrir. *(avoir beau)*
2. Le voyage a été très agréable. / Il n'a pas fait beau. *(même si)*
3. Je t'avais prévenu. / Tu as fait cette sottise. *(quand même)*
4. Il prend toujours de bonnes résolutions. / Il n'arrive jamais à se lever tôt. *(en dépit de)*
5. Ils reçoivent toujours leurs amis avec une grande générosité. / Ils mangent des pommes de terre tout le reste de la semaine. *(quitte à)*
6. Il est déjà assez âgé. / Il a toujours un charme fou ! *(bien que)*
7. Ce musicien n'a pas un grand talent. / Il a une bonne technique. *(à défaut de)*
8. Il réussit tout ce qu'il entreprend. / Il ne fait pas d'effort pour cela. *(sans)*

5. Choisissez la suite logique.

1. Tout le monde adore Marine bien que
a. elle soit un peu égocentrique.
b. elle est toujours de bonne humeur.

2. Malgré les difficultés
a. ils ont réussi à vaincre l'Everest.
b. ils ont échoué dans leur tentative de vaincre l'Everest.

3. Elle n'a que 17 ans et pourtant
a. elle est encore très bébé.
b. elle va déjà à l'université.

4. Ils ont décidé de se marier même si
a. leurs amis le leur déconseillent.
b. elle voudrait une cérémonie ultra-chic.

5. Ils ont eu beau sonner, taper, appeler
a. personne n'a répondu.
b. Jeanne a ouvert la porte un peu plus tard.

6. Il a refusé cette invitation au risque de
a. paraître impoli.
b. revenir plus tard chez ses amis.

7. Je leur ai interdit de sortir mais
a. ils sont sortis quand même.
b. ils m'ont écouté, pour une fois.

8. Elle a déjà 22 ans et néanmoins
a. elle va déjà à l'université.
b. elle est encore très bébé.

6. Reliez.

1. Il avait juré de l'aimer toujours
2. Bien qu'il soit très intelligent,
3. J'ai eu beau fouiller partout

4. Si je t'ai fait de la peine,

5. Même si tu me suppliais

6. Il a décidé de changer de vie
7. À défaut d'un château en Écosse,

8. Malgré ses 89 ans,

a. impossible de retrouver ce dossier !
b. elle nage deux heures chaque matin.
c. je ne pourrais pas te répéter
ce qu'il a dit.
d. je te propose ma modeste maison
en Provence.
e. il ne sait pas exprimer ses idées
clairement.
f. sans rien dire à personne.
g. et pourtant, il l'a quittée au bout
d'un mois.
h. c'était vraiment sans le vouloir.

7. Complétez les phrases suivantes avec l'un des verbes suivants (que vous conjuguerez au temps voulu) : *s'insurger (contre), concéder, s'opposer (à), reconnaître, désapprouver, accuser, dénoncer, aller à l'encontre (de).*

1. Dans leurs déclarations d'hier, les syndicats .... fermement aux mesures de licenciement envisagées par les entreprises.

2. Quand elle lui a dit ce qu'elle avait fait, il .... son attitude et lui a expliqué ce que lui aurait fait à sa place.

3. Cette décision est stupide et .... du bon sens !

4. En mai 1968, les étudiants .... contre la fermeture des universités.

5. Lorsque le gouvernement a décidé de modifier le système électoral, les petits partis .... ce qu'ils ont appelé « un abus de pouvoir ».

6. On .... cet homme d'avoir commis un crime affreux alors que ce jour-là, il était hospitalisé.

7. Après bien des discussions, la direction a fini par .... quelques petits avantages aux employés en grève.

8. Tu verras, tu finiras un jour par .... que c'est moi qui avais raison.

6. L'EXPRESSION DE L'HYPOTHÈSE ET DE LA CONDITION

1. Choisissez la phrase dont le sens est le plus proche de la phrase de départ.

1. Si tu as une bonne note en mathématiques, je t'offrirai un CD.
a. Je t'offrirai un CD à condition que tu aies une bonne note en mathématiques.
b. Comme tu as eu une bonne note en mathématiques, je t'offrirai un CD.

2. Si je me lève trop tard, je suis de mauvaise humeur toute la journée.
a. Imaginons que je me lève trop tard demain… Alors, c'est sûr, je serai de mauvaise humeur toute la journée.
b. Quand je me lève trop tard, je suis de mauvaise humeur toute la journée.

3. Si par hasard tu vois Paul ou Léo, dis-leur de me passer un coup de fil.
a. Au cas où tu verrais Paul ou Léo, dis-leur de me passer un coup de fil.
b. Quand tu verras Paul ou Léo, dis-leur de me passer un coup de fil.

4. Si tu n'obéis pas tout de suite, gare à toi !
a. Tu n'obéis pas. Attention, gare à toi !
b. Obéis sinon gare à toi !

5. Si j'étais toi, je ne ferais pas ce voyage en plein hiver.
a. Si j'étais avec toi, je ne ferais pas ce voyage en plein hiver.
b. Moi, à ta place, je ne ferais pas ce voyage en plein hiver.

6. Il pourra réussir dans la vie s'il montre un peu plus de patience dans ce qu'il entreprend.
a. Il pourra réussir dans la vie à condition d'être plus patient dans ce qu'il entreprend.
b. Il ne pourra pas réussir dans la vie parce qu'il manque de patience dans ce qu'il entreprend.

2. Reliez.

1. Si tu ne mentais pas tout le temps,
2. Si j'avais su que vous étiez absent demain,
3. Si par hasard j'étais un peu en retard,
4. Si elle mesurait vingt centimètres de plus,

5. Si vous nous envoyez un fax ce soir,

6. Si le temps s'améliorait un peu,

a. j'aurais reporté le rendez-vous.
b. elle pourrait être mannequin.
c. on te croirait.
d. nous nous occupons de votre réservation immédiatement.
e. nous pourrions faire un tour en bateau dimanche.
f. soyez gentil de m'attendre un peu.

3. Même consigne.

1. Sans son aide
2. Sans carte de séjour,

3. Sans ta carte d'étudiant,
4. Avec les cheveux coupés,
5. S'il avait été un peu plus aimable,
6. Si j'avais su ça avant,
7. S'il n'avait pas rencontré Kate,

8. S'il avait neigé un peu plus,

a. je n'aurais jamais accepté !
b. il ne serait jamais parti vivre à Chicago.
c. je n'aurais jamais pu réussir.
d. on aurait pu faire du ski.
e. il aurait des ennuis avec la police.
f. elle serait plus jolie.
g. il aurait eu moins de problèmes avec ses collègues de travail.
h. tu n'aurais pas pu obtenir de réduction.

4. Transformez les phrases suivantes en utilisant :
– *à condition de* + infinitif s'il y a un même sujet ;
– *à condition que* + subjonctif s'il y a deux sujets différents.

Ex. : *Tu peux gagner le match si tu apprends à doser tes efforts.*
 → *Tu peux gagner le match* **à condition d'apprendre** *à doser tes efforts.*

 Si *vous* *insistez,* *il ira au vernissage, à mon avis.*
 → *À mon avis, il ira au vernissage* **à condition que vous insistiez.**

1. Je viendrai samedi si j'ai le temps.
2. On pourra aller se promener en forêt s'il ne pleut pas.
3. Si tu es d'accord, on pourrait terminer ce travail le week-end prochain.
4. S'ils acceptent notre proposition, nous pourrons commencer les travaux dès jeudi.
5. Je veux bien t'aider pour les maths si tu m'aides pour la chimie.
6. Je veux bien faire un petit effort sur le prix si vous en faites un de votre côté.
7. Je pars demain, si je retrouve mon passeport ! Je l'ai encore égaré. Impossible de remettre la main dessus !
8. Moi, je garde ton chat en juillet si toi, tu arroses mes plantes en août. Ça va comme ça ?

5. L'hypothèse négative. Transformez les phrases suivantes en utilisant :
– *à moins de* + infinitif s'il y a un même sujet ;
– *à moins que* + *ne* explétif + subjonctif s'il y a deux sujets différents.

Ex. : *Je viendrai à six heures sauf si* *je* *suis retenu.*
 → *Je viendrai à six heures* **à moins d'être retenu.**

 On ira pique-niquer sauf s'il pleut.
 → *On ira pique-niquer* **à moins qu'il ne pleuve.**

1. On peut se voir samedi sauf, bien sûr, si tu veux aller voir tes parents à Nantes.
2. Son fils aimerait partir étudier au Canada sauf si finalement il choisit de rester en France.
3. Je pense revenir dimanche sauf si on me propose de rester quelques jours de plus.
4. On se retrouve demain à dix heures sauf si la grève des bus continue, naturellement.
5. Mangeons un sandwich dans un café sauf, naturellement, si tu veux faire un vrai repas.
6. Il ne viendra pas sauf si, au dernier moment, il parvient à se libérer.
7. Elle ira promener son bébé après le déjeuner sauf s'il fait trop froid.
8. Il va être obligé de payer une amende sauf s'il peut persuader la police de sa bonne foi.

6. Mettez le verbe entre parenthèses au temps et au mode qui conviennent. Attention à la phrase 6, il y a deux solutions possibles.

1. Si par hasard l'avion *(avoir)* .... du retard, comment pourrais-je vous prévenir ?

2. Si mon amie Diana *(téléphoner)* ...., rappelle-lui qu'on se retrouve ce soir à huit heures devant le théâtre comme prévu.

3. Si vous *(venir)* .... hier soir dîner au restaurant avec nous, vous auriez pu rencontrer Paolo Ferrandi, le célèbre acteur. Il était juste à la table à côté.

4. Si j'avais eu le temps de terminer mon travail hier soir, je *(ne pas être obligé)* .... de me lever tôt ce matin et je *(être)* .... moins fatigué maintenant.

5. Si cet élève continue à avoir une telle attitude en classe, nous ne *(pouvoir)* .... pas le garder au collège.

6. Si vous étiez un homme, Lisa, vous (voir) .... les choses autrement.

7. Si nous avions assez d'argent plus tard, nous (aimer) .... acheter une maison dans le Midi.

8. Si elle (continuer) .... à travailler comme ça, elle réussira sans doute ses examens.

7. Qu'est-ce qui est exprimé dans les phrases suivantes : le souhait, le regret, le reproche, l'excuse, la gratitude, la menace ?

1. Si tu n'avais pas été si désagréable, elle ne serait pas partie en claquant la porte. Mais voilà, tu es toujours odieux avec mes amies.
2. Si vous continuez à faire un tapage pareil, je vous préviens, j'appelle la police.
3. Si tu avais bien lu l'énoncé de ton exercice, tu aurais su le faire et tu n'aurais pas eu besoin d'appeler à l'aide, comme d'habitude.
4. Si j'étais riche, j'achèterais un bateau à voile et je ferais le tour de la Méditerranée.
5. Si on avait su, on n'aurait jamais été voir ce film, c'est un vrai navet*.
6. Si tu n'étais pas là, qu'est-ce que je deviendrais !? Tu es vraiment l'homme providentiel !
7. Si tu venais avec nous, tu nous ferais vraiment plaisir.
8. Si je vous dérange, surtout, dites-le-moi, je m'en vais, pas de problèmes !

---
*navet = un mauvais film.

BILAN

....

Voici d'autres façons d'exprimer l'hypothèse. Remplacez ces phrases par des énoncés commençant par Si... Attention à la concordance.

Ex. : *Avec une ceinture, cet imper serait mieux.*
   → **S'il avait une ceinture**, *cet imper serait mieux.*

1. Sans votre aide, il n'aurait jamais pu réussir.
2. En lisant les petites annonces, elle trouverait probablement une chambre.
3. Pour peu qu'il travaille un peu, il réussira, c'est sûr.
4. Au cas où tu partirais le dernier, tu seras gentil de bien fermer la porte.
5. Sans cette grève du métro, j'aurais pu attraper mon train.
6. En cas de mauvais temps, est-ce qu'on pique-niquerait quand même dimanche ?
7. Plus aimable avec les employés, elle n'aurait pas eu tous ces problèmes.
8. J'irai à condition que tu y ailles aussi.
9. Dépêchez-vous sinon on sera en retard.
10. Seul ? Besoin d'amour ? Alors, plus d'hésitation, tapez 3615 LOVE sur votre Minitel.

7. L'EXPRESSION DE L'INTENSITÉ ET DE LA COMPARAISON

1. Complétez ce dialogue avec les termes d'intensité qui conviennent le mieux à chaque phrase : *beaucoup, énormément, nettement moins, plutôt, super, tellement, très, vraiment.*

– Alors, ce concours ? Tu es contente de ce que tu as fait ?

– Oui, (1) .... contente. J'ai répondu à toutes les questions mais mes réponses ne sont pas forcément toutes bonnes.

– C'était difficile ?

– J'ai trouvé que certaines questions étaient (2) .... compliquées mais d'autres (3) ....

– Quand aurez-vous les résultats ?

– Dans trois semaines, je pense, ou peut-être avant, ce qui serait (4) ...., je pourrais partir en vacances plus tôt.

– Je suis sûr que tu seras reçue parce que tu as (5) .... travaillé.

– Merci, c'est gentil. En effet, j'ai (6) .... travaillé mais il y a (7) .... de candidats que la concurrence est rude ! Et (8) .... peu de places !

– Allez, aie confiance ! Ça va marcher. Je te rappelle plus tard.

2. Classez les phrases 1 à 4 par ordre croissant d'intensité, les phrases 5 à 8 par ordre décroissant.

A.
1. Je t'aime passionnément.
2. Je t'aime beaucoup.
3. Je t'aime un peu.
4. Je t'aime à la folie.

B.
5. Ce film est vraiment nul.
6. Ce film est génial.
7. Ce film est pas mal du tout.
8. Ce film est très bon.

3. Dans quelle phrase peut-on ajouter l'adverbe *très* devant l'adjectif ?

1. Cette maison est <u>originale</u> avec son toit vitré.
2. Il fait un temps <u>horrible</u> pour la saison.
3. Ce gâteau est <u>délicieux</u> avec une crème anglaise.
4. J'ai eu une peur <u>terrible</u> en ne le voyant plus.
5. C'est une histoire <u>incroyable</u> que tu me racontes là.
6. Ce dernier film est <u>meilleur</u> que tous les précédents.
7. Ces deux jeunes couples sont de <u>charmants</u> voisins ?
8. Admirez ces <u>magnifiques</u> vitraux.

4. Reliez les deux parties de la phrase.

1. Paris est une ville	a. aussi casse-cou que son frère.
2. Marc est un homme	b. moins fort que le bourgogne.
3. La tour Eiffel est	c. plus dangereux que prendre le train.
4. Les films de René Vautier sont	d. moins connus que ceux de Godard.
5. La peinture à l'eau	e. moins âgé que mon père.
6. Cette fille est	f. plus haute que la tour Montparnasse.
7. Le vin de Bordeaux est	g. plus peuplée que Marseille.
8. Voyager en voiture est	h. c'est aussi beau que la peinture à l'huile.

5. Barrez la mauvaise forme. Attention, deux réponses sont possibles dans deux des phrases.

1. La fourmi de La Fontaine a une petite particularité : elle n'est pas prêteuse. C'est là son | plus petit | moindre | défaut.

2. Mon frère est plus jeune que moi, c'est donc normal qu'il soit petit, | plus petit | | moindre | que moi en tout cas.

3. À la | plus petite | moindre | difficulté, elle abandonne.

4. Ça va bien, ça va même beaucoup | mieux | meilleur | depuis l'opération.

5. Ce poulet au citron est très bon, vraiment délicieux, bien | mieux | meilleur | que ce que nous avons mangé hier.

6. La situation est mauvaise, bien | pire | plus mauvaise | que ce que nous avions envisagé.

7. Il a acheté une nouvelle maison, toute petite, encore | plus petite | moindre | que celle qu'il occupait avant.

8. Les deux sœurs sont très sympathiques mais la cadette a une imagination, un talent de conteuse et une vivacité moins développés, bref des qualités | plus petites | | moindres | que celles de son aînée.

6. Remettez les phrases dans le bon ordre.
Ex. : *que dans le sud / soleil / moins de / Il y a / dans le nord / . / de la France*
→ **Il y a moins de soleil dans le nord que dans le sud de la France.**

1. que les chiens / ont / plus de / . / Les chats / patience
2. Elle / autant de / connaît / monde / que moi / . / dans cette fête
3. plus d' / que d'autres Européens / . / enfants/ Les Français / font
4. neige / Il est tombé / cette année / moins de / .
5. Pour avoir une bonne santé / autant de / . / il faut manger / que de fruits / légumes

6. beaucoup moins de / depuis septembre / J'ai / travail / . / grâce à l'informatique
7. Dans son jardin / . / autant d' / il y a / que de fleurs / herbes folles.
8. moins d' / avec ses voisins / depuis qu'il a coupé son immense cerisier / . / ennuis / Il a

7. En utilisant les comparatifs *plus que, autant que* et *moins que*, imaginez des phrases à partir des éléments donnés.

Ex. : *Sacha est gourmand. Il / aimer / le sucré / le salé.*
　　→ ***Il aime le sucré autant que le salé.***

1. Il préfère jouer. Il / regarder la télévision / sa sœur.
2. C'est un sportif accompli. Il / pratiquer / le tennis / l'équitation.
3. Elles ont fait un régime. L'une / perdre des kilos / l'autre.
4. En 1950, les automobiles / être rapides / aujourd'hui.
5. Voyager aujourd'hui / être facile / autrefois.
6. Avant 68 / la journée de travail / durer longtemps / à présent.

8. Répondez aux questions en utilisant un superlatif : *le plus, la plus, le moins, la moins*, etc. Plusieurs réponses possibles.

Ex. : *Qui était Ayrton Sena ? C'était le coureur automobile **le plus rapide** du monde dans les années 90.*

1. Quelle est la particularité du Mont-Blanc ?
2. Pourquoi prendre le métro à Paris ?
3. Toutes les polices recherchent cet homme. Pourquoi ?
4. Pourquoi les Parisiens aiment-ils la voiture « la Smart » ?
5. Quelle est la caractéristique du Pont-Neuf à Paris ?
6. La ligne droite, c'est quoi ?
7. Qu'est-ce que le bac pour les jeunes Français ?
8. Qui est Victor Hugo ?

9. Complétez les phrases. Attention aux superlatifs irréguliers.

1. – Pourquoi utilisez-vous de l'eau de Javel ? – Parce que c'est .... désinfectant.

2. – Pourquoi allez-vous toujours dans ce restaurant ? – Parce que c'est .... cher pour les étudiants.

3. – Tout le monde adore cet enfant. Pourquoi ? – C'est l'enfant .... que je connaisse. Il rend tout le monde heureux.

4. – Est-ce que le mois d'août est une bonne période pour visiter le Sahara ? – Non, c'est le mois .... de l'année.

5. – On dit, entre autres, qu'il se vexe facilement. C'est vrai ? – Hélas oui, c'est .... de ses défauts.

6. – Pourquoi avez-vous crié cette nuit ? – J'ai fait .... cauchemar de ma vie !

7. – Comment fait-on une mayonnaise ? – Je n'en ai pas .... idée.

8. – Quels enfants vont pouvoir passer sous cette clôture ? – Seulement ...., les autres devront faire le tour.

10. Faites le bon choix. Barrez le terme erroné. Attention à la phrase 8.

1. Avec la carte Z, vous aurez le | meilleur | mieux | service bancaire !
2. Lire de bons livres c'est | meilleur | mieux | que de regarder de mauvais films.

3. L'eau est [meilleure] [mieux] pour la santé que l'alcool.

4. C'est la [meilleure] [mieux] chose que je puisse faire pour vous aider.

5. Voici le [meilleur] [mieux] fromager de Paris.

6. Il a [meilleur] [mieux] caractère que son cousin.

7. Il vaut [meilleur] [mieux] en rire que se mettre en colère.

8. Un bon petit plat mijoté, c'est [meilleur] [mieux] qu'un sandwich.

11. Complétez ces phrases par *que, de* ou *à.*

1. C'est un vin bien supérieur .... tous ceux des années passées.

2. Vous avez la même cravate .... moi.

3. Il n'a pas autant de patience .... toi.

4. Tes notes sont-elles inférieures .... celles du premier semestre ?

5. Sa tarte est meilleure .... la mienne.

6. Les avantages de cette méthode sont supérieurs .... ses inconvénients.

7. C'est le plus beau château .... la région.

8. C'est le pire .... mes cauchemars.

12. Choisissez l'adjectif ou l'adverbe qui convient et exprimez une idée de comparaison progressive : *de plus en plus, de moins en moins... chaud, difficile, favorable, lointain, long, mal, timide, rare.*

1. Au fur et à mesure qu'on se rapprochait du feu, il faisait ....

2. À partir du mois d'août, les jours sont ....

3. À cause des rhumatismes, il marche ....

4. Il devient .... en grandissant, il ne rougit plus à tout propos.

5. Les gens partent pour des destinations ....

6. Je suis .... à ce projet de rue piétonne. Cela améliorera la vie des riverains.

7. Cela devient .... d'obtenir son permis de conduire.

8. Il est .... d'habiter dans une ville et de travailler dans une autre.

13. Complétez les phrases suivantes avec *plus, moins, autant, mieux.*

1. Attention ! .... vous mangerez, ... vous grossirez.

2. Elle est très entêtée : .... tu la sermonnes, ... elle t'écoute.

3. .... cette coiffure te va bien, ... elle lui va mal.

4. .... on fait d'exercices physiques, ... on se porte.

5. N'ayez pas peur du chien : .... vous avancerez, ... il reculera.

6. Sois discret. .... tu en raconteras sur cette triste affaire et .... ce sera.

7. .... j'apprends le français, ... j'apprécie cette langue.

8. On ne dirait pas des jumeaux : .... il est désagréable, ... elle est adorable.

Bilan

Anne et Suzanne sont amies. Faites cinq phrases dans lesquelles vous mettrez en évidence leurs ressemblances et leurs différences.

Anne : 19 ans, 1,76 m, 65 kg – Blonde, cheveux courts, yeux bleus – Timide, sérieuse, travailleuse – Vit à Paris, chez ses parents, rue des Moines dans le 17e arrondissement – Baccalauréat scientifique, mention Très bien – Actuellement en deuxième année à la faculté de médecine de Paris.

Suzanne : 20 ans, 1,64 m, 65 kg – Cheveux châtains mi-longs, yeux marron – Expansive, gaie, travailleuse – Habite à Paris dans un petit studio dans le 3e arrondissement – Baccalauréat scientifique, mention Assez bien – Actuellement en deuxième année à la faculté de médecine de Paris.

Ex. : *Anne et Suzanne n'ont pas le même âge ; Anne est plus jeune que Suzanne…*

....

....

....

....

....

CORRIGÉS

1. GÉNÉRALITÉS

Les liaisons à l'oral

1. 1. les‿opéras – **2.** des‿iris, des‿anémones, des‿aza-lées, quelques‿arbres, des‿orangers, des‿abricotiers – **3.** les vieillards/affirment, les‿hivers/étaient, froids/et, les‿étés – **4.** adressez-vous/à vos‿élus – **5.** cet‿arbre, très/haut, trop/haut – **6.** beaux‿yeux, dit-‿il – **7.** nord/est, sud‿est, plus‿accidenté – **8.** dix‿euros, dix‿euros/et/onze.

2. 1. trop~émue – **2.** les‿uns, les‿autres, quelques-uns/ont, des‿idées, les‿autres, moins~affirmatifs – **3.** ils‿ont~acheté, ils‿y ont, rapidement~emménagé – **4.** les/Halles, devenues/un, grand~espace – **5.** les/héros, les‿héroïnes, sont~extraordinaires – **6.** sommes~allés/aux‿États-‿Unis/et, les‿avons, de port/en/port – **7.** un‿endroit, très‿agréable, et/assez (jamais de liaison après « et ») – **8.** dix‿heures, trois‿hommes, dans‿une, ils‿ont, tout‿un, sud-‿américain, mais~ils.

L'élision

1. 1. qu'il était, qu'elle n'avait, d'écouter, l'orateur – **2.** l'arbitre, l'équipe – **3.** l'ami, l'université – **4.** Ø – **5.** parce qu'on t'a offert – **6.** s'entend, s'il dit – **7.** s'ouvre, qu'avec, J'ai envie, m'en débarrasser – **8.** Ø.

2. 1. L'homme, n'est, l'univers – **2.** Ø – **3.** bien qu'il – **4.** Ø – **5.** s'est jeté, s'il n'avait – **6.** Ø – **7.** L'histoire, C'est – **8.** l'air, tu t'épuises, est-ce qu'il n'est pas l'heure d'aller.

La ponctuation

1. C'est la rentrée. Une année de plus qui commence, durant laquelle des milliers de lycéens vont entendre, dès qu'il leur prendra l'envie de paresser, ces quelques mots d'une cruauté toute parentale : « Et ton bac ? » ou le fameux : « Passe ton bac d'abord ! » Alors, en guise de soutien, nous avons décidé d'apporter chaque semaine, dans notre petit journal, un peu de réconfort aux élèves stressés en leur parlant de ce qu'ils aiment : le cinéma, le sport, la musique, les copains, les voyages…

2. 1. Dans la première phrase, ils arrivent de quatre villes précises ; dans la seconde, les quatre villes ne sont que des exemples. – **2.** Dans la première phrase, il s'agit d'un ordre ; dans la seconde, il s'agit d'une insertion. – **3.** Dans la première phrase, le correspondant a été assassiné ; dans la seconde, il rend compte de l'enquête sur l'assassinat. – **4.** Dans la première phrase, Monsieur Perrin est mordu ; dans la seconde, il est mis en garde, il est prévenu que le chien peut mordre.

3. Les guillemets : dans la première phrase, il s'agit d'une citation ; dans la seconde, les guillemets mettent en évidence un mot. – **Les points de suspension** : dans la première phrase, les points de suspension montrent que la liste est inachevée ; dans la seconde, ils indiquent une hésitation. – **La parenthèse** : dans la première phrase, la parenthèse apporte une précision ; dans la seconde, elle permet de donner une traduction.

Les accents et marques orthographiques

1. Hélène va de succès en succès : elle crée des vêtements, en particulier des vestes aux couleurs chaudes et des bracelets de perles multicolores. Elle achète ses tissus et ses matériaux partout où elle se promène sur la planète. Tous les premiers dimanches du mois, de mai à septembre, elle est présente au marché de l'art, boulevard Quinet, où nous lui achetons régulièrement ses créations.

2. … sur le **mur**… du jardin… abricot bien **mûr**… Il est **sûr**… C'est une **tâche**… **où** il trouve… **Là**, dans ce jardin… **sûr** de lui ; rien ne lui est **dû**…

3. 1. le maïs – **2.** Loïc, Noël – **3.** ambiguë, ambiguïté – **4.** aiguë – **5.** naïve – **6.** héroïne – **7.** coïncidence – **8.** haïr.

1. LE NOM

Le genre

1. 1a – 2e – 3b – 4a – 5b – 6f – 7d – 8c.

2. Masculin
le socialisme, l'oranger, le silence, le lycée, l'élément, le boucher, le document, l'appartement, le bâtiment, le capitalisme, le pommier, le gouvernement, le musée

Féminin
la solution, la maison, la nation, la patience, l'élégance, la définition, la réflexion, la bonté, l'écriture, la beauté, la philosophie, la passion, l'ouverture, la méfiance, la sociologie, l'arrivée, la destinée, la tolérance, la décision, la raison, l'économie, la saleté, l'émotion, l'intelligence
– Les mots *silence, lycée et musée* sont des exceptions.
– Tous les noms terminés par : *-er, -isme, -ment*, sont masculins. Tous les noms terminés par : *-aison, -ance, -ence, -ée, -ie, -sion, -tion, -xion, -té, -ure* sont féminins, sauf : *silence, lycée, musée*.

Le nombre

1. 1. des amis japonais et des collègues finlandaises – **2.** des clous – **3.** des noix – **4.** les journaux – **5.** des yeux – **6.** des gâteaux – **7.** vos pneus – **8.** Des bijoux ? Des vêtements ?

2. 1. la foule – **2.** un banc – **3.** la clientèle – **4.** la classe – **5.** un vol – **6.** le public – **7.** le linge – **8.** un tas.

3. 1. Pablo Fuentes – **2.** les Alpes, les Pyrénées – **5.** l'Alsace, la Lorraine, les Vosges – **6.** *Madame Bovary*, Flaubert – **7.** Irlandais, Allemands, Italiens, Danois – **8.** Renault, Peugeot, une Japonaise.

2. LES DÉTERMINANTS ET LES SUBSTITUTS DU NOM

Les articles

L'article indéfini

1. 1. un cahier – **2.** des crayons – **3.** une gomme – **4.** un livre – **5.** d'une règle – **6.** des traits – **7.** des dictées – **8.** des récitations.

2. 1. pas de cartable – **2.** pas de machine à calculer – **3.** pas d'ordinateur – **4.** pas de livre de lecture – **5.** pas de dictées – **6.** pas d'additions – **7.** pas de multiplications – **8.** pas de devoirs.

3. 1. des manifestants, des slogans – **2.** une sonate, un ou une jeune virtuose – **3.** pas de défauts, des qualités – **4.** des appartements, un quartier – **5.** pas de tulipes – **6.** une rue – **7.** des gratte-ciel, des rues – **8.** pas de quotidiens, des magazines.

4. 1. des chaussures – **2.** de belles chaussures – **3.** d'autres – **4.** des jeunes – **5.** des vieux – **6.** des enfants – **7.** des grands-parents – **8.** De souriantes vendeuses – **9.** Des amis – **10.** des achats – **11.** d'excellentes occasions – **12.** des économies – **13.** de grosses économies.

L'article défini

1. 1. Le – **2.** L' – **3.** Les – **4.** La – **5.** Le – **6.** L' – **7.** Les – **8.** La.

2. 1. à la fenêtre, le passage des coureurs. – **2.** le pianiste, l'intégrale des sonates – **3.** jusqu'au sommet du Mont-Blanc – **4.** du matin au soir – **5.** la vitesse de la lumière – **6.** les pouvoirs de l'État – **7.** aux peintres français du XVIIe siècle – **8.** aux grandes œuvres de la même époque.

3. 1. les, les – **2.** les – **3.** la Colombie, l'Équateur – **4.** emploi du temps, le mardi au conservatoire, le jeudi et le vendredi, le week-end – **5.** au marché, le kilo, les deux bottes – **6.** dans les soixante-dix ans – **7.** au Japon, aux Puces – **8.** du Premier ministre, des journaux.

4. 1. un livre, le livre – **2.** un film, la télévision – **3.** le roman – **4.** le jeune homme, un acteur – **5.** des témoins, l'accident, les témoins, l'accident – **6.** des romans, des autobiographies, des œuvres – **7.** les enfants, des questions – **8.** la lune, un ciel.

5. 1. la mi-journée – **2.** une tempête – **3.** la soirée – **4.** la Normandie – **5.** le vent – **6.** l'heure – **7.** les côtes – **8.** la tempête – **9.** les autres régions – **10.** le temps – **11.** le vent – **12.** des nuages – **13.** des averses – **14.** le temps – **15.** à l'exception – **16.** des éclaircies.

6. Article indéfini pluriel : phrases 2, 4, 8. **Article défini contracté** : phrases 1, 3, 5, 6, 7.

7. Article indéfini pluriel : **1.** des vérités profondes – **2.** des stars – **3.** des erreurs – **4.** des primevères – **5.** des élèves – **6.** des parkings – **7.** des chaussures – **8.** des gants. **Article défini contracté** : **1.** au cœur des romans – **4.** le long des chemins – **6.** à côté des supermarchés.

L'article partitif

1. 1. du – **2.** du – **3.** de l' – **4.** du, du – **5.** du, de l', de la, d' – **6.** d' – **7.** de la – **8.** d'.

2. du saucisson, du vin, de l'eau, des tomates, du fromage, de la bière, de la salade, du raisin, des pêches, du beurre, de la mayonnaise.

3. 1. une, de la, du, du, des – **2.** du, un **3.** du, de – **4.** un, du, une – **5.** de la, une – **6.** un, de la, de la, de la, de l', une – **7.** du, de la – **8.** des, des, des, de.

L'absence d'article

1. 1. des gâteaux – **2.** de gâteaux – **3.** des housses – **4.** Les fauteuils étaient recouverts de housses – **5.** des rideaux rouges – **6.** de rideaux rouges – **7.** des gants – **8.** de gants.

2. 1. par hasard – **2.** par le plus grand des hasards – **3.** en colère – **4.** dans une colère noire – **5.** avec rapidité – **6.** avec une telle rapidité – **7.** médecin – **8.** le médecin le plus réputé.

3. 1. le monsieur – **2.** la dame – **3.** septembre, juin – **4.** mardi – **5.** le mardi – **6.** la Grande-Bretagne et Cuba – **7.** Madame Daodezi – **8.** la demoiselle.

4. 1c – 2i – 3e – 4f – 5a – 6j – 7d – 8b – 9h – 10g.

·····

Bilan

1. 1a – 4d.

2. 1. de la salade – **2.** du thon – **3.** des pommes de terre – **4.** des œufs – **5.** des haricots verts – **6.** des tomates – **7.** les légumes – **8.** les œufs – **9.** la salade – **10.** des anchois – **11.** une jolie décoration – **12.** un bol – **13.** du sel – **14.** du poivre – **15.** de la moutarde – **16.** du vinaigre – **17.** la quantité – **18.** le tout – **19.** de l'huile – **20.** le triple – **21.** la quantité – **22.** l'ensemble – **23.** le mélange – **24.** la salade.

3. 1h – 2f – 3e – 4i – 5g – 6a – 7c – 8d – 9b.

4. L'article *des* devient *de* ou *d'* dans toutes les phrases de la colonne de gauche, parce que l'adjectif est placé avant le nom.

5. 1. un sac à dos – **2.** des chaussures de marche – **3.** un cinéma de quartier – **4.** un paquet de cigarettes – **5.** une boîte d'allumettes – **6.** une tasse à thé – **7.** un verre de vin – **8.** une bouteille de lait.

·····

Les pronoms personnels

Les pronoms personnels sujets

1. 1. vrai (cf. « heureuse ») – **2.** vrai – **3.** vrai – **4.** vrai – **5.** vrai – **6.** faux – **7.** vrai – **8.** vrai.

2. 1. Le « on » (ligne 9) = nous, (ligne 13) = quelqu'un, (ligne 15) = la direction du théâtre.
2. Le « nous » (ligne 4) = ma sœur et moi, (ligne 7) = ma sœur, Philippe et moi, (ligne 19) = vous et moi.
3. Le « vous » (lignes 2 et 5) = Patrice, (ligne 20) = Patrice et ses parents.

3. 1. Tu, je – **2.** vous, vous, je – **3.** nous, J' – **4.** Vous, Vous, je – **5.** on, elle – **6.** il, il, il, elle – **7.** ils, elle – **8.** ils.

4. 1. as – **2.** est – **3.** ai – **4.** avez – **5.** faites, fais, font, faisons – **6.** dites.

Les pronoms personnels compléments directs (l', le, la, les)

1. 1. la regarde – **2.** l'écoutent – **3.** le prenez – **4.** l'emmène – **5.** les achète – **6.** la connais – **7.** l'aimons – **8.** la connaissez.

2. **1.** Je les ai rencontrés – **2.** Il les a pris – **3.** Nous l'avons achetée – **4.** Je l'ai bien connue – **5.** Nous l'avons vu – **6.** Je l'ai aperçu – **7.** Je l'ai écouté – **8.** Nous les avons accueillis.

Le pronom personnel complément direct
(un, une, des → en)

1. **1.** je n'en veux pas – **2.** il en a – **3.** je n'en ai pas – **4.** j'en achète une – **5.** j'en ai une – **6.** j'en ai, **7.** je n'en ai pas – **8.** ils n'en ont pas.

2. **1.** je vais en acheter – **2.** j'en ai mis – **3.** je n'en ai pas vu – **4.** j'en ai déjà lu – **5.** il va en faire un – **6.** nous n'en avons pas fait – **7.** je ne vais pas en prendre – **8.** je vais en prendre.

Le pronom personnel complément direct partitif
(du, de la, de l' → en)

1. **1.** Il en faut. – **2.** Il en faut 100 grammes. – **3.** J'en veux bien. – **4.** J'en achète. – **5.** J'en prends. – **6.** J'en voudrais. – **7.** J'en ai. – **8.** J'en ai.

2. **1.** Il en faut. / Il n'en faut pas. – **2.** Il en faut beaucoup. – **3.** On en mange. / On n'en mange pas. – **4.** Ils n'en boivent pas. – **5.** Ils en mangent. – **6.** Nous n'en mangeons pas. – **7.** J'en bois. / Je n'en bois pas. – **8.** Ils en boivent souvent.

L'opposition l', le, la, les / en

1. **1.** la clé – **2.** mes clés – **3.** du pâté – **4.** du whisky – **5.** ce livre – **6.** cette histoire – **7.** ton stylo – **8.** un fils.

2. **1.** en falloir – **2.** en avait – **3.** la rencontrer – **4.** les conduise – **5.** l'explorer – **6.** le programmer – **7.** j'en voudrais – **8.** j'en construirais – **9.** les soignerais – **10.** en modifier – **11.** le remontait.

Les pronoms personnels compléments indirects
(lui, leur)

1. **1.** lui – **2.** leur – **3.** leur – **4.** lui – **5.** leur – **6.** lui – **7.** leur – **8.** lui.

2. **1.** je lui ai écrit. – **2.** on leur a proposé. – **3.** on ne leur a pas expliqué. – **4.** je ne lui ai pas raconté ce qui m'est arrivé – **5.** je leur ai expliqué mon problème – **6.** on leur a conseillé. – **7.** nous leur avons écrit. – **8.** je ne lui ai pas téléphoné.

Les pronoms personnels compléments indirects
(en, y)

1. **1.** j'y – **2.** y – **3.** j'en – **4.** en – **5.** en – **6.** j'y – **7.** y – **8.** en.

2. *Questions possibles :*
1. Êtes-vous contente de votre voiture ? – **2.** Qui se charge des colis, des réservations ? – **3.** Puis-je utiliser cet ordinateur ? – **4.** Assisterez-vous au colloque ? – **5.** Elle s'habitue au climat ? – **6.** Mangez-vous du saucisson sec ? – **7.** Que dit-on de cette pièce ? – **8.** Quand te mets-tu au régime ?

3. **1.** y assister – **2.** en doutions – **3.** y retrouveront – **4.** s'y tiendront – **5.** en sont – **6.** s'en souviennent – **7.** y allez.

Les pronoms personnels compléments indirects
(animés ou inanimés)

1. **1.** Je m'occuperai d'eux. – **2.** Je rêve de lui. – **3.** Elle n'en a plus besoin. – **4.** Les gens s'en sont plaints. – **5.** Ils se moquent de lui. – **6.** Je me souviens d'elle. – **7.** La chanteuse n'en est pas très contente. – **8.** On en a dit beaucoup de mal.

2. **1.** Max s'y intéresse. – **2.** Cet avocat y est très attaché. – **3.** Elle s'est consacrée aussi à eux. – **4.** Il tient beaucoup à eux. – **5.** Y avez-vous pensé ? – **6.** Elle s'y est vite attachée. – **7.** Adressez-vous à lui. – **8.** Vous n'y avez pas songé.

3. a. On constate qu'avec un complément inanimé on utilise y et qu'avec un complément animé on a à + pronom tonique.

b. 1. Ces bijoux appartiennent à la famille royale d'Angleterre. → Ils lui appartiennent.
2. Les chiens obéissent au dresseur. → Ils lui obéissent.
3. Ce vieux monsieur ne comprend rien aux nouvelles technologies. → Il n'y comprend rien.
4. Cette étudiante étrangère s'adapte bien à sa nouvelle vie en France. → Elle s'y adapte bien.
5. Les soldats obéissent aux ordres. → Ils y obéissent.
6. Petit à petit, les enfants s'habituent à la nouvelle maîtresse. → Petit à petit, ils s'habituent à elle.

4. **1.** s'y habituer – **2.** s'est confié à lui – **3.** s'en est moqué – **4.** en est convaincu – **5.** s'y attend – **6.** semble en douter – **7.** s'en plaint – **8.** tient à lui – **9.** s'y attendre.

La place du pronom complément
avec un verbe à l'impératif

1. 1d – 2g – 3e – 4a – 5h – 6f – 7b – 8c.

2. **1.** téléphonez-leur – **2.** pensez-y – **3.** allez-y – **4.** Méfiez-vous en. – **5.** faites-lui confiance – **6.** profitez-en – **7.** Prenez-en – **8.** confiez-vous à lui.

Les pronoms personnels avec deux verbes

1. **1.** Je pense y aller. – **2.** Elle aimerait en acheter un. – **3.** Elle va bientôt le passer. – **4.** Vous avez besoin d'en faire encore quelques-uns. – **5.** Elle espérait l'avoir. – **6.** Il a l'habitude d'en lire plusieurs à la fois. – **7.** Je désire lui parler. – **8.** Tu dois leur téléphoner.

2. 1d – 2a – 3h – 4g – 5c – 6f – 7e – 8b.

3. **1.** Elle l'a fait entrer. – **2.** Ils l'ont senti venir. – **3.** Elle l'a laissé tomber. – **4.** Je l'ai entendu miauler. – **5.** Il les fait parler. – **6.** Elle l'a laissé(e) passer. – **7.** J'en fais faire aux étudiants. – **8.** J'en vois passer beaucoup.

4. **1.** Je la regarde tomber. – **2.** Il l'entend monter et descendre. – **3.** J'en ai fait acheter un. – **4.** Elle les laisse toujours passer. – **5.** Il l'entend siffler. – **6.** Il nous en fait étudier. – **7.** Tu dois les laisser parler. – **8.** On en fait faire plusieurs aux étudiants.

La double pronominalisation

1. **1.** Il la lui a laissée. – **2.** Il nous les a signalées. – **3.** Elle leur en a offert. – **4.** Elle les leur a montrés. – **5.** Elle les y a rangées. – **6.** Il lui en a prescrit quelques-uns. – **7.** Elle nous en a parlé. – **8.** Elle nous y a invités.

2. **1.** il lui en a réclamé plusieurs. – **2.** ils leur en apportent. – **3.** elle m'en a acheté trois. – **4.** il le leur enverra demain. – **5.** il les leur a laissés. – **6.** je la leur explique.

3. **1.** Emprunte-la-lui – **2.** Offrez-les-leur – **3.** Donne-le-lui – **4.** Raconte-la-leur – **5.** Apportez-la-lui – **6.** Achète-m'en.

Les pronoms neutres (le, l', en, y)

1. **1.** Il s'en est rendu compte. – **2.** Il le regrette. – **3.** Elle l'espère. – **4.** Il s'en est douté. – **5.** Le monde politique s'y attend. – **6.** On ne s'y habitue pas. – **7.** Elle le croit. – **8.** Elle le voudrait bien.

L'omission du pronom

1. 1. Oui, je les ai finis. – **2.** Oui, j'ai fini. – **3.** Si, je les ai oubliées. – **4.** Non, je n'oublierai pas. – **5.** Oui, je les aime tous. – **6.** Oui, j'aime bien. – **7.** Oui, je le sais. – **8.** Non, je ne sais pas.

2. 1. Oui, j'en veux. – **2.** Oui, je veux bien (Oui, je le veux : forme plus solennelle dans le contexte de la phrase). – **3.** Non, je ne l'ai pas essayé. – **4.** Non, je n'ai pas essayé. – **5.** Non, je ne peux pas. – **6.** Oui, j'aimerais bien. – **7.** Oui, j'oserais. – **8.** Oui, je sais.

Les adjectifs et pronoms démonstratifs

1. cette femme, cet homme, ce ministre, cet appartement, cette maison, cet immeuble, cette assiette, ce médecin, cet / cette artiste, cet acteur, cette actrice, ces rues, ce / ces pays, cet / cette enfant, cette porte, cette lampe, cet étudiant, cette étudiante, cette fleur, ces fleurs, cet arbre, ces arbres, ce parc, ces jardins.

2. 1. Cette arme est dangereuse. – **2.** Est-ce que ce pull-over est en laine ? – **3.** Regarde cette image ! Elle est très belle. – **4.** Cet énorme bateau est un transatlantique. – **5.** À quoi sert cet objet bizarre ? – **6.** Attention ! Cette assiette est en porcelaine. – **7.** Admirez ce héros, il a accompli des actions extraordinaires. – **8.** Connaissez-vous cet écrivain américain ?

3. 1. celui-ci, celui-là – **2.** celui – **3.** celle – **4.** ceux – **5.** celles – **6.** celle-ci, celle-là – **7.** celui, celui – **8.** ceux.

4. 1. celles de l'été – **2.** ceux qui préfèrent – **3.** ceux qui vont – **4.** celle-ci est – **5.** celles des ouvriers – **6.** celle des jeunes – **7.** ceux qui ont – **8.** ceux-ci vivent.

5. 1. Cette carte – **2.** ce que tu préfères – **3.** ce qui est – **4.** cette heure-ci – **5.** ce que nous voulons – **6.** ce plat – **7.** prendre celui-ci – **8.** Comme cela/ça – **9.** Cela/ça te convient.

6. 1. c'est – **2.** ce – **3.** ça – **4.** ça – **5.** ça – **6.** ce, ça – **7.** ce – **8.** ce, ça.

7. *Bonnes réponses :* **1.** ceux – **2.** ce – **3.** ce – **4.** ce – **5.** ceux – **6.** ceux – **7.** ceux – **8.** ce.

Les adjectifs et pronoms possessifs

1. 1. Mon fils, ma fille, mes jumeaux – **2.** tes copains, ta mob, ton argent de poche, tes études, Ton avenir – **3.** mon tour – **4.** ses affaires – **5.** leurs affaires – **6.** nos bagages, notre chien – **7.** son grand chapeau, sa canne – **8.** votre courrier, vos journaux.

2. 1. Tous les matins, tu conduis tes enfants à l'école avant de te rendre à ton travail.
2. Tous les matins, nous conduisons nous enfants à l'école avant de nous rendre à notre travail.
3. Tous les matins, vous conduisez vos enfants à l'école avant de vous rendre à votre travaiL
4. Tous les matins, elle conduit ses enfants à l'école avant de se rendre à son travail.
5. Tous les matins, ils conduisent leurs enfants à l'école avant de se rendre à leur travail.

3. *Bonnes réponses :* **1.** mon auto – **2.** ton autre chemise – **3.** ma onzième page – **4.** son opinion – **5.** ton amie – **6.** sa chère amie – **7.** ma petite maison – **8.** Ton immense maison.

4. 1. la tête – **2.** les mains – **3.** le bras – **4.** ses grands yeux – **5.** les pieds – **6.** les oreilles – **7.** sa main – **8.** la femme.

5. 1. la tienne – **2.** les miens – **3.** la sienne – **4.** les leurs – **5.** le vôtre – **6.** le mien, le vôtre, le sien – **7.** la mienne – **8.** le vôtre.

6. 1c – 2f – 3e – 4b – 5h – 6d – 7g – 8a.

7. 1. leurs histoires – **2.** leurs conversations – **3.** ils le leur ont – **4.** elle leur a gentiment – **5.** leur famille – **6.** leur demander – **7.** qui leur laisseront – **8.** leurs bêtises.

Les adjectifs et pronoms indéfinis

Les adjectifs indéfinis

1. 1. toute – **2.** Tous – **3.** toutes – **4.** toute, tous, toutes – **5.** Tout – **6.** tout, tous – **7.** tous – **8.** Tout.

2. 1. tous, toutes – **2.** tout – **3.** chaque – **4.** tous – **5.** Chaque – **6.** toute – **7.** Tout / Chaque – **8.** chaque.

3. 1. Tout / Chaque véhicule, tous les deux ans – **2.** chaque épreuve, tout son corps, tous ses muscles – **3.** toutes les certitudes – **4.** Toute vérité – **5.** Tous les Français – **6.** chaque Français, chaque repas – **7.** Tous les journalistes – **8.** chaque année, tous les trois ou quatre ans.

4. 1. quelques – **2.** plusieurs – **3.** quelques – **4.** quelques – **5.** plusieurs – **6.** quelques – **7.** plusieurs – **8.** quelques.

5. 1. toutes, aucun – **2.** chaque – **3.** tous, chaque – **4.** aucune – **5.** Aucune, toutes – **6.** Aucun – **7.** aucun, tout, plusieurs – **8.** tous, plusieurs, quelques.

6. 1. des qualités – **2.** des qualités évidentes – **3.** des opinions opposées – **4.** plusieurs solutions – **5.** aucune plante – **6.** mauvais en mathématiques – **7.** n'importe quel restaurant – **8.** vraiment médiocre

7. 1. n'importe quel – **2.** telle – **3.** mêmes, même, même, même – **4.** autre – **5.** n'importe quelle – **6.** telle, autre – **7.** même, même – **8.** d'autres.

Les pronoms indéfinis

1. 1. Non, ils ne sont pas tous de Victor Hugo. / Non, tous ne sont pas de V.H. – **2.** Oui, j'ai tout pris. – **3.** Oui, je les ai tous faits. – **4.** Non, je ne les connais pas toutes. – **5.** Tout est bleu. – **6.** Non, je ne les ai pas tous visités. **7.** Oui, j'ai tout mangé. – **8.** Elles sont toutes bien fermées.

2. 1. tous – **2.** chacun – **3.** toutes – **4.** Chacun(e) – **5.** tous/ toutes – **6.** Chacun(e) – **7.** toutes – **8.** Chacun.

3. 1. Personne. / Personne n'a pris le livre. – **2.** Non, je ne veux rien d'autre. – **3.** Aucun, n'a échappé. / Aucun. – **4.** Non, je n'ai rien vu. – **5.** Non, je n'ai rien lu d'intéressant. – **6.** Non, personne. / Non, personne n'est passé. – **7.** Aucun. – **8.** Non, personne. / Non, personne (d'autre) n'a rien à dire.

4. 1. n'importe qui – **2.** n'importe quoi – **3.** n'importe lequel – **4.** n'importe quoi – **5.** n'importe laquelle – **6.** n'importe lesquels – **7.** – n'importe qui – **8.** n'importe laquelle.

5. 1. quelques-uns – **2.** plusieurs – **3.** l'un… l'autre – **4.** les uns, les autres, quelques-uns – **5.** plusieurs – **6.** quelques-uns – **7.** les uns, les autres, certains, certains – **8.** l'une, l'autre.

6. 1. un autre – **2.** autre chose – **3.** autrui – **4.** le même – **5.** le même – **6.** les mêmes, d'autres – **7.** je ne sais qui – **8.** un je-ne-sais-quoi.

Les adjectifs et pronoms interrogatifs et exclamatifs

1. 1. Que disent-ils ? – **2.** Que prendrez-vous comme dessert ? – **3.** Qu'as-tu fait le week-end dernier ? – **4.** Que pensez-vous de ma proposition ? Êtes-vous d'accord ? –

5. Avec qui t'en vas-tu en vacances ? – **6.** Chez qui avez-vous passé la soirée ? – **7.** Où as-tu acheté ton manteau ? – **8.** Par où es-tu passé ?

2. 1. Quelle idée ! – **2.** quelle raison – **3.** Quel mal élevé ! – **4.** quelles obligations – **5.** Quelle fille curieuse – **6.** quel droit – **7.** Quel culot ! – **8.** quel est.

3. 1. Regarde comme les trottoirs sont sales ! Quelle ville !
2. – Il y a une ville que j'adore au Mexique. – Quelle ville ?
3. Il peut jouer tous les rôles ! Quel acteur !
4. – J'ai vu un film avec un acteur extraordinaire ! – Quel acteur ?
5. Nous sommes tombées en panne en plein désert, et nous sommes rentrées à dos de chameau. Quelles aventures !
6. – Elles vous ont raconté leurs aventures en plein désert. – Quelles aventures ?

4. 1. À quelle – **2.** Quelles – **3.** Avec quels – **4.** Dans quelle – **5.** Pour quel – **6.** En quelle – **7.** Quelles – **8.** De quelle.

Les pronoms relatifs

1. 1. que – **2.** que – **3.** que – **4.** qui – **5.** qui – **6.** qui – **7.** que – **8.** que.

2. 1. … un manteau qui correspond… – **2.** … une solution qui vous conviendra… – **3.** … beaucoup d'Italiens que je trouve… – **4.** … un musée d'art africain où je ne suis… – **5.** … un enfant qu'elle a appelé… – **6.** … un excellent restaurant où on mange… – **7.** … un très vieil ami que je connais… **8.** … quelqu'un que tu vas…

3. 1. … un livre d'art dont j'avais une envie folle. – **2.** … ce travail dont je me chargerai très volontiers. – **3.** … trois enfants très jeunes dont ils s'occupent avec une patience d'ange ! – **4.** … un studio à Nice dont tu peux profiter, si tu veux. – **5.** … beaucoup de sottises dont je me suis souvent repenti. – **6.** … conditions de travail très pénibles dont ils se plaignent sans arrêt. – **7.** … cette histoire d'ascenseur en panne dont je t'ai parlé hier matin ? – **8.** … beaucoup de vieilles choses dont on aimerait bien se débarrasser.

4. 1. … son tableau dont il est satisfait. – **2.** … une vieille voiture dont nous sommes contents malgré tout. – **3.** … de son jardin dont il est extrêmement fier. – **4.** … une banque plutôt efficace dont je suis assez satisfaite. – **5.** … les dernières nouvelles dont j'ai été informé ce matin même. – **6.** … des propos insultants dont tout le monde a été scandalisé.

5. 1. … mais dont j'ai perdu la clé depuis longtemps. – **2.** … mon cousin François dont la fille vit actuellement en Espagne. – **3.** … mais dont je n'ai pas aimé la fin. – **4.** … cette maison dont les volets sont toujours fermés. – **5.** … le premier film de Jean-Luc Godard *À bout de souffle* dont il avait d'ailleurs écrit le scénario. – **6.** … une histoire assez étrange dont on ne connaît pas tous les détails. – **7.** … un roman magnifique dont l'action se passe au Moyen Âge. – **8.** … une très jolie fille mais dont le caractère est plutôt difficile.

6. 1. où sont nés – **2.** qui n'a pas – **3.** qui y vivent – **4.** dont tout le monde – **5.** qui stationnent – **6.** que je connais – **7.** qui vivent – **8.** dont on parle.

7. 1. qui était – **2.** que toute la famille – **3.** où il a – **4.** que j'ai – **5.** dont on se souviendra – **6.** où il se cachait – **7.** qui l'a retrouvé – **8.** où on l'avait – **9.** où j'ai quitté.

8. 1. une pince avec laquelle on accroche le linge sur un fil. – **2.** un objet à l'aide duquel on ouvre une bouteille. – **3.** des cannes grâce auxquelles on peut se déplacer quand on est infirme. – **4.** un instrument grâce auquel on peut observer des êtres minuscules. – **5.** un ballon gonflé au gaz dans lequel on peut monter pour s'envoler. – **6.** une pince sans laquelle les poilu(e)s resteraient poilu(e)s. – **7.** des verres correcteurs en plastique grâce auxquels on peut se passer de lunettes. – **8.** un gaz présent dans l'atmosphère sans lequel on ne peut pas respirer.

9. 1. avec qui / avec lequel – **2.** pour laquelle – **3.** auquel – **4.** sur lesquels – **5.** dans lequel – **6.** contre lesquelles – **7.** chez qui / chez lesquels – **8.** parmi lesquelles.

10. Dans les quatre premières phrases, vous remarquerez la présence du pronom neutre « ce » devant une préposition monosyllabique (*en, par, à, pour*). Dans les quatre dernières phrases, le pronom neutre est absent devant des prépositions composées ou plurisyllabiques (*après, faute de, grâce à, à la suite de*).

11. 1. dont – **2.** au sommet de laquelle – **3.** sur les bords duquel – **4.** dont – **5.** dont – **6.** sur les balcons de laquelle – **7.** à la vue duquel – **8.** dont.

Bilan

1. … ces multiples tâches <u>auxquelles</u> elle… à nous <u>qui</u> étions… La plage de sable fin <u>où</u> nous… le paradis <u>que</u> nous… Le premier <u>qui</u> se jetait… une eau <u>que</u> nous… Ces moments <u>que</u> rien… et <u>dont</u> le souvenir…

3. LA QUANTIFICATION

1. 1. quarante et un – **2.** soixante-dix – **3.** soixante et onze – **4.** soixante-dix-neuf – **5.** quatre-vingt-douze – **6.** cent – **7.** quatre cents – **8.** huit cent un.

2. 1. quatre-vingt-un euros – **2.** deux cents euros – **3.** deux cent trente-cinq euros – **4.** deux mille trois cent quatre-vingt-treize virgule trente euros – **5.** trois mille vingt et un virgule cinquante euros – **6.** des années trente – **7.** En soixante-huit – **8.** des années soixante-dix.

3. 1. première, trois buts à zéro – **2.** deuxième, douzième – **3.** premier – **4.** premiers – **5.** troisième – **6.** troisième, treizième – **7.** dixième – **8.** quatre-vingt-dix-neuvième.

4. 1. Une douzaine – **2.** une demi-douzaine – **3.** d'une vingtaine – **4.** plusieurs centaines – **5.** une centaine – **6.** des milliers – **7.** d'une cinquantaine – **8.** une huitaine.

5. 1. Tous les candidats – **2.** Aucun retard – **3.** aucune excuse – **4.** quelques retardataires – **5.** Chacun des candidats – **6.** Aucun dictionnaire – **7.** ni aucune grammaire – **8.** La plupart d'entre eux – **9.** certains très brillamment – **10.** quelques candidats – **11.** la quasi-totalité des étudiants – **12.** plusieurs qui étaient – **13.** certaines étaient.

6. 1f – 2g – 3e – 4a – 5b – 6h – 7c – 8d.

4. LA QUALIFICATION

Le complément du nom

1. 1. un immeuble en pierre de taille – **2.** les soldes d'hiver – **3.** beaucoup d'hommes d'affaires – **4.** Notre machine à laver – **5.** Son sac à main – **6.** Il est en crocodile – **7.** une cuillère à soupe – **8.** Une bonne tasse de thé.

2. 1. avec, avec – **2.** de – **3.** à la mode – **4.** pour, de – **5.** de – **6.** en, en – **7.** d' – **8.** de, en, en, à.

L'adjectif

1. 1e – 2c – 3a – 4g – 5j – 6l – 7f – 8h – 9k – 10b – 11i – 12d.

2. 1. Cette femme est jeune. – 2. Mon petit chien aussi est joueur. – 3. Sa femme est heureuse. – 4. Son mari est joyeux mais un peu trop curieux. – 5. Son fils est roux, doux et gentil. – 6. Il assiste au cours en auditeur libre. – 7. C'est un vieil homme qui semble fatigué. – 8. Quel bel exploit ! Quelle belle partie de tennis !

3. 1. fatiguées – 2. dernières – 3. active, vive, seule – 4. jaloux, malheureux – 5. bruns, noisette – 6. blanches, bleu marine – 7. vieil – 8. nouveau, nouvelle, nouvel, vieilles.

4. 1. petits, drôles – 2. bonne, bonne – 3. vieil, neuve – 4. portables, publiques – 5. nationaux, internationales – 6. rurale, conservatrice, nette – 7. superbe – 8. fatigué(s).

5. 1. fort – 2. chaud – 3. bon – 4. cher – 5. dur – 6. haut / fort – 7. froid – 8. rouge.

6. 5 – 1 – 6 – 4 – 2 – 8 – 7 – 3.

7. 1. de – 2. d' – 3. à – 4. de – 5. de – 6. de – 7. à – 8. de.

8. 1. dans – 2. à – 3. de – 4. envers – 5. au, en – 6. contre, par – 7. pour – 8. en, en.

Les préfixes et les suffixes

1. 1. désagréable – 2. désordonnés et désorganisés – 3. malheureuse – 4. illimités – 5. maladroit, inutiles – 6. incroyable – 7. illisible – 8. illogique.

2. 1. archiconnue – 2. hyperpuissant – 3. surprotectrice – 4. hypersensible – 5. archifaux – 6. surdoué – 7. supersoniques – 8. archipleins.

3. 1. manuel – 2. démocratique – 3. habituel – 4. interrogative – 5. inadmissible – 6. accessible – 7. admirable – 8. buvable.

La place de l'adjectif

1. 1. Un homme âgé – 2. Une vieille femme – 3. Un gros dictionnaire – 4. Une feuille verte – 5. Des étudiants espagnols – 6. Des robes longues – 7. Une petite table – 8. Un tapis rond – 9. Un beau tableau

2. 1. une belle voiture allemande – 2. une visite médicale – 3. d'épais rideaux rouges – 4. une grande table ancienne – 5. son ancien petit ami – 6. les deux premiers vers – 7. un vieil homme … et une femme âgée – 8. de gros dictionnaires de langue.

3. 1. de jeunes lycéens, des étudiants allemands et français, des professeurs célèbres / de célèbres professeurs. – 2. une grande pièce rectangulaire – 3. Mes chers amis – 4. de vêtements très chers – 5. Quel beau ciel bleu ! – 6. un nouvel élève – 7. L'année dernière – 8. l'année prochaine.

4. 1. un homme célèbre / de grande taille – 2. une abbaye qui n'en est plus une / dans la partie la plus vieille – 3. directement à la personne concernée / c'est le contraire de : as-tu les mains sales ? – 4. un voyou / n'était pas propre – 5. étrange, bizarre / indiscret – 6. un gentil garçon un peu naïf / courageux – 7. des projets / ils n'étaient pas les mêmes – 8. certains, des bruits / variés.

5. 1. de sa voiture neuve – 2. de ses jambes maigres – 3. des goûts différents – 4. d'une jeune femme – 5. mauvais temps – 6. belles femmes – 7. l'ancien ministre – 8. l'histoire ancienne – 9. la dernière année.

L'adjectif verbal et le participe présent

1. a. vrai – b. vrai – c. faux – d. faux – e. vrai – f. faux – g. vrai – h. vrai.

2. 1. convergeant – 2. convergents – 3. précédent – 4. précédant – 5. somnolant – 6. somnolents – 7. excellant – 8. excellents.

3. 1. négligeant – 2. provocant – 3. fatiguant – 4. convainquant – 5. négligent – 6. provoquant – 7. fatigant – 8. convaincant.

4. 1. un trottoir sur lequel on risque de glisser – 2. une soirée au cours de laquelle on danse – 3. une couleur peu discrète – 4. une place qui n'est pas gratuite – 5. en bonne santé – 6. très fréquentée.

III. LA SPHÈRE DU VERBE

1. LA SYNTAXE DES VERBES

Les verbes intransitifs

1. 1. il naît – 2. il y reste – 3. il entre – 4. il part – 5. il arrive – 6. il monte – 7. il sort – 8. il descend – 9. il tombe – 10. il meurt.

Les verbes parfois transitifs, parfois intransitifs

1. *Sont transitifs les verbes des phrases* : 1, 2, 3, 6.
Sont intransitifs les verbes des phrases : 4, 5, 7, 8.

2. 1. Il a sorti les poubelles – 2. Il a monté les valises – 3. Ils ont passé de très bonnes vacances – 4. Elle est sortie de chez elle – 5. Il est monté – 6. Il a descendu – 7. Il a / est passé – 8. Il est descendu.

3. *Il s'agit d'un état dans les phrases* : 1, 3, 5, 7, 9.
Il s'agit d'une action dans les phrases : 2, 4, 6, 8, 10.

Les différents compléments d'objet du verbe

1. 1. *Vouloir* : Il veut toujours la lune ! – Il veut partir au loin. – Il veut qu'on fasse attention à lui.
2. *Aimer* : Il aime la bonne cuisine. – Il aime cuisiner. – Il aime qu'on lui prépare de bons petits plats.
3. *Souhaiter* : Je souhaite ton bonheur. – Je souhaite te voir heureux. – Je souhaite que tu sois heureux.
4. *Dire* : Il dit la vérité. – Il dit être innocent. – Il dit qu'il n'est pas coupable.

2. 1. *Attendre* : J'attends les résultats. – J'attends d'avoir les résultats avant de partir. – J'attends que les résultats soient affichés.
2. *Empêcher* : Elle a tout fait pour empêcher son départ. – Elle l'a empêché de partir. – Elle a empêché qu'il parte.
3. *Eviter* : Évitez les erreurs ! – Évitez de faire des erreurs ! – Évitez qu'il (n')y ait trop d'erreurs.
4. *Supporter* : Elle ne supporte pas le bruit. – Elle ne supporte pas d'entendre le moindre bruit. – Elle ne supporte pas que les enfants fassent du bruit.

Les verbes à double construction

1. 1. à – **2.** aux – **3.** de – **4.** à – **5.** de – **6.** au – **7.** à – **8.** de.

2. 1. L'animateur promet du plaisir aux participants. – **2.** Il offre des fleurs à son amie. – **3.** Le présentateur prévient les téléspectateurs du retard de l'émission. – **4.** Le directeur a refusé une augmentation à sa secrétaire. – **5.** La boulangère a averti ses clients de l'ouverture de la boutique le dimanche. – **6.** L'avocat accuse le témoin de mensonge. – **7.** Elle a emprunté un tailleur à sa meilleure amie. – **8.** Le responsable a excusé ce jeune apprenti des maladresses commises.

Les verbes suivis d'un attribut

1. 1. C'est Liza ? – **2.** Non, c'est pas elle ! – **3.** C'est Mona ! – **4.** c'est ma grande amie – **5.** Elle est installée – **6.** c'est une Parisienne – **7.** elle est œnologue – **8.** c'est rare.

2. 1. formidable – **2.** un artiste, **3.** anglophone ou francophone – **4.** électricien – **5.** remboursé – **6.** un spécialiste – **7.** moi – **8.** sportive, une championne.

2. LES FORMES ACTIVE, PASSIVE, PRONOMINALE, ET IMPERSONNELLE

Les auxiliaires *être* et *avoir*

1. 1. Nous sommes partis… vous êtes arrivés… Par où êtes-vous passés ? – **2.** Je suis monté(e) – **3.** Elle n'est pas rentrée – **4.** Je suis venu(e) – **5.** Ils sont parvenus… Ils sont arrivés – **6.** Les touristes sont descendus – **7.** Je suis allé(e) – **8.** votre fille est devenue.

2. 1. Les années ont passé… des gens sont nés, d'autres sont morts… vous n'avez pas changé… vous êtes restée – **2.** Il a monté les premières marches et il s'est arrêté – **3.** elle a descendu l'escalier – **4.** elle s'est sentie… elle s'est mise… elle y est restée – **5.** après avoir passé… sont descendus… – **6.** il s'est levé, s'est douché, s'est brossé les dents, puis il s'est habillé, il est allé à la cuisine, il s'est préparé un petit déjeuner… il est sorti – **7.** qu'on a vendue… a été écrite… – **8.** Elle a sorti… elle l'a étendu.

3. 1. Elle a acheté… qu'elle a mangée – **2.** Elle a oublié… qu'elle avait apprise / qu'elle avait apprises – **3.** j'ai passées – **4.** Je l'ai faite – **5.** vous avez vus – **6.** a diffusé… que je n'ai pas aimée – **7.** Pourquoi tu les as fait couper ? – **8.** nous avons traversées.

4. 1. J'en ai visité… ceux que j'ai visités… je les ai visités – **2.** qu'il y a eu… a brisé – **3.** qu'elle a pesé – **4.** qu'il a pu – **5.** Elle a ramassé… qu'elle a fait tomber… qu'elle a cassée – **6.** il a fallu – **7.** Elle s'est séché les cheveux… les avoir lavés – **8.** que vous m'avez réclamées.

La forme passive

1. 1. Le vrai camembert est fabriqué par les fermiers normands et par eux seuls. – **2.** Tous les voyages sont organisés par le comité d'entreprise. – **3.** Tous les rendez-vous sont pris par la secrétaire. – **4.** Les travaux de ravalement… sont faits par l'entreprise Gertec. – **5.** Mme Raffin est demandée à l'accueil. – **6.** La porcelaine est fabriquée à Limoges. – **7.** Je suis intéressé(e) par votre offre d'emploi. – **8.** La séance est ouverte par le président de l'Assemblée.

2. 1. Un incendie a été provoqué par un court-circuit. – **2.** L'incendie a été éteint par les pompiers en quelques minutes. – **3.** Cette maison a été achetée par mon oncle vers 1970. – **4.** Une prime de 150 euros a été accordée aux chômeurs par le gouvernement. – **5.** Ces deux livres n'ont pas été rendus à la bibliothèque. – **6.** Le verdict a été rendu le 21 mai dernier par le tribunal. – **7.** L'accusé a été condamné par les jurés à trois ans d'emprisonnement. – **8.** En 2002, Jacques Chirac a été élu président de la République par les Français.

3. 1. Un jeune cycliste a été renversé par un automobiliste. – **2.** Les pompiers ont été aussitôt prévenus par un voisin. – **3.** Les premiers soins lui ont été prodigués sur place par les pompiers. – **4.** Le blessé a été transporté à Dijon. – **5.** Il a été hospitalisé aussitôt… – **6.** Il a été opéré par le docteur Finaly lui-même. – **7.** (transformation impossible). – **8.** Ce matin, le jeune homme a été déclaré hors de danger par les médecins.

4. 1. Le célèbre couturier Yves Saint Laurent a longtemps habillé Catherine Deneuve. – **2.** On a construit de nombreuses maisons dans ce village… – **3.** … mon chef m'a retenue au bureau. – **4.** On a accordé le droit d'asile à 22 personnes. – **5.** On fermera la piscine définitivement le 30 juin prochain. – **6.** Un chauffard… a provoqué l'accident. – **7.** On a dérobé deux tableaux de Van Gogh… – **8.** Les gardiens ont découvert le vol tôt ce matin…

5. 1. Non, mais responsables possibles : les Français. – **2.** Oui (le président de la République), oui (la foule) – **3.** Oui (les Parisiens) – **4.** Oui (le Premier ministre) – **5.** Non et non, mais responsables possibles : les orateurs – **6.** Non – **7.** Non, mais responsable possible : le président de la République – **8.** Non, mais responsables possibles : les artificiers – oui (des dizaines de milliers de personnes).

6. Phrases 1 et 7 : préposition « de » = expression d'un sentiment.
Phrases 4 et 8 : préposition « de » = information spatio-temporelle.
Phrase 5 : préposition « de » = opération intellectuelle.
Phrases 2, 3 et 6 : la préposition « par » = action réelle.

7. 1. par – **2.** d' – **3.** de – **4.** de – **5.** de – **6.** de – **7.** et **8.** par.

La forme pronominale

1. 1. NP – **2.** P – **3.** NP, NP – **4.** P – **5.** P, NP – **6.** P, NP – **7.** P, NP – **8.** P, NP.

2. 1. je m'en irai… qui se chante – **2.** Vous ne vous êtes jamais occupée d'enfants ? – **3.** elle ne se rappelait plus – **4.** après m'être reposé(e) – **5.** Vous vous imaginez !… Elle ne s'est pas réveillée – **6.** Comment t'appelles-tu ? – **7.** Vous vous absentez… que se passe-t-il ? – **8.** tu ne te serais pas trompé(e).

3. *Phrases où le verbe est uniquement pronominal* : 1, 3, 4, 7 et 8.

4. 1. je me passe de – **2.** il s'est échappé de… – **3.** échapper à… – **4.** Ils plaignent… – **5.** Elle s'est aperçue… elle s'est mise à… – **6.** Tout le monde s'attend à… – **7.** ils se sont décidés à… – **8.** Il s'est rendu à…

5. 1. elle s'est allongée – **2.** Elles se sont aperçues – **3.** Nous nous sommes préparé un bon petit déjeuner. – **4.** Elles se sont préparées – **5.** Elle s'est blessée – **6.** Elle s'est fait une coupure – **7.** tu t'es enfin habillée – **8.** Pourquoi vous êtes-vous moqués…

6. 1. Ils ne se sont pas adressés – **2.** Nous nous sommes disputés et nous nous sommes lancé… des insultes – **3.** Elle s'est souvenue – **4.** qui se sont beaucoup ressemblé – **5.** Nous nous sommes parlé – **6.** Ils se sont envolés – **7.** Elle s'est brossé les dents, puis elle s'est douchée. – **8.** Ils se sont suicidés.

7. 1. Elle s'est regardée… dans la glace. – **2.** Elle s'est regardé les dents… – **3.** … elle se les est lavées et brossées… – **4.** Ils se sont bien vendus. – **5.** Ils se sont aperçus… – **6.** Elle s'est toujours plainte de tout… – **7.** Nous nous sommes plu… – **8.** Elle s'est beaucoup portée…

8. 1. Ce passage se joue… – **2.** Le château se visite… – **3.** Ce poème s'apprend… – **4.** Le prix Goncourt se vend… – **5.** La tarte Tatin se mange… – **6.** Ce champignon se cueille… – **7.** La mode se fait… – **8.** Cette langue se lit… *Remarque :* il n'y a pas de complément d'agent et le sujet n'est pas animé.

9. 1. Ils se sont laissé / fait surprendre… – **2.** Il s'est entendu / s'est fait siffler… – **3.** Elle se fait obéir… – **4.** Ils ne se sont pas laissé convaincre… – **5.** Elle s'est fait opérer… – **6.** Il s'est fait mordre… – **7.** Elle s'est vu / entendu refuser – **8.** Ils se sont vu obliger de changer…

Bilan

Verbes uniquement pronominaux : **3.** s'efforçait – **16.** se moqueraient.
Verbes réfléchis : **1.** s'était installée – **2.** se sentait – **4.** se demandait – **10.** s'est levée – **11.** en se frottant – **12.**. s'est dirigée – **13.** s'est fait – **14.** se coucher – **15.** s'inquiétait.
Verbes réciproques : **7.** s'étaient rencontrés – **8.** s'étaient parlé – **9.** s'étaient entendus.
Verbes à sens passif : **5.** s'écrit – **6.** se comprend.

La forme impersonnelle

1. *On peut mettre au pluriel les phrases :* **1.** Ils semblent fatigués, ils devraient prendre… – **5.** Ils sont certains d'avoir réussi leurs examens. – **9.** Ils existent vraiment, je les ai rencontrés. – **10.** Ils se passent facilement de manger… ça, ils ne peuvent pas !

2. *Verbes employés à la forme impersonnelle dans les phrases :* 1, 2, 3, 4 (« il n'y a pas »), 5 et 8.

3. 1. à la gare – **2.** dans un ministère, dans un bâtiment officiel – **3.** dans un hôtel – **4.** dans une usine, dans un laboratoire – **5.** dans la rue – **6.** dans un cabinet médical, dans un laboratoire, dans un hôpital – **7.** dans le métro – **8.** dans un avion.

3. LE MODE INDICATIF ET SES TEMPS

Les conjugaisons

1. 1. fait – **2.** va – **3.** vaut – **4.** sont – **5.** savent – **6.** peut – **7.** est – **8.** accepte.

2. 1. faisait – **2.** allait – **3.** valait – **4.** étaient – **5.** savaient – **6.** pouvait – **7.** était – **8.** acceptait.

3. 1. je ferai – **2.** je saurai – **3.** j'irai – **4.** je vivrai – **5.** je verrai – **6.** je serai – **7.** je pourrai – **8.** j'aurai.

4. 1. Nous sommes rentrés – **2.** Il est arrivé – **3.** Il a raccompagné – **4.** Ils ont rentré – **5.** Il est arrivé – **6.** Ils sont passés – **7.** elle a amélioré – **8.** Elle a passé.

5. 1. naître – **2.** faire preuve – **3.** obtenir – **4.** devenir – **5.** se dégrader – **6.** reconnaître – **7.** pouvoir – **8.** être enfermé – **9.** mourir – **10.** organiser.

6. 1. naquit – **2.** fit preuve – **3.** obtint – **4.** devint – **5.** dégradèrent – **6.** reconnut – **7.** put – **8.** fut enfermée – **9.** mourut – **10.** organisa.

7. 1. je les apprendrai – **2.** je l'ai vue – **3.** nous dînerons – **4.** elle nous remerciera – **5.** je la trouverai – **6.** j'en ai pris / j'en prendrai – **7.** je ne le croirai plus – **8.** je la visiterai encore.

8. 1. Dès qu'il aura terminé – **2.** tant qu'il n'avait pas téléphoné – **3.** aussitôt qu'ils se sont couchés – **4.** Une fois qu'ils étaient arrivés – **5.** lorsque l'orage a éclaté – **6.** Quand elle aura signé – **7.** Aussitôt qu'ils ont franchi – **8.** À partir du moment où il avait gagné.

Bilan

1. 1. Le soleil se lève – **2.** se couche – **3.** c'est – **4.** nous partons – **5.** il fait bon – **6.** il n'y a personne – **7.** il n'y avait personne – **8.** Nous étions – **9.** nous y venions – **10.** ils ont décidé – **11.** a disparu – **12.** Il a fallu – **13.** ils projettent – **14.** on ne verra plus – **15.** il y aura – **16.** ouvrira – **17.** je partirai.

2. 1. je n'ai pas pris – **2.** je prendrai – **3.** nous étions – **4.** je fais – **5.** nous irons – **6.** j'ai eu – **7.** nous le savions – **8.** j'en veux… il en veut.

L'expression du présent

Le présent

1. 1. en cours d'accomplissement – **2.** caractéristique – **3.** description – **4.** action continue – **5.** habitude – **6.** vérité générale – **7.** action ponctuelle – **8.** futur proche.

2. 1. passé récent – **2.** présent historique – **3.** présent de narration – **4.** hypothèse – **5.** hypothèse – **6.** impératif – **7.** action en cours – **8.** présent d'habitude.

3. 1. action continue – **2.** habitude – **3.** hypothèse – **4.** impératif – **5.** présent historique – **6.** futur proche – **7.** hypothèse – **8.** passé récent.

Le passé composé, accompli du présent

1. A. 1. résultat dans le présent – **2.** antériorité – **3.** futur antérieur – **4.** résultat dans le présent.
B. 5. action dans le passé – **6.** résultat dans le présent – **7.** résultat dans le présent – **8.** action dans le passé.

2. Oui = 1, 2, 4, 8.
Non = 3, 5, 6, 7.

L'expression du futur

1. 1. certitude – **2.** certitude – **3.** probabilité – **4.** futur « éternel » – **5.** promesse – **6.** réaction anticipée – **7.** certitude – **8.** probabilité.

2. 1. il reviendra – **2.** il va revenir – **3.** on va donner – **4.** on ne donnera pas – **5.** je vais raconter – **6.** je raconterai – **7.** ils vont arriver – **8.** ils n'arriveront pas.

3. 1c – 2e – 3f – 4a – 5b – 6d.

4. *Valeur d'antériorité :* 3, 4, 7, 8.
Valeur de probabilité : 1, 2, 5, 6.

5. 1. Il lui a promis qu'il l'emmènerait… – **2.** Il a affirmé qu'il allait baisser… – **3.** Ils ont pensé que des réformes allaient être faites… – **4.** Ils lui ont dit qu'ils l'aideraient… – **5.** Il nous a assurés qu'il aurait fini… – **6.** On nous a prévenus qu'il n'y aurait pas… – **7.** Le train était bondé, il pensait qu'il allait être difficile… – **8.** Ils se demandaient si la bibliothèque resterait ouverte…

L'expression du passé (1)

L'imparfait

1. 1. j'étais – **2.** nous habitions – **3.** mes parents travaillaient – **4.** ma grand-mère s'occupait – **5.** nous passions – **6.** qu'elle adorait – **7.** nous nous asseyions – **8.** je jouais – **9.** elle lisait – **10.** écrivait – **11.** j'aimais – **12.** les feuilles jaunissaient – **13.** rougissaient – **14.** tombaient – **15.** j'en faisais – **16.** j'offrais – **17.** le gardien sifflait – **18.** il fallait – **19.** nous faisions – **20.** je prenais – **21.** elle buvait.

2. 1. nous prenions… – **2.** vous étudiiez… – **3.** nous payions… – **4.** il peignait… – **5.** nous riions… quand nous nous retrouvions – **6.** tu ne disais jamais… et je ne te croyais pas – **7.** ils conduisaient… – **8.** c'était toujours… que vous accueilliez.

3. 1. Elle allait à l'école. – **2.** Elle n'était pas très attentive. Elle regardait par la fenêtre. – **3.** Elle faisait de la danse. – **4.** Elle passait sa vie devant la télévision.

4. *Vrai* : 2, 3, 5, 6, 8.
Faux : 1, 4, 7.

Le plus-que-parfait

1. 1. ma petite-fille avait mis la table – **2.** il n'avait pas entendu – **3.** la météo l'avait annoncé – **4.** personne ne m'avait prévenu(e) – **5.** il avait promis- **6.** j'avais achetée – **7.** je vous avais dit / vous aviez oublié ? – **8.** ils ne s'étaient jamais disputés.

2. 1e – 2h – 3d – 4a – 5b – 6f – 7c – 8g.

3. 1. Elle a dit qu'elle avait reçu ta lettre avant-hier. – **2.** Avant, tu allais te coucher dès que tu avais fini de dîner. – **3.** Il nous avait annoncé qu'il arrivait aujourd'hui. – **4.** Je pensais que vous aviez terminé votre exercice depuis longtemps.

4. 1. … je lui ai / avais promis… je les ai achetés – **2.** … j'ai rencontré… elle faisait – **3.** … c'était la catastrophe… les enfants n'avaient pas dîné, n'étaient pas couchés, la maison était sens dessus dessous. – **4.** … qu'ils avaient passé leurs vacances… et qu'ils avaient adoré… ils voulaient… – **5.** … j'ai ouvert… je me suis aperçu(e) que je l'avais lu. – **6.** Quand nous étions enfants, nous n'avions… tant que le repas n'était pas fini. – **7.** … il est entré … j'ai compris … il lui était arrivé. – **8.** … il nous a expliqué qu'il n'avait pas pu venir … avait dû être hospitalisée.

Le passé simple

1. 1. entra (entrer) – **2.** se tournèrent (se tourner) – **3.** se dirigea (se diriger) – **4.** salua (saluer) – **5.** resta (rester) – **6.** invitèrent (inviter) – **7.** déclina (décliner) – **8.** insistèrent (insister) – **9.** pénétra (pénétrer) – **10.** brillèrent (briller).
il/elle …-a ; ils/elles …-èrent.

2. 1. reçut (recevoir) – **2.** parut (paraître) – **3.** but (boire) – **4.** mourut (mourir) – **5.** accoururent (accourir) – **6.** purent (pouvoir) – **7.** fut (être) – **8.** fallut (falloir) – **9.** résolurent (résoudre) – **10.** survécurent (survivre).
il/elle …-ut ; ils/elles …-urent.

3. 1. ouvrit (ouvrir) – **2.** faillit (faillir) – **3.** blêmit (blêmir) – **4.** se mit (se mettre) – **5.** finit (finir) – **6.** firent (faire) – **7.** prit (prendre) – **8.** écrivit (écrire) – **9.** poursuivit (poursuivre) – **10.** répondit (répondre).
il/elle …-it ; ils/elles …-irent.

4. 1. convoqua (convoquer) – **2.** vinrent (venir) – **3.** choisit (choisir) – **4.** fit (faire) – **5.** jurèrent (jurer) – **6.** repartirent (repartir) – **7.** tinrent (tenir) – **8.** vécurent (vivre) – **9.** vit (voir) – **10.** s'empara (s'emparer).
Exceptions : vinrent (venir), tinrent (tenir).

5. 1. elle est entrée – **2.** les regards se sont tournés – **3.** elle s'est dirigée – **4.** elle l'a saluée – **5.** elle est restée – **6.** ils l'ont invitée – **7.** elle a décliné – **8.** ils n'ont pas insisté – **9.** il a pénétré – **10.** ses yeux ont brillé.

6. 1. faux – **2.** vrai – **3.** vrai – **4.** vrai.

7. 1. dès que les deux parties eurent signé – **2.** tant qu'il n'eut pas reçu – **3.** aussitôt qu'ils furent convenus – **4.** après qu'ils se furent mariés – **5.** après que le premier eut reçu – **6.** dès que la paix eut été signée – **7.** à peine fut-il entré – **8.** lorsqu'ils eurent compris.

8. *On peut remplacer un passé composé par un passé simple dans les phrases* : 3, 5, 7.

Bilan sur les temps du passé

1. le temps s'était gâté – **2.** la pluie qui tombait – **3.** la maison semblait – **4.** la lumière reviendrait – **5.** le mauvais temps empêchait – **6.** les enfants s'efforçaient – **7.** comme le font tous les enfants – **8.** qui s'ennuient – **9.** Ils décidèrent / ils ont décidé – **10.** ce grenier était – **11.** des caisses qui s'entassaient – **12.** il était comme une caverne – **13.** les enfants commencèrent / ont commencé – **14.** tirèrent / ont tiré – **15.** qu'est-ce que c'était – **16.** tournèrent / ont tourné – **17.** retournèrent / ont retourné – **18.** ils ne se doutaient pas – **19.** qu'ils tenaient – **20.** un de leurs ancêtres avait rapportée.

L'expression du passé (2) : les relations entre les différents temps du passé

Les relations imparfait / passé composé

1. 1b – 2b – 3b – 4a – 5a.

2. 1. quand je suis arrivé(e)… n'existaient pas… – **2.** … l'influence était forte… comme l'a bien montré Godard… – **3.** Quand vous avez appelé… je n'ai pas entendu… j'étais dans le jardin – **4.** je suis arrivé(e)… ma voiture refusait / a refusé… j'ai dû… – **5.** pendant que je lisais… j'ai entendu… il est monté… – **6.** … tout paraissait… les gens qui voulaient … – **7.** … il l'a payé… il a pris… – **8.** … dès que je suis rentré(e)… je me suis mis(e)… parce que j'avais…

3. 1. Il pleuvait… j'ai pris – **2.** ont fait… étaient – **3.** La mer brillait… les bateaux dansaient… je me suis avancé(e) vers l'eau… elle était glacée… j'ai hésité… j'ai plongé… j'en suis sorti(e) – **4.** Il a ouvert… il s'est rendu compte… qu'il n'avait rien à manger… il a remis son manteau… a pris… est allé… fermait… – **5.** Les voyageurs attendaient… le train avait… certaines personnes lisaient… d'autres faisaient… téléphonaient… le train est entré… les voyageurs se sont précipités.

Les relations imparfait / passé simple

1. 1. que l'on appelait – **2.** elle portait – **3.** sa mère lui demanda – **4.** qui était – **5.** qui habitait – **6.** elle lui donna – **7.** elle lui dit – **8.** qui vivait – **9.** l'enfant partit – **10.** elle s'arrêta – **11.** elle entendit – **12.** qui disait – **13.** lui répondit – **14.** qu'elle n'avait pas – **15.** il soupira – **16.** que les parents étaient – **17.** il n'avait – **18.** il lui raconta – **19.** elle était – **20.** elle finit.

Les relations passé composé / passé simple

1. Le passé simple et le passé composé se situent dans deux moments différents du temps. Ils ne sont pas dans la même histoire.

La concordance des temps

1. 1g – 2h – 3e – 4f – 5d – 6b – 7c – 8a.

2. 1c – 2h – 3d – 4b – 5g – 6a – 7e – 8f.

3. **1.** qu'il va pleuvoir – **2.** que beaucoup de gens se méfient – **3.** qu'il vous plaira – **4.** que son avion décollait / venait de décoller… et qu'il l'avait raté… qu'il attendrait / attendait – **5.** que l'automobiliste conduisait – **6.** qu'il n'a pas importé – **7.** que l'état du malade s'améliorerait – **8.** que j'avais achetés / j'ai achetés.

4. LES AUTRES MODES PERSONNELS

Le mode subjonctif

1. **1.** ils prennent, que je prenne. – **2.** ils sortent, que je sorte – **3.** ils viennent, que je vienne – **4.** ils arrivent, que j'arrive – **5.** ils réussissent, que je réussisse – **6.** ils mettent, que je mette – **7.** ils lisent, que je lise – **8.** ils choisissent, que je choisisse – **9.** ils connaissent, que je connaisse – **10.** ils écrivent, que j'écrive.

2. **1.** que nous écrivions – **2.** que nous lisions – **3.** que nous tenions – **4.** que nous dormions – **5.** que nous répondions – **6.** que nous comprenions – **7.** que nous étudiions – **8.** que nous payions – **9.** que nous prévenions – **10.** que nous vendions.

3. **1.** écrire – **2.** aller – **3.** avoir – **4.** plaire – **5.** pleuvoir – **6.** pleurer – **7.** croire – **8.** remercier.

4. **1.** que je puisse, que nous puissions – **2.** que je sache, que nous sachions – **3.** que j'attende, que nous attendions – **4.** que je fasse, que nous fassions – **5.** que je paye / paie, que nous payions – **6.** que je veuille, que nous voulions – **7.** que j'aie, que nous ayons – **8.** que je sois, que nous soyons.

5. **1.** Il faut que tu descendes… – **2.** Il faut que vous preniez… – **3.** Il faut que nous fassions très attention… – **4.** Il faut qu'il soit… – **5.** Il faut que tu mettes… – **6.** Il faut que nous étudiions… – **7.** Il faut que je lise… – **8.** Il faut qu'elles viennent…

6. **1.** Je voudrais que vous étudiiez… – **2.** Je voudrais que tu ailles voir… – **3.** Je voudrais que tu me prennes le journal… – **4.** Je voudrais que vous veniez passer… – **5.** Je voudrais que vous sortiez… que vous preniez… – **6.** Je voudrais que tu mettes… – **7.** Je voudrais que vous m'écriviez… – **8.** Je voudrais que tu nous fasses plaisir…

7. **1.** Il vaudrait mieux que nous fassions… – **2.** Je préférerais qu'elle sorte… – **3.** Il vaut mieux que vous teniez… – **4.** Il ne faudrait pas que tu conduises… – **5.** Il vaudrait mieux que vous payiez… que vous n'attendiez pas… – **6.** Il vaut mieux que vous étudiiez un peu… – **7.** Il vaut mieux qu'il craigne… – **8.** Je préférerais qu'il ne sache pas la vérité.

8. 1a – 2b – 3b – 4a.

9. **1.** Ça m'énerve qu'il soit… – **2.** J'aime mieux que tu me dises tout. – **3.** Elle sera ravie que tu puisses l'aider… – **4.** Je trouve anormal qu'on soit désagréable… – **5.** Je suis étonné qu'il ne sache pas… – **6.** Ça me surprend que vous refusiez… – **7.** Sa mère n'est pas très contente qu'elle parte… – **8.** Je suis désolé que tu doives déjà partir.

10. **1.** Je ne pense pas qu'il puisse sortir. – **2.** Je ne pense qu'il sache… – **3.** Je ne pense pas qu'il croie… – **4.** Je ne pense pas qu'il faille… – **5.** Je ne pense pas qu'elle connaisse… – **6.** Je ne pense pas qu'elle ait… – **7.** Je ne pense pas que ça vaille… – **8.** Je ne pense pas qu'elle aille…

11. **1.** Nous sommes désolés d'être encore en retard. – **2.** Elle est toute fière qu'on lui fasse beaucoup de compliments. – **3.** Je suis étonné qu'il ne soit pas là. – **4.** Elle est furieuse qu'on se moque souvent d'elle. – **5.** Tout le monde est indigné qu'il ne tienne jamais ses promesses. – **6.** Je suis désolé de ne pas pouvoir venir. – **7.** On est choqués qu'elle ne dise jamais merci. – **8.** Ça m'agace qu'il soit toujours dans la lune.

12. *Verbes suivis du subjonctif :* vouloir que, désirer que, il faut que, être heureux que, être surpris que, dire que (= ordonner), souhaiter que, regretter que, attendre que, aimer que, demander que, douter que, ordonner que, avoir peur que, se plaindre que.

13. *Formes correctes :* **1.** pourra – **2.** doives – **3.** puissions – **4.** mentez – **5.** sois – **6.** revienne – **7.** alliez – **8.** trompons.

14. **1.** que tu aies pu – **2.** que tu n'aies pas entendu – **3.** que j'aie voulu – **4.** que tu aies descendu – **5.** qu'elle ait pris – **6.** que tu n'aies oublié – **7.** que nous ayons été – **8.** qu'il soit devenu.

15. 1d – 2f – 3a – 4h – 5b – 6c – 7e – 8g.

16. **1.** que vous ayez décidé – **2.** que nous ayons eu besoin – **3.** qu'ils se soient mariés – **4.** que nous avons fait – **5.** que vous avez reçu – **6.** qu'il ait été obligé – **7.** qu'il ait pu commettre – **8.** que les enfants soient partis.

17. *Ne sont pas suivis du subjonctif :* tant que, aussitôt que, pendant que.

18. **1.** tant que tu n'auras pas fini ton travail – **2.** avant qu'il (ne) pleuve – **3.** à condition que ton père soit d'accord – **4.** pendant que je fais à manger – **5.** à moins que vous ne fassiez une autre proposition – **6.** jusqu'à ce que tu obéisses – **7.** pour que je puisse m'organiser – **8.** sans que personne l'ait vu.

19. **1.** R – **2.** R – **3.** Su – **4.** O – **5.** So – **6.** D – **7.** Su – **8.** So.

Le mode conditionnel

1. **1.** croirait – **2.** aurait découvert – **3.** resterait stable – **4.** serait votée – **5.** auraient été faites – **6.** aurait été envoyé – **7.** atteindrait – **8.** serait dû.

2. **1.** Vous auriez l'heure ? – **2.** Tu pourrais me laisser tranquille… – **3.** Tu ne saurais pas… – **4.** Vous ne voudriez pas… – **5.** Tu pourrais me raccompagner… – **6.** Tu serais d'accord… – **7.** Je pourrais vous interrompre… – **8.** Voudrais-tu être mon témoin ?

3. (Si j'étais toi = à ta place : les deux expressions ont le même sens).
1. Moi, à ta place, je prendrais le menu… – **2.** Si j'étais toi, j'appellerais le médecin… – **3.** Si j'étais toi, je ne viendrais pas trop tard… – **4.** À ta place, je m'adresserais au service de renseignements… – **5.** Si j'étais toi, je ne ferais pas ça… – **6.** Si j'étais vous, j'achèterais cette voiture… – **7.** Si j'étais toi, je me couperais les cheveux… – **8.** À ta place, je réfléchirais un peu avant de me décider.

4. 1b – 2d – 3a – 4c – 5e.

5. **1.** Rep – **2.** Su – **3.** So – **4.** Reg – **5.** Su + C – **6.** Rep – **7.** So – **8.** Su.

6. 1f – 2d – 3h – 4b – 5e – 6a – 7c – 8g.

7. 1. Il nous a promis qu'il reviendrait. – **2.** Il avait affirmé que les travaux seraient terminés dans trois mois. – **3.** Elle s'écria qu'elle ne recommencerait jamais une pareille aventure. – **4.** Je vous avais bien dit que cet homme-là ne vous apporterait que des ennuis. – **5.** Ils m'avaient dit, à cette époque-là, qu'ils me feraient signe quand ils auraient un peu plus de temps. – **6.** Il lui avait promis qu'il lui construirait…, qu'elle serait…, qu'il serait… – **7.** Ils nous ont écrit qu'ils partiraient le 15 et qu'ils nous appelleraient dès qu'ils seraient arrivés. – **8.** Il a déclaré qu'on pourrait signer l'acte de vente dès que nous aurions obtenu le prêt de notre banque.

Le mode impératif

1. 1. Prenez – **2.** Descendez – **3.** tournez – **4.** engagez-vous – **5.** Allez – **6.** traversez – **7.** marchez – **8.** Regardez.

2. 1. Fais – **2.** Ne sois pas – **3.** écoute-moi – **4.** Prends – **5.** ouvre-le – **6.** lis – **7.** Lis-la – **8.** Copie-la – **9.** Ne parle pas – **10.** ne le regarde pas – **11.** essaie – **12.** récite-la-moi.

3. 1. Reprenons – **2.** ne criez pas – **3.** commençons – **4.** faites grandir – **5.** faites-le grandir – **6.** Prenons – **7.** donnons – **8.** Rejoignez – **9.** n'oubliez pas – **10.** sachez – **11.** Reprenons – **12.** Ne pressez pas – **13.** gardez-le – **14.** chantons.

4. 1. prière – **2.** condition – **3.** opposition – **4.** souhait – **5.** politesse – **6.** ordre – **7.** maxime – **8.** souhait.

Les semi-auxiliaires modaux : *devoir, pouvoir, vouloir, savoir*

1. 1. Il faut que vous preniez… – **2.** … que je paie… – **3.** … que tu aies… – **4.** … qu'elle soit… – **5.** … qu'on tienne… – **6.** … que nous étudions… – **7.** … qu'on fasse… – **8.** … qu'ils aillent.

2. 3, 2, 1, 4.

3. 1. Il a dû rater… – **2.** Tu dois avoir… – **3.** J'ai dû l'oublier… – **4.** Tu devrais avoir… – **5.** Il devait être… – **6.** Tu dois avoir raison. – **7.** Il devait être superbe… – **8.** Elle doit être…

4. 1. O – **2.** O – **3.** P – **4.** O – **5.** P – **6.** P – **7.** P – **8.** O.

5. *Pouvoir = être capable de*, dans les phrases 2, 5, 6.

6. Les phrases 5 et 7 expriment le doute ou l'approximation. C'est l'imprécision de l'heure ou de l'âge qui donne les indices.

7. 1a – 2a – 3b – 4a – 5b.

8. 1. vous connaissez – **2.** vous connaissez – **3.** vous savez – **4.** tu sais – **5.** vous savez – **6.** je connais – **7.** je connaîtrai / je vais connaître – **8.** personne ne sait.

9. 1. je voudrais – **2.** je voudrais bien – **3.** je veux – **4.** je voudrais – **5.** je voudrais bien – **6.** je veux bien.

10. Dans les phrases suivantes : 2, 3, 6, 7, le verbe peut être remplacé par « avoir l'impression que ».

5. LES MODES IMPERSONNELS

Le mode infinitif

1. 1. infinitif présent actif – **2.** infinitif présent passif – **3.** infinitif présent actif – **4.** infinitif passé actif – **5.** infinitif passé actif – **6.** infinitif passé passif – **7.** infinitif présent actif – **8.** infinitif passé actif.

2. 1. Il affirme ne pas pouvoir reprendre… – **2.** Il certifie ne pas avoir changé / n'avoir pas changé. – **3.** Je souhaiterais ne pas répéter… – **4.** Je suis sûre de ne pas lui avoir donné… – **5.** Il conviendrait… de ne pas se laisser aller… – **6.** Il dit ne pas avoir reçu d'argent / n'avoir pas reçu d'argent… – **7.** … il semble ne pas apprécier… – **8.** On m'a conseillé de ne pas me faire couper les cheveux.

3. 1. Je vois le métro arriver / arriver le métro. – **2.** … j'ai entendu le vent souffler / souffler le vent. – **3.** Je regarde les acteurs répéter / répéter les acteurs. – **4.** J'écoute… jouer des musiciens / des musiciens jouer. – **5.** Je sens les premières gouttes de pluie tomber / tomber les premières gouttes de pluie. – **6.** Je vois… la date de l'examen approcher / approcher la date de l'examen.- **7.** … j'ai entendu cet écrivain parler… / parler cet écrivain… – **8.** Nous voyons le monde changer / changer le monde.

4. 1. J'ai vu le vent soulever la poussière. – **2.** … j'ai entendu un violoniste jouer… – **3.** … on voit la mer recouvrir le sable… – **4.** … j'ai entendu cet écrivain faire une conférence… – **5.** J'ai senti quelqu'un me toucher l'épaule. – **6.** Vous avez vu le public applaudir… – **7.** Ils ont entendu leur fils ouvrir… – **8.** Il écoutait le joueur de tennis faire un discours…
(Remarque : lorsque le verbe de la 2e proposition est suivi d'un COD, il n'y a qu'une possibilité.)

Le mode participe

Le participe présent

1. 1. sachant, étant – **2.** négligeant – **3.** peignant, souffrant – **4.** réfléchissant – **5.** avançant – **6.** courant, criant, se cachant, se poursuivant – **7.** s'asseyant – **8.** constituant.

2. 1. Ne voyant pas la scène – **2.** N'aimant pas les jeux et ne comprenant rien aux règles – **3.** n'allant nulle part, lisant, écoutant – **4.** Ne disant jamais – **5.** Ne s'entendant plus – **6.** n'ayant plus d'autres affaires – **7.** ne concluant pas – **8.** Ne connaissant pas.

3. 1. Entendant le moindre bruit – **2.** Voyageant souvent – **3.** Bien qu'ayant réussi – **4.** Ayant suivi un régime sévère – **5.** Croyant qu'elle pouvait arriver à l'heure – **6.** Ne s'étant pas arrêté à un stop – **7.** Ne se sentant pas bien – **8.** S'apercevant de son erreur.

Le gérondif

1. 1. en marchant – **2.** en oubliant – **3.** en bricolant – **4.** en faisant – **5.** en écoutant – **6.** en descendant – **7.** en t'appliquant mieux – **8.** en voyant.

2. 1. En lisant les journaux, en écoutant la radio, en regardant la télé. – **2.** En me mettant au lit. – **3.** En apprenant la bonne nouvelle. – **4.** En mangeant moins. – **5.** En gagnant plus d'argent. – **6.** En sortant faire ses courses. – **7.** En enquêtant, en interrogeant les voisins, les témoins. – **8.** En voyant que sa fille avait de la fièvre.

3. A. 1. … sans claquer la porte. – **2.** … sans regarder à droite ni à gauche. – **3.** On ne fait pas d'omelette sans casser des œufs. – **4.** … sans hésiter. – **5.** … sans sortir de chez lui. – **6.** … sans se cacher. – **7.** … sans nous presser. – **8.** … sans travailler dur.

B. 1. … en ne te voyant pas arriver. – **2.** … en ne venant pas demain. – **3.** … en ne comptant pas sur les autres. – **4.** … en ne répondant pas à sa lettre. – **5.** … en ne partant pas tout de suite. – **6.** … en ne prenant pas toutes les précautions. – **7.** en ne tournant pas. – **8.** … en ne ralentissant pas.

4. 1. Courant très vite… – **2.** En courant très vite… – **3.** Mangeant peu… – **4.** En mangeant peu… – **5.** Voulant réussir… – **6.** …croyant… – **7.** …en croyant… – **8.** …en voyant…

La proposition participe

1. 1. cause – **2.** hypothèse – **3.** temps – **4.** cause – **5.** temps – **6.** opposition – **7.** cause – **8.** condition.

2. 1. L'hymne national retentissant… – **2.** Ses copies corrigées… – **3.** Le téléviseur tombant en panne… – **4.** Le ciel se dégageant et la pluie s'éloignant… – **5.** Minuit sonnant… – **6.** L'usine rouvrant ses portes… – **7.** Les nouvelles technologies se développant… – **8.** Le train roulant à toute allure…

IV. LES MOTS INVARIABLES

1. LES PRÉPOSITIONS

1. 1d – 2h – 3e – 4g – 5b – 6c – 7a – 8f.

2. 1. à – **2.** de, de – **3.** à – **4.** à – **5.** de – **6.** à – **7.** à – **8.** de, à.

3. 1. de – **2.** à – **3.** de – **4.** de – **5.** de – **6.** à – **7.** à – **8.** de.

4. 1. à – **2.** à – **3.** à – **4.** de – **5.** à – **6.** de – **7.** à – **8.** à.

5. 1. en Italie – **2.** au Brésil – **3.** en été – **4.** en hiver – **5.** en automne – **6.** au Portugal – **7.** au printemps – **8.** en mai.

6. *Réponses correctes :* **1.** chez le boulanger – **2.** chez le médecin – **3.** à la gare – **4.** chez qui ? – **5.** chez moi – **6.** au restaurant, chez Jean-Guy – **7.** à la poste, chez le teinturier, au pressing – **8.** chez la directrice.

7. 1. en voiture ou en train – **2.** à bicyclette – **3.** en avion, dans un pays lointain – **4.** dans le centre, en banlieue – **5.** En France, à cheval, dans les pays anglo-saxons – **6.** en Irlande, dans ce pays – **7.** À Paris, dans le quartier Montparnasse – **8.** dans ma voiture, à pied.

8. 1. dans une minute – **2.** dans cinq minutes – **3.** en un quart d'heure – **4.** Dans un mois – **5.** en trois heures – **6.** dans les mois à venir – **7.** dans une heure – **8.** En combien de temps, En 10 secondes.

9. 1. pour trois jours – **2.** en deux heures et demie – **3.** en peu de temps – **4.** dans un mois – **5.** pour combien de jours – **6.** en un week-end – **7.** pour une semaine complète – **8.** dans trois mois.

10. 1g – 2d – 3b – 4h – 5a – 6c – 7e – 8f.

11. Il est parti de Pékin le 15 mai, il est passé par Moscou, a traversé la Pologne. Il a séjourné à Berlin deux semaines, s'est arrêté à Strasbourg et est arrivé à Paris le 20 juin. Il est allé ensuite à Chartres, puis est descendu vers Saint-Sébastien en Espagne, où il est arrivé le 30 juin.

12. 1. sur la plage – **2.** sous la table – **3.** sur la table – **4.** sous la grille – **5.** au-dessus de nous – **6.** sous l'eau – **7.** l'un sur l'autre – **8.** au-dessus de moi.

13. 1. par le parc – **2.** par le train – **3.** trois fois par jour – **4.** pour lui – **5.** pour l'Italie, par le tunnel – **6.** pour leurs grands-parents.

14. 1f – 2d – 3e – 4a – 5b – 6g – 7c – 8h.

15. 1. envers, envers – **2.** vers – **3.** vers – **4.** envers – **5.** vers – **6.** vers – **7.** envers – **8.** vers.

16. 1. Entre – **2.** entre – **3.** parmi – **4.** Parmi – **5.** entre – **6.** Entre – **7.** parmi / d'entre – **8.** Parmi.

17. 1. dès – **2.** dès – **3.** depuis – **4.** depuis – **5.** dès – **6.** depuis – **7.** depuis – **8.** dès.

18. 1c – 2e – 3h – 4f – 5a – 6b – 7d – 8g.

Bilan

1. 1. avec le TGV – **2.** de Paris – **3.** à Grenoble – **4.** en trois heures – **5.** par Lyon – **6.** sans arrêt – **7.** jusqu'à Grenoble – **8.** sur les bords – **9.** dans les rues – **10.** à vélo – **11.** avec une moyenne d'âge – **12.** avec ses trois universités – **13.** grâce à sa situation – **14.** dans un bel environnement – **15.** sur les pistes – **16.** en une heure – **17.** dès le mois de novembre – **18.** jusqu'à Pâques – **19.** pour le week-end – **20.** avec – **21.** sans neige – **22.** à Grenoble.

2. 1. l'un de l'autre – **2.** qu'au sport – **3.** qu'à la musique – **4.** et au théâtre – **5.** pour un champion – **6.** pour l'opéra – **7.** à toutes les revues – **8.** à son piano – **9.** dans un avion – **10.** pour la Chine – **11.** Dès le premier regard – **12.** de la jeune fille – **13.** dès ce moment – **14.** à la suivre – **15.** de son père – **16.** Quant à elle – **17.** envers lui – **18.** par cette présence – **19.** de son amoureux – **20.** de constater – **21.** à reprendre contact – **22.** avec lui – **23.** entre eux – **24.** pour jour – **25.** de fêter – **26.** dans un petit village – **27.** de la forêt – **28.** de se retrouver – **29.** Sauf l'ami – **30.** de ce départ – **31.** depuis une heure – **32.** dans la forêt – **33.** avant leur départ – **34.** contre un arbre – **35.** sur la chaussée – **36.** à ce qui serait arrivé – **37.** au bout de quelques minutes – **38.** en marche – **39.** vers le village – **40.** parmi les arbres.

3. 1. Il est arrivé à deux heures précises. – **2.** J'ai travaillé pendant deux heures sans m'arrêter. – **3.** Je m'en vais, j'en ai pour deux heures environ. – **4.** Je reviendrai vers deux heures, pas plus tard. – **5.** Il dort depuis deux heures. – **6.** Il a fait le trajet en deux heures. – **7.** Je reviendrai le plus tôt possible, avant deux heures. – **8.** Tu peux m'attendre jusqu'à deux heures ?

4. 1. Il a obtenu 38 sur 40 à son examen. – **2.** Il habite au 40 rue de Courcelles. – **3.** La Deuxième Guerre mondiale a commencé un peu avant 40. – **4.** Nous sommes partis en car à 40. – **5.** Depuis 40 la France a beaucoup changé. – **6.** Il est né en 40. – **7.** Vous avez ce modèle en 40 ? – **8.** L'enfant sait compter jusqu'à 40. – **9.** Vous pouvez nous préparer un buffet pour 40 ?

2. LES ADVERBES

1. 1. énormément, spécialement – **2.** gravement – **3.** en vain, toujours – **4.** évidemment, tout à l'heure – **5.** tellement, vite, mal – **6.** très, souvent, assez, régulièrement, quelquefois – **7.** merveilleusement bien, remarquablement, à merveille, bref – **8.** très, assez, très, peu.

a. Vrai : aimer énormément, nuire gravement.
b. Vrai : toujours absent, très intelligente, assez jolie.
c. Vrai : tellement vite, pas très souvent, assez régulièrement.

2. 1. Elle se comporte très gentiment… – **2.** Il a agi grossièrement… – **3.** Elles les soignent très délicatement. – **4.** Réponds poliment à ta grand-mère. – **5.** Il travaille un peu lentement. – **6.** Elle agit un peu bizarrement, non ? – **7.** Il s'est toujours conduit très courtoisement. – **8.** Vous assistez aux cours assidûment.

3. 1. intelligemment – **2.** intensément – **3.** rapidement – **4.** gentiment – **5.** très patiemment – **6.** gaiement – **7.** silencieusement – **8.** négativement.

4. *Adjectifs à valeur d'adverbes dans les phrases :* 1, 3, 4, 5, 6, 8.

5. 1. Il a souvent pris l'avion. – **2.** Vous avez toujours habité à Lyon ? – **3.** Il a beaucoup plu dans l'ouest de la France. – **4.** Il a trop mangé… – **5.** J'ai bien compris… – **6.** Elle a trop dansé… – **7.** Tu n'as guère travaillé… – **8.** Je n'ai rien compris…

6. 1. Hier, j'ai rencontré Alexandra dans le métro. / J'ai rencontré Alexandra dans le métro hier. / J'ai rencontré Alexandra hier dans le métro. – **2.** Il a presque fini son exercice. – **3.** Nous nous sommes vite rendu compte de notre erreur. – **4.** … mais j'ai longtemps vécu ailleurs. / J'ai vécu longtemps ailleurs. – **5.** Vous avez déjà fini de dîner ? – **6.** Autrefois, je l'ai connue au Canada. / Je l'ai connue autrefois au Canada. / Je l'ai connue au Canada autrefois. – **7.** … ils ont répondu n'importe comment. – **8.** J'ai tout compris…

7. *Mots corrects :* **1.** bientôt – **2.** plutôt – **3.** très – **4.** aussi – **5.** si – **6.** trop – **7.** même – **8.** aussi.

8. 1. aussitôt – **2.** Bien, bien – **3.** énormément – **4.** très – **5.** ensemble – **6.** de temps en temps – **7.** récemment – **8.** toujours – **9.** en vain – **10.** plutôt.

V. SE SITUER DANS L'ESPACE ET LE TEMPS

1. SE SITUER DANS L'ESPACE

1. En sortant du métro Convention, suivez la rue de Vaugirard dans le sens des voitures jusqu'à la rue Cambronne que vous trouverez sur votre gauche. Vous la descendez jusqu'à la place Cambronne. Là, vous prendrez la rue du Laos jusqu'à l'École militaire.

2. 1. au milieu du dessin – **2.** sur la tête – **3.** autour du cou – **4.** Autour de lui – **5.** par le cou – **6.** sur son dos – **7.** autour du cou – **8.** Derrière – **9.** sur son dos – **10.** à la main.

3. *Erreur 1 :* Le salon est à gauche, la salle à manger à droite.
Erreur 2 : la salle à manger communique avec la cuisine.
Erreurs 3 et 4 : la chambre des parents est à gauche et elle communique avec la chambre de Mélanie.
Erreur 5 : la chambre de Pauline est au fond à droite.

4. 1. en Sardaigne, à Marseille – **2.** en Équateur, au Portugal – **3.** dans le Cantal, en Provence – **4.** dans les Alpes, dans les Pyrénées, en Auvergne – **5.** au Yémen, au Koweït, au Qatar, en Syrie – **6.** à Paris, en Bourgogne – **7.** du Mexique, du Brésil, de Colombie – **8.** d'Irlande, en Argentine / pour l'Argentine, au Chili / pour le Chili.

5. *Réponses correctes :* **1.** tu viennes – **2.** je suis arrivée – **3.** Je me trouve – **4.** je reviens – **5.** Tu vas – **6.** Tu n'es jamais venu – **7.** à revenir – **8.** sont retournés.

2. SE SITUER DANS LE TEMPS

1. 1. Aujourd'hui – **2.** Il est – **3.** du matin – **4.** dans – **5.** en – **6.** il y a – **7.** prochain – **8.** Cet – **9.** Hier – **10.** le 22 février…

2. Aujourd'hui, nous sommes le 20 janvier et il fait froid depuis décembre. Il a même neigé il y a deux jours, le 18 janvier. Demain c'est mon anniversaire et après-demain, le 22 janvier, je pars au soleil. Je vais passer deux semaines aux Antilles. C'est la destination que les Français préfèrent à cette époque de l'année. Là, je retrouverai des amis. Nous y resterons ensemble jusqu'au début février et ensuite nous quitterons ce paradis et chacun rentrera chez soi.

3. ce jour-là – auparavant / plus tôt / avant – précédent – Cette année-là – à venir / suivants.

4. 1. dans, pour, pendant, en.
2. Dans, dans, pendant, pour / pendant, en.

5. 1. marchait – **2.** enseigne – **3.** n'avait pas dormi – **4.** joue – **5.** a rajeuni – **6.** s'était posé – **7.** travaille – **8.** s'est enfermé… n'a parlé à / ne parle à.

6. *Action continue dans le présent :* phrases **1**b, **2**a, **3**b, **4**a.
Action terminée : phrases **1**a, **2**b, **3**a, **4**b.

7. 1. à partir du 21 / dès le 21 – **2.** dès ce soir / à partir de ce soir – **3.** depuis – **4.** dès / à partir de – **5.** depuis – **6.** à partir du 20 / dès le 20 – **7.** dès – **8.** depuis.

8. *Réponses correctes :*
1. toute la matinée – **2** chaque année – **3.** tous les soirs – **4.** jour et nuit – **5.** attention les deux sont possibles : l'an prochain / l'année prochaine – **6.** une année magnifique – **7.** ce matin – **8.** tous les jours… toute la journée.

9. **1**c – **2**d – **3**a – **4**e – **5**b.

VI. LES DIFFÉRENTS TYPES DE PHRASES

1. LA PHRASE INTERROGATIVE

1. *Les réponses proposées n'excluent pas d'autres réponses possibles :*
1. (F) Quel est le métier de Fabrice, exactement. – **2.** (F) Comment je fais pour aller chez toi ? – **3.** (C) – **4.** (C) – **5.** (C) – **6.** (C) – **7.** (F) Quels sont les auteurs français que vous aimez ? – **8.** (C) – **9.** (C) – **10.** (C) – **11.** (F) Où peut-on s'adresser pour avoir des renseignements ? – **12.** (F) D'où vient ton pull ? – **13.** (C) – **14.** (C) – **15.** (C).

2. 1. oui – **2.** non – **3.** si – **4.** non – **5.** si – **6.** oui.

3. 1. Comment vous appelez-vous ? / Quel est votre nom ? – **2.** Quel âge avez-vous ? – **3.** Où habitez-vous ? – **4.** Vous avez un numéro de téléphone ? – **5.** Quels diplômes avez-vous ? – **6.** Vous avez une expérience professionnelle ? – **7.** Vous parlez quelles langues ? – **8.** Quand pourriez-vous commencer ?

4. **1**i – **2**h – **3**j – **4**a – **5**g – **6**b – **7**f – **8**d – **9**e – **10**c.

5. 1. Où est le chat ? – **2.** Quel livre as-tu pris ? – **3.** Qu'est-ce que tu fais ? – **4.** Comment viendrez-vous ? – **5.** Tu l'as payé combien ? – **6.** Qui a téléphoné ? – **7.** Tu pars avec quelle compagnie ? – **8.** Où va-t-elle en vacances ?

6. 1. qui est-ce qui – **2.** qu'est-ce que – **3.** qu'est-ce que – **4.** qu'est-ce qui – **5.** qu'est-ce qui – **6.** qui est-ce que – **7.** qui est-ce qui – **8.** qui est-ce que.

2. LA PHRASE NÉGATIVE

1. 1. Je n'ai pas trouvé d'erreur dans les comptes. – **2.** Personne n'a applaudi. – **3.** Personne n'est venu vous voir. – **4.** Cette robe ne vaut pas plus de 200 euros. – **5.** Ses trois enfants ne vivent plus avec elle. – **6.** Je n'ai pas encore déjeuné. – **7.** Il ne connaît pas tout le monde. / Il ne connaît personne. – **8.** Il n'a pas toujours habité ici. / Il n'a jamais habité ici.

2. 1. Il n'y a pas de lettres pour moi ? / Il n'y a aucune lettre pour moi ? – **2.** Il ne veut rien dire. – **3.** À 90 ans, il ne conduit plus sa voiture. – **4.** Je n'ai pas mangé de viande ni de légumes. / Je n'ai mangé ni viande ni légumes. – **5.** Je n'aime pas le vert ni le bleu. / Je n'aime ni le vert ni le bleu. – **6.** Je n'ai pas vu tous les films… / Je n'ai vu aucun film… – **7.** Il ne dit jamais bonjour à personne. / Il ne dit pas toujours bonjour à tout le monde. – **8.** C'est un livre qu'on ne trouve pas partout. / Ce n'est pas un livre qu'on trouve partout. / C'est un livre qu'on ne trouve nulle part.

3. 1 c – **2** e – **3** a – **4** g – **5** f – **6** h – **7** b – **8** d.

4. 1. Non, je ne vois rien. – **2.** Non, je ne me souviens de rien. – **3.** Non, il n'y travaille plus. – **4.** Non, il n'y en a pas. – **5.** Non, je ne l'ai pas encore fini. – **6.** Non, personne (n'a appelé pour toi ce matin). – **7.** Non, personne n'a compris. / Non, tout le monde n'a pas compris. – **8.** Non, je n'ai plus faim.

5. 1. J'ai rencontré quelqu'un… – **2.** Tout le monde a bu quelque chose. / Quelqu'un a bu quelque chose. – **3.** Quelque chose de grave est arrivé. – **4.** … il y a fromage et dessert. – **5.** La nouvelle a suscité un certain étonnement. – **6.** J'ai tout entendu. / J'ai entendu quelque chose. – **7.** Il prend parfois / toujours sa voiture… – **8.** Il travaille encore…

6. 1. J'ai bien peur de ne pas connaître son adresse. – **2.** J'ai bien envie de ne pas donner suite… – **3.** Je souhaite vivement ne plus recevoir de publicité… – **4.** … ce serait mieux de ne pas fumer. – **5.** Les voisins nous ont demandé de ne pas faire de bruit… – **6.** Nous nous excusons de ne pas pouvoir répondre favorablement… – **7.** Essayons de ne pas rire… – **8.** Tu pourrais essayer de ne pas être aussi méchant…

7. 1. Je n'ai rien bu ni rien mangé depuis ce matin. – **2.** Personne n'a plus jamais rien dit à ce sujet. – **3.** Ils ne vont plus jamais nulle part ensemble. / Ils ne vont jamais plus nulle part ensemble. – **4.** Rien ne sera plus jamais comme avant. / Rien ne sera jamais plus comme avant.

8. Dans les phrases 1, 3, 4 « jamais » est réellement négatif. Dans les phrases 2 et 5 « jamais » a le sens de « un jour », « par hasard ».

9. Sont réellement négatives les phrases : 1, 5, 7 et 8.

10. Le « ne » est explétif dans les phrases : 1, 2, 5, 6, 7.

11. Dans les phrases suivantes : le « ne » a une valeur réellement négative : 1, 3, 4, 5, 7, 8.

12. 1. il ignorait qui… – **2.** il manque de savoir-vivre… – **3.** il refuse que… – **4.** je doute de sa sincérité – **5.** il contestait… – **6.** il a nié que… – **7.** il a démenti la nouvelle de son retrait… – **8.** je désapprouve.

13. 1. indiscutable – **2.** irréalistes – **3.** désagréable – **4.** mécontents – **5.** malheureux – **6.** anticonformiste – **7.** dissemblables / différentes (plus fréquent) – **8.** anormale.

Bilan

1. … malheureux, insatisfait, mécontent… il n'était plus jeune… il ne travaillait pas, il n'avait pas d'amis, il n'avait aucun ami – il n'avait jamais personne à voir – il ne sortait jamais de chez lui – il n'allait nulle part – ni dans une boîte, ni dans un bar, ni dans un cinéma. Il n'aimait ni les lumières ni l'agitation des lieux… Nulle part… il ne se sentait

chez lui. Il n'appréciait ni ne recherchait la compagnie… Lui-même n'avait jamais rien à dire, rien d'intéressant, rien de profond, rien qui puisse (qui pourrait, ou qui pouvait)… Les gens le quittaient sans regret. Personne ne voulait se dire… On le trouvait antipathique, désagréable. … à la forme négative, on n'avait vraiment pas envie (pas du tout envie, ou aucune envie) de le connaître.

2. Il faut un « ne » explétif dans les phrases 1 (« que je ne l'aurais cru »), 4, 5, 7, 8.

3. Dans les phrases 2, 5, 6 (pas vu) 7 « pas » est obligatoire.
2. Je ne veux pas partir. – **5.** Cela fait des années que nous ne nous parlons pas. – **6.** Non, je ne l'ai pas vu. – **7.** Si tu n'as pas le temps…
Dans les phrases 1, 3, 4, 6 (ne sache), 8, « pas » est facultatif.
1. je n'ose (pas) imaginer – **3.** ils ne savent (pas) où aller – **4.** que nous ne nous sommes (pas) rencontrés – **6.** que je ne sache (pas) déjà – **8.** si je ne me trompe (pas).

3. LA PHRASE EXCLAMATIVE

1. 1. Quelle excellente idée ! – **2.** Quel drôle de garçon ! – **3.** Quelles fleurs merveilleuses ! – **4.** Quel ami précieux ! – **5.** Quel bel endroit ! – **6.** Quelle coïncidence extraordinaire !

2. 1. dégoût – **2.** surprise – **3.** incrédulité – **4.** approbation – **5.** appel – **6.** arrêt – **7.** douleur – **8.** soulagement.

3. a **5** – b **1** – c **7** – d **3**.

4. MISE EN RELIEF

1. 1. C'est à Limoges que Pierre habite et non à Périgueux. / Ce n'est pas à Périgueux que Pierre habite mais à Limoges. – **2.** C'est Pierre qui habite à Limoges et non François. / Ce n'est pas François qui habite à Limoges, c'est Pierre. – **3.** C'est pour le docteur Véry que vous venez ? – **4.** C'est pour ton bien que nous avons pris… – **5.** C'est moi qui pars d'abord… – **6.** Ce n'est pas pour moi que je fais ça mais pour vous. / C'est pour vous que je fais ça, pas pour moi. – **7.** C'est bien de Vanessa Higer que vous parlez, n'est-ce pas ? – **8.** C'est moi qui vais chez toi ou c'est toi qui viens chez moi ?

2. 1. Elle nous a prévenus de son arrivée avant-hier seulement. – **2.** Il avait raison pour une fois – **3.** Il s'agit bien de votre fils aîné, n'est-ce pas ? – **4.** Je n'ai pas besoin de sermons ou de conseils, mais d'une aide immédiate / j'ai besoin d'une aide immédiate, pas de sermons ou de conseils. – **5.** Je vous parle. – **6.** Je n'ai pas invité Martine, elle s'est invitée toute seule. – **7.** Nous avons compris qu'il plaisantait quand il a éclaté de rire. – **8.** Ils pensent aller passer leurs prochaines vacances vers Dijon.

3. 1. Tes amis sont toujours en retard. – **2.** Tu détestes le lundi, moi le vendredi. – **3.** Vous aimez la bière ? En voulez-vous ? – **4.** Il y a longtemps que nous n'avons pas vu les Vernant. – **5.** Sais-tu où va ton amie Louise cet été ? – **6.** Quand mon frère a-t-il appelé ? / Quand est-ce que mon frère a appelé ? – **7.** J'adore ma sœur, surtout quand elle s'occupe du ménage. – **8.** Il me semble que le frère de Marion joue dans un groupe de rock à Bordeaux.

1. LA PROPOSITION SUBORDONNÉE RELATIVE

1. 1. que – 2 – qui, dont, qui – **3.** où, que, qui – **4.** que, qui – **5.** qui, qui, qui – **6.** que, qui – **7.** où, que – **8.** qu', qui.

2. 1. … ce film dont tout le monde parle ? – **2.** … des secrets de famille dont personne ne lui avait jamais… – **3.** … l'appartement idéal que je cherchais… – **4.** … une nouvelle voiture qui leur a coûté une fortune. – **5.** … au café Voltaire qui se trouve rue de Berlin. – **6.** … le dernier livre de Houellebecq qu'on m'a offert… – **7.** … cette maison de Bretagne où ils ont passé… – **8.** … ces documents dont j'ai vraiment besoin.

3. *Les propositions relatives sont à insérer dans le texte suivant cet ordre : 8, 4, 1, 7, 2, 6, 3, 5.*

4. 1. qu'il – **2.** qui l'as – **3.** qui il – **4.** qui il – **5.** qui le… qu'il – **6.** qu'il – **7.** qu'il… qu'il – **8.** qui le… qu'il.

5. *Réponse correcte :* Phrase B.

6. *Les propositions relatives explicatives sont dans les phrases : 2, 3 6.*
Les propositions relatives déterminatives sont dans les phrases : 1, 4, 5.

7. 1. peux – **2.** va – **3.** laisserait – **4.** a disparu – **5.** va / aille – **6.** connais – **7.** j'aie jamais vu – **8.** n'ai jamais vu.

8. 1. plaise / plaît – **2.** sache / sait – **3.** ai rangées – **4.** nous arrêter – **5.** puisse / pourrais – **6.** peut – **7.** loger.

9. 1. illisible – **2.** incorrigible – **3.** inadmissible – **4.** irrésistible – **5.** buvable / potable – **6.** in tolérable – **7.** insoluble – **8.** incontrôlable.

10. 1. une réponse ambiguë – **2.** sa promenade quotidienne – **3.** quelqu'un de lunatique – **4.** les gens insomniaques – **5.** un pays hexagonal – **6.** la visite hebdomadaire – **7.** aux résultats expérimentaux – **8.** quelque chose d'illégal.

2. LA PROPOSITION SUBORDONNÉE COMPLÉTIVE

Le mode du verbe dans la complétive

1. 1. conduisez – **2.** avez raison / avez eu raison – **3.** peut / pourra – **4.** ne saisissez pas / n'avez pas saisi – **5.** n'accepterais pas – **6.** obtiendront – **7.** résoudra – **8.** convainc.

2. 1. On vient de nous informer – **2.** Les employés ont appris – **3.** Le jeune ingénieur affirmait – **5.** Une femme criait – **5.** Le professeur a dit – **6.** Je prétends – **7.** Le délégué syndical a promis – **8.** Mon ami a juré.

3. 1. avait / a influencé – **2.** n'avait pas commis – **3.** a tout vu – **4.** rejoindrait – **5.** s'obscurcissait / s'était obscurci – **6.** avez acquis – **7.** changeait / avait changé – **8.** avions déjeuné.

4. 1. ne dors pas assez / n'as pas assez dormi – **2.** soit / est – **3.** puisse / peut – **4.** étudiiez – **5.** gagnerait – **6.** soient – **7.** puissions… voulions / pouvons… voulons – **8.** qu'il mente (tout le temps) / qu'il ait menti (ce jour-là) / qu'il a menti (comme tout le monde l'affirme).

5. 1. saurons – **2.** divorçaient / avaient divorcé – **3.** valait / vaudrait / aurait valu – **4.** était – **5.** s'opposeront / s'opposent – **6.** aboutiront – **7.** comprennes – **8.** n'aurais pas fait / ne ferais pas / n'avais pas fait.

6. 1. comprenez / avez compris – **2.** ayez – **3.** as – **4.** veuilles / aies voulu – **5.** avait échoué – **6.** veuille – **7.** pleut… prenne – **8.** jouerait.

7. 1. avait commis / commettait – **2.** aille – **3.** voie – **4.** connaîtrait – **5.** refuserais – **6.** entende – **7.** rentrait – **8.** sachiez.

8. 1. Je doute que vous ayez compris. – **2.** Je m'étais aperçu qu'il avait fait une grossière erreur. – **3.** J'ai su hier que mon ami venait de rentrer de voyage. – **4.** Je ne sais pas s'il est rentré de voyage. – **5.** C'est le moment où jamais que vous fassiez des efforts et que vous travailliez. – **6.** Je me doute bien qu'une femme comme elle pourra être mère de famille et ministre. – **7.** Il est évident que ce chanteur a perdu sa voix en vieillissant. – **8.** La majorité des députés s'oppose à ce que le gouvernement modifie la loi de 1905.

9. 1. Je regrette que vous nous quittiez déjà. – **2.** Cette jeune fille mérite que nous fassions quelque chose pour elle. – **3.** J'aimerais que tu prennes au sérieux ce que tu fais. – **4.** J'exige que tu me répondes. – **5.** Le professeur tient à ce que nous travaillions avec un dictionnaire. – **6.** Il est préférable que tu n'interviennes pas dans la discussion. – **7.** J'attends que vous vous asseyiez. – **8.** Il est dommage que nous ne voyions ni la scène ni les acteurs.

10. 1. ne soient pas – **2.** désobéisse – **3.** soit – **4.** ne puissiez pas – **5.** refuse / ait refusé – **6.** vienne – **7.** se souvienne – **8.** obtienne / ait obtenu.

11. 1. ne vaut – **2.** nous reverrons – **3.** sera condamnée – **4.** remporte / remportera – **5.** connaîtrons – **6.** interdira – **7.** a inventé – **8.** aurons terminé.

12. 1. ait changé – **2.** avons déjà vu – **3.** est mort – **4.** puisse – **5.** soit – **6.** connaissiez – **7.** soit… soit – **8.** ait… ait été fait.

13. 1. Il est regrettable – **2.** Il est probable / clair – **3.** Il est désolant / regrettable – **4.** Il est absurde – **5.** Il est clair / manifeste – **6.** Il est indispensable – **7.** Il paraît – **8.** Il est sûr / certain.

14. 1e – 2c – 3b -4g – 5h – 6a – 7f – 8d.

15. 1b – 2e – 3f – 4h – 5d – 6g – 7c – 8a.

La transformation : complétive → infinitif

1. 1. Je crois vous avoir donné toutes les informations. – **2.** … espérait s'acquitter de sa tâche… – **3.** … s'imaginait pouvoir réussir sans travailler. – **4.** Je me souviens avoir passé mon bac… – **5.** Elle a reconnu avoir menti. – **6.** Il s'est soudain rappelé avoir déjà lu ce roman policier. – **7.** Il me semble ne pas avoir saisi l'essentiel de ce texte. – **8.** … prétend vous avoir payé et ne plus rien vous devoir.

2. 1. … pense avoir enfin compris. – **2.** … affirmait ne pas avoir triché. – **3.** … jurait ne rien avoir bu (n'avoir rien bu). – **4.** … a juré de ne plus boire. – **5.** disait avoir besoin d'aide… – **6.** … a promis de l'aider. – **7.** … ont demandé à être reçus par le ministre (ont demandé au ministre de les recevoir) – **8.** … s'attendent à être tous licenciés.

3. 1. … sentait sa mémoire lui faire défaut. – **2.** J'ai vu la voiture prendre le virage trop vite. – **3.** J'entends frapper à la porte. – **4.** Il semble s'être trompé. – **5.** … voulait être remboursé. – **6.** Elle se plaignait d'avoir été mal informée. – **7.** Je désire être écouté(e) en silence. – **8.** Elle avait peur d'être licenciée.

4. 1. Il te suffit d'être là… – **2.** Je vous souhaite d'être heureux. – **3.** Il m'est impossible de répondre immédiatement… – **4.** Il serait utile de vérifier l'information. – **5.** Il te faut repartir tout de suite. – **6.** Je leur ai proposé de faire le trajet… – **7.** … elle ne leur permet pas de sortir le soir. – **8.** Je te conseille de réfléchir un peu…

La transformation : complétive → participe passé ou adjectif

1. 1. Elle se croyait responsable de l'accident. – **2.** Vous vous estimez trahis dans cette affaire. – **3.** Je le crois innocent. – **4.** Nous nous sentions très fatigués après… – **5.** … elle se trouve laide. – **6.** Nous savions ma grand-mère très malade. – **7.** Il nous jugeait incapables de le comprendre. – **8.** Elle s'est montrée digne de la confiance qu'on…

La transformation : complétive → nom

1. 1. de sa fidélité – **2.** le départ de mes amis – **3.** de son échec – **4.** de la défaite de leur équipe – **5.** de la victoire de la leur – **6.** de la cruauté de certaines personnes envers les animaux – **7.** de votre réussite / de votre succès – **8.** l'arrestation de l'automobiliste responsable de l'accident.

2. 1. … une étude sérieuse des projets est indispensable. – **2.** Une révision attentive des verbes serait utile. – **3.** La pollution des mers est déplorable. – **4.** L'entrée de l'immeuble est interdite aux démarcheurs. – **5.** Toute décision est impossible en ce moment. – **6.** Ton retour est vraiment nécessaire. – **7.** Sa culpabilité est certaine. – **8.** Son pessimisme est évident.

···

Bilan

···

1. 1. Je pense – **2.** Je doute – **3.** Je souhaite – **4.** J'espère – **5.** Je me réjouis – **6.** Je ne comprends pas – **7.** J'aimerais – **8.** On dirait.

2. *L'infinitif est impossible dans les phrases* : 1, 3, 4, 6, 7. *Dans les autres phrases on peut dire aussi* : **2.** Il croit avoir tous les droits – **5.** Nous espérons trouver un coin… – **8.** Elle affirme ne pas avoir aimé (n'avoir pas aimé) ce roman (« elle » représente la même personne).

3. A. 1. au voyageur de montrer son billet – **2.** à mes amis d'abattre une cloison – **3.** Je vous conseille de prendre vos vacances – **4.** Je t'ordonne de finir.

B. 5. Je voudrais être déchargé(e) de cette affaire. – **6.** Qui ne désire pas être aimé ? – **7.** J'aimerais emprunter ta bicyclette… **8.** Je souhaite acheter votre voiture.

4. 1c – 2d – 3e – 4b – 5f – 6h – 7a – 8g.

5. A. 1. de **d.** – **2.** de **e.** – **3.** de **h.** – **4. b.** – **5.** de **f.** – **6.** de **g.** – **7.** de **a.** – **8.** de **c.**

B. 1. de **d.** – 2e – 3h – 4b – 5f – 6g – 7a – 8c.

3. LE DISCOURS RAPPORTÉ

1. 1. … annonce qu'il y aura du vent et de la pluie… – **2.** … elle crie que j'ai eu tort de lui raconter des mensonges. – **3.** … me dit que j'aurai plus de chance la prochaine fois. – **4.** Tout le monde pense que les joueurs brésiliens ont bien joué et qu'ils ont mérité leur victoire. – **5.** … ses amis le préviennent que la course sera très dure, qu'il doit faire attention à lui. – **6.** On te répète toujours que tu devrais

changer de métier. – **7.** … déclare aux ouvriers qu'il est obligé de fermer l'usine. – **8.** … affirme qu'il va très bien et qu'il ne manque de rien.

2. 1. Il a précisé qu'il serait là dans deux heures. – **2.** … nous a dit que nous pouvions faire de la voile, qu'il allait faire beau… – **3.** … a annoncé qu'il annulait le cours car il était malade. – **4.** … expliquait qu'il avait fermé le magasin et qu'il était parti. Il a ajouté qu'il n'avait rien vu. – **5.** … ajouta qu'il venait de terminer… – **6.** … lui répétaient sans cesse qu'il / elle devait choisir un métier qui lui plaisait. – **7.** … a déclaré que sa fille lui ressemblait. – **8.** … l'enfant a répondu qu'il voudrait.

3. 1. ce jour-là – **2.** le lendemain – **3.** la semaine prochaine – **4.** ce soir-là – **5.** la semaine suivante – **6.** ce matin-là – **7.** à ce moment-là – **8.** cette année-là.

4. Le médecin voudrait savoir…
1. depuis quand vous souffrez / depuis quand est-ce que vous souffrez – **2.** si vous avez de la fièvre – **3.** ce que vous avez mangé hier – **4.** si vous avez mal au foie – **5.** quelles maladies vous avez eues dans l'enfance – **6.** si vous supportez les antibiotiques – **7.** combien vous pesez – **8.** ce que vous faites dans la vie.

5. 1. Il ajouta de prendre aussi une baguette. – **2.** Il lui ordonne de ne pas fumer dans la chambre. – **3.** Elle lui cria de ne pas toucher ce plat parce qu'il était brûlant. – **4.** On lui a suggéré d'aller plutôt voir ce film. – **5.** Elle murmura de ne pas faire de bruit parce que le bébé dormait. – **6.** Ils nous ont conseillé de ne pas prendre l'autoroute, parce qu'elle était embouteillée. – **7.** Il nous dit d'être cool, d'être zen, comme lui. – **8.** Il nous demanda de partir devant, si nous étions pressés.

6. *Le père* : Ton attitude nous surprend beaucoup et nous inquiète ta mère et moi.
Joël : Ah bon, pourquoi ?
Le père : On sait que tu passes un examen dans trois semaines et on s'étonne que tu sortes presque tous les soirs avec tes amis.
Joël : Oui, mais j'ai besoin de me détendre après une journée de travail.
Le père : Et en plus tu pars en Angleterre la semaine prochaine…
Joël : Je sais ce que je fais.
Le père : D'accord, tu n'es plus un enfant, mais quand même, on est inquiets pour ton avenir.
Joël : Je serai raisonnable, je te le promets.
Le père : Au moins, ne pars qu'après ton examen.
Joël : Bon, d'accord, d'accord…

VIII. LES RELATIONS LOGICO-TEMPORELLES

1. GRAMMAIRE DU TEXTE

Les termes de reprise

1. *Phrases ambiguës* : la 3 et la 4. On supprime l'ambiguïté de la manière suivante :
3. … Ceux-ci / Ces derniers ne les avaient pas reconnus. / Elsa et Sébastien ont rencontré dans le métro de très vieux amis qu'ils n'avaient pas reconnus / qui ne les avaient pas reconnus.

4. Jenny est allée aux Galeries Lafayette avec Florence qui voulait acheter… / Jenny qui voulait acheter… est allée aux Galeries Lafayette avec… / Jenny est allée aux Galeries Lafayette avec Florence. Celle-ci / Cette dernière voulait acheter…

2. 1. tous ces ouvrages – **2.** ce moyen de locomotion – **3.** ces meubles – **4.** le bâtiment – **5.** les vêtements – **6.** un outil – **7.** cette œuvre – **8.** quelques ustensiles de cuisine.

3. 1. si tu n'écris pas – **2.** plus que je ne parlais – **3.** tu sais bien que je t'aurais accompagné(e) – **4.** comme tu viens de l'insulter – **5.** qu'on le lui propose.

Les connecteurs temporels

1. 1. Un jour – **2.** il y a une trentaine d'années – **3.** à l'époque – **4.** le 1er juin – **5.** ce matin-là – **6.** à six heures précises – **7.** la veille au soir – **8.** quelques minutes plus tard – **9.** À midi – **10.** le soir à 20 h – **11.** Dans les jours qui ont suivi – **12.** vers la mi-juin.

2. 1b – 2d – 3f – 4a – 5c – 6e.

3. a. En 1822 – vingt ans plus tôt – en 1831 – désormais – en 1843 – pendant huit ans – en 1851 – dix-neuf ans plus tard, après l'abdication… – c'est à cette époque que… – en 1862 – en 1885.

b. **1822** : Consécration de Victor Hugo, proclamé prince des poètes.
1843 : Mort de sa fille Léopoldine.
1843-1851 : Huit années de deuil et de silence.
1851 : Départ en exil à la suite du coup d'État de Louis-Napoléon Bonaparte.
1851-1870 : Années d'exil.
1862 : Publication des *Misérables*.
1870 : Retour en France après l'abdication de Napoléon III.
1885 : Mort de Victor Hugo et funérailles nationales.

4. C'est en 1643, à l'âge de 21 ans, que le jeune Jean-Baptiste Poquelin fait une rencontre décisive, celle de la famille Béjart avec laquelle il fonde l'Illustre Théâtre. C'est alors qu'il adopte le pseudonyme de Molière. À la suite de ses ennuis financiers, toute la troupe quitte Paris et restera pendant douze ans en province. Ce n'est qu'en 1658 que la troupe, de retour à Paris, devient la Troupe de Monsieur. L'année suivante voit le triomphe des *Précieuses ridicules*. La troupe s'installe au Palais-Royal.
Entre 1662 et 1665, malgré la protection du roi, il doit affronter la censure pour avoir écrit et représenté *L'École des femmes*, *Tartuffe* et *Dom Juan*.
Dans les six années qui suivent, la troupe joue les pièces les plus connues comme *Le Misanthrope*, *L'Avare*, *Le Bourgeois gentilhomme*, *Les Femmes savantes*. En 1673, un an après avoir perdu la faveur du roi, Molière meurt en jouant *Le Malade imaginaire*.

Les connecteurs logiques

1. 1. Tout d'abord – **2.** Or – **3.** D'autre part – **4.** Certes – **5.** Néanmoins – **6.** En outre – **7.** Enfin – **8.** Bref.

2. 1. d'ailleurs – **2.** ailleurs – **3.** d'ailleurs – **4.** par ailleurs – **5.** d'ailleurs – **6.** par ailleurs.

3. 1. au fait – **2.** en fait – **3.** au fait – **4.** de ce fait – **5.** en fait – **6.** de ce fait.

4. *Ordre* : 1d – 2b – 3e – 4a – 5f – 6c.

5. *Ordre* : 1c – 2a – 3e – 4d – 5b.
Titres possibles : « Les nouvelles inégalités sociales » ou « Les nouveaux pauvres ».

2. L'EXPRESSION DU TEMPS

La proposition subordonnée : valeurs et emplois des conjonctions de temps

1. 1. Quand / dès que / aussitôt que / lorsque – **2.** Chaque fois que / toutes les fois que / quand / lorsque – **3.** Quand / lorsque – **4.** Quand / lorsque – **5.** Dès qu' / aussitôt qu' – **6.** Chaque fois qu' / toutes les fois qu' / lorsqu' – **7.** Quand / lorsque – **8.** Quand.

2. 1. au fur et à mesure que / à mesure que – **2.** pendant que, tandis que, alors que; **3.** tant que, aussi longtemps que – **4.** au moment où… – **5.** pendant que, alors que, tandis que, au moment où – **6.** depuis que – **7.** tant que, aussi longtemps que – **8.** au fur et à mesure que.

3. 1. est – **2.** avait mis au monde – **3.** j'ai quitté – **4.** se sentait, était – **5.** recevions – **6.** vivons – **7.** a entendu – **8.** avait maigri.

4. 1. fumeras – **2.** gagne – **3.** a fait beau – **4.** restait – **5.** n'avait pas résolu – **6.** n'auras pas dit – **7.** n'ai pas lu – **8.** n'avez pas visité.

5. 1. auras rempli – **2.** as assemblé – **3.** s'était douchée – **4.** seront passés – **5.** avait terminé – **6.** aura achevé – **7.** a eu rassemblé – **8.** eut traversé.

6. 1. À peine le métro est-il arrivé que les portes s'ouvrent et que les passagers… / Le métro n'est pas plus tôt arrivé que les portes s'ouvrent et que les passagers… – **2.** À peine eut-il heurté le rocher que le bateau se brisa et qu'une tache… / Le bateau n'eut pas plus tôt heurté le rocher qu'il se brisa et qu'une tache noire… – **3.** À peine la vague a-t-elle touché le sable que le pétrole se dépose… / La vague n'a plus tôt touché le sable que le pétrole se dépose… – **4.** À peine l'avion avait-il reçu… qu'il allait se ranger… / L'avion n'avait pas plus tôt reçu l'autorisation… qu'il allait se ranger…

7. A. 1. reprenne – **2.** finisse / soit finie – **3.** trouve – **4.** apparaisse.

B. 5. d'ici (à ce) qu' / le temps qu' – **6.** en attendant qu' – **7.** jusqu'à ce qu' – **8.** avant que.

8. 1c – 2d – 3e – 4g – 5h – 6a – 7f – 8b.

9. 1e – 2d – 3f – 4c – 5g – 6h – 7b – 8a.

10. A. (tant que = aussi longtemps que)
1. tant que les contrôleurs ne lui auront pas donné… – **2.** tant qu'il n'a pas sommeil – **3.** tant qu'ils n'avaient pas compris – **4.** tant que le feu ne sera pas passé au rouge.

B. 5. jusqu'à ce qu'il se sente fatigué – **6.** jusqu'à ce que vous ayez atteint votre but – **7.** jusqu'à ce que le ministre les reçoive – **8.** jusqu'à ce qu'il ait trouvé un internaute…

Autres manières d'exprimer l'idée du temps

1. 1. après avoir fait le plein – **2.** Au moment d'entrer – **3.** après avoir déjeuné – **4.** Au moment de fermer… – **5.** Après avoir fini le montage… – **6.** avant d'être prise en photo – **7.** en attendant d'être appelés – **8.** avant d'y être obligé(e).

2. A. 1. Découvrant – **2.** Jugeant le moment venu – **3.** Tout en marchant – **4.** en voyant…

B. 1. Une fois assis… – **2.** Enfant… – **3.** À peine / une fois rentrée chez elle… **4.** Ayant enfin compris…

3. 1. La circulation reprenant – **2.** Une fois la tornade passée – **3.** Les rosiers et les tulipes plantés – **4.** Sa déclaration d'impôts remplie – **5.** Les premières notes de la symphonie s'élevant de l'orchestre – **6.** Une fois le prêt remboursé – **7.** Les pneus gonflés – **8.** neuf heures sonnant.

4. 1. À la vue du défilé – **2.** Après son élection – **3.** Depuis son opération – **4.** Pendant son anesthésie – **5.** Au fur et à mesure de sa lecture – **6.** Par beau temps – **7.** À / Dès l'apparition des premières feuilles – **8.** Avant le décollage.

5. 1. À leur descente d'avion – **2.** Avant sa découverte du vaccin contre la rage, Pasteur... – **3.** Lors de l'attaque du fourgon postal – **4.** En attendant l'arrivée du professeur – **5.** Depuis son arrestation et son inculpation – **6.** jusqu'au passage du train – **7.** d'ici leur mariage – **8.** À table.

6. 1. dorénavant – **2.** à plusieurs reprises – **3.** parfois – **4.** d'ores et déjà – **5.** jadis – **6.** longtemps – **7.** maintenant / actuellement / aujourd'hui – **8.** à l'avenir.

....
Bilan
....

1. 1. Quand il est tombé, il s'est fait mal. / Il s'est fait mal en tombant. – **2.** Avant que tu (ne) t'asseyes, je vais... – **3.** Au moment où il traversait... / Au moment de traverser... – **4.** Quand tu auras terminé... tu auras... / Tu auras ton dessert après avoir terminé... – **5.** Je chercherai jusqu'à ce que je trouve. – **6.** Au fur et à mesure qu'il vieillissait, il devenait plus sage. / En vieillissant il devenait plus sage. – **7.** Elle a enregistré la chanson après l'avoir écrite. – **8.** En attendant que tu trouves...

2. *Il faut souligner :* quand, tandis que, encore une fois, avant que, aussi longtemps que, en attendant que, d'ici à ce que, des jours et des jours, un jour, chaque fois que, toutes les fois que, alors, jusqu'à ce que, de nouveau, tant que, ce jour-là, en revenant, le lendemain, avant la fin du jour, alors, pas plus tôt que, tout en marchant, avant d'arriver, pendant la nuit, jusqu'à ce moment, une fois rentré, puis, après avoir embrassé, comme, lorsque, au moment où, dès que, une fois l'émotion passée.

3. L'EXPRESSION DE LA CAUSE

1. 1. puisque – **2.** puisque – **3.** parce que – **4.** puisqu' – **5.** parce que – **6.** parce qu' – **7.** parce que – **8.** Puisque.

2. 1. Étant donné qu' – **2.** parce que – **3.** sous prétexte que – **4.** puisque – **5.** puisque – **6.** Comme – **7.** sous prétexte que – **8.** parce que.

3. 1. non qu'il ait oublié... mais parce que le métro était – **2.** soit que je n'aie pas mis... soit que je ne l'aie pas laissé – **3.** parce que sa mère le prend... mais parce qu'elle le chatouille – **4.** ce n'est pas qu'il ait du chagrin, mais il fait très froid – **5.** non qu'il ne sache pas..., mais parce qu'il préfère – **6.** parce que le prix du tabac a augmenté, mais ils veulent – **7.** soit qu'ils fassent..., soit qu'ils soient partis – **8.** ce n'est pas que cette randonnée puisse être dangereuse... mais c'est qu'elle est...

4. *Réponses correctes :* **1.** Étant donné – **2.** sous prétexte que – **3.** Sous prétexte qu' – **4.** vu qu' – **5.** Du fait de – **6.** Étant donné que – **7.** Vu – **8.** Étant donné qu'.

5. 1e – 2f – 3d – 4a – 5g – 6h – 7b – 8c.

6. *Réponses correctes :* **1.** grâce à – **2.** grâce à – **3.** En raison d' – **4.** à cause de – **5.** sous prétexte d' – **6.** Étant donné – **7.** en raison de – **8.** à la suite d'.

7. *Réponses correctes :* **1.** à force de – **2.** à force de – **3.** grâce à – **4.** pour – **5.** pour – **6.** en raison de – **7.** faute de – **8.** faute de.

8. 1. a. par méchanceté, b. pour sa méchanceté – **2.** a. par amour, b. pour son immense fortune – **3.** a. par négligence, b. pour mauvais traitements – **4.** a. par intérêt, b. pour bonne conduite.

9. 1. car – **2.** Puisqu' – **3.** Comme – **4.** d'autant plus que – **5.** en effet – **6.** parce qu'.

10. parce que – puisque – car – étant donné que – le voyant désœuvré – à cause de – sous prétexte de – non pas que.

4. L'EXPRESSION DE LA CONSÉQUENCE ET DU BUT

La proposition subordonnée : valeurs et emplois des conjonctions de conséquence et de but

---

1. 1. si bien que nous ne sortirons pas – **2.** de sorte qu'elle s'est rendue malade – **3.** de manière que le chômage est maintenant stabilisé – **4.** tant et tant que le gouvernement a fini – **5.** de telle sorte que les écologistes commencent – **6.** si bien que les cabines se font de plus en plus rares – **7.** de telle sorte que la moindre infraction est sanctionnée – **8.** de telle façon que le skieur ne peut plus / ne pourra plus.

2. 1. si bien qu'on fait – **2.** que je te dise – **3.** de telle sorte qu'on a vendu – **4.** de peur qu'un obstacle (ne) survienne – **5.** afin que l'enfant s'endorme – **6.** pour que ceux-ci fassent connaissance – **7.** faire en sorte qu'une personne se sente mieux – **8.** de telle façon qu'il faut parfois arriver.

3. 1. ... si bien qu'elle voyait... – **2.** ... pour qu'elle voie... – **3.** ... de telle sorte qu'il a pu conduire... – **4.** ... de sorte qu'il puisse / afin qu'il puisse conduire... – **5.** ... de façon que / si bien que les lecteurs savent tout... – **6.** ... de sorte que les lecteurs sachent tout... – **7.** ... de telle façon qu'on l'entend... – **8.** ... pour qu'on l'entende du fond...

4. 1. pour qu'elles – **2.** de peur qu'elles – **3.** afin qu'il – **4.** de peur qu'il (ne) – **5.** de crainte qu'une avalanche – **6.** pour qu'aucune avalanche – **7.** pour que la guerre – **8.** de peur que la guerre (n')ait lieu.

5. 1. ... si épais que... – **2.** ... tant / tellement de succès que... – **3.** ... si / tellement célèbre que... – **4.** ... une telle pauvreté... de telles difficultés... qu'on a créé... – **5.** ... si pressés que... / ... pressés au point que... – **6.** ... tellement / tant de sucreries que... – **7.** ... une telle impolitesse que / une grande impolitesse au point que... – **8.** Il aime tellement / tant la musique qu'il en écoute...

6. 1. Il est trop sensible pour qu'on lui dise... – **2.** Il fait assez beau pour que les touristes fassent... – **3.** Les plages sont trop polluées pour qu'on s'y baigne... – **4.** Il a montré suffisamment de compétences pour que vous lui confiiez... – **5.** Ce texte est assez clair pour que nous le publiions... – **6.** ... sont trop horribles pour que je le lise. – **7.** ... suffisamment de neige pour que nous puissions skier. – **8.** ... trop peu d'émissions intéressantes à la télévision pour qu'elle m'attire.

Autres manières d'exprimer
l'idée de conséquence et de but

Préposition + infinitif

1. 1. … au point d'avoir… – **2.** … jusqu'à faire trembler… – **3.** … pour être résolue… – **4.** … au point d'en oublier / jusqu'à en oublier… – **5.** … au point de connaître… – **6.** … pour obtenir… – **7.** … au point de la faire frissonner. – **8.** … pour être cru.

Préposition + nom

1. 1. en vue d'une meilleure connaissance du monde – **2.** de peur de nouveaux licenciements – **3.** pour la rénovation d'un bâtiment public – **4.** pour la protection de nos côtes – **5.** pour le soutien de nos camarades – **6.** de peur des embouteillages – **7.** en vue d'un règlement rapide du conflit social – **8.** pour le tournage de son nouveau film

Adverbes et conjonctions de coordination

1. 1. donc – **2.** C'est pourquoi – **3.** aussi – **4.** Alors – **5.** en conséquence – **6.** par conséquent – **7.** Ainsi.

Bilan

1. Elle a hurlé parce qu'elle a eu très peur. / Elle a eu si peur qu'elle a hurlé. – **2.** Comme elle travaille beaucoup, elle est tombée malade. / Elle travaille tant qu'elle est tombée malade. – **3.** Comme il a lu et relu le poème, il le connaît par cœur. / Il a tellement lu et relu le poème qu'il le connaît par cœur. – **4.** Je n'ai pas pu retrouver la maison de mon amie parce que j'avais perdu l'adresse. / J'avais perdu l'adresse de mon amie si bien que je n'ai pas pu retrouver sa maison. – **5.** Étant donné qu'il a beaucoup parlé pendant le cours, le professeur a une extinction de voix. / Il a beaucoup parlé… à tel point qu'il a… / **6.** Comme elle est très timide, elle rougit… / Elle est si timide qu'elle rougit… – **7.** Tout le monde l'admire parce qu'elle s'habille… / Elle s'habille avec tant d'élégance que tout le monde l'admire. – **8.** Étant donné que l'eau est montée et qu'elle a envahi la chaussée, les routes sont coupées jusqu'à nouvel ordre. / L'eau est montée et a envahi la chaussée si bien que les routes sont coupées, jusqu'à nouvel ordre.

5. L'EXPRESSION
DE L'OPPOSITION
ET DE LA CONCESSION

1. 1a – 2a – 3a – 4b – 5a – 6b.

2.

	+ nom	+ infinitif	+ verbe indicatif	+ verbe subjonctif
malgré	x			
même si			x	
avoir beau		x		
bien que				x
au lieu de	x	x		
quitte à		x		
à défaut de	x	x		
sans	x	x		
sans que				x

3. 1. même si cela te déplaît – **2.** bien qu'il prétende le contraire – **3.** au lieu de rester là – **4.** Même si vous insistez – **5.** Quoi qu'on fasse – **6.** Il a eu beau faire – **7.** sans se retourner – **8.** sans que personne s'en aperçoive.

4. 1. Il a beau faire régime sur régime, il n'arrive pas à maigrir. – **2.** Même s'il n'a pas fait beau, le voyage a été très agréable. – **3.** Je t'avais prévenu, tu as quand même fait cette sottise / tu as fait cette sottise quand même. – **4.** En dépit de ses bonnes résolutions, il n'arrive jamais à se lever tôt. – **5.** Ils reçoivent toujours leurs amis avec une grande générosité quitte à manger des pommes de terre tout le reste de la semaine. – **6.** Il a toujours un charme fou bien qu'il soit déjà assez âgé. – **7.** À défaut d'avoir un grand talent, il a une bonne technique. – **8.** Il réussit tout ce qu'il entreprend sans faire d'effort pour cela.

5. 1a – 2a – 3b – 4a – 5a – 6a – 7a – 8b.

6. 1g – 2e – 3a – 4h – 5c – 6f – 7d – 8b.

7. 1. les syndicats se sont opposés – **2.** il a désapprouvé son attitude – **3.** va à l'encontre du bon sens – **4.** les étudiants se sont insurgés contre – **5.** les petits partis ont dénoncé – **6.** On accuse – **7.** concéder – **8.** reconnaître.

6. L'EXPRESSION
DE L'HYPOTHÈSE
ET DE LA CONDITION

1. 1a – 2b – 3a – 4b – 5b – 6a.

2. 1c – 2a – 3f – 4b – 5d – 6e.

3. 1c – 2e – 3h – 4f – 5g – 6a – 7b – 8d.

4. 1. à condition d'avoir le temps – **2.** à condition qu'il ne pleuve pas – **3.** À condition que tu sois d'accord – **4.** À condition qu'ils acceptent – **5.** à condition que tu m'aides – **6.** à condition que vous en fassiez un de votre côté – **7.** à condition de retrouver mon passeport – **8.** à condition que tu arroses mes plantes.

5. 1. à moins que tu (ne) veuilles aller voir – **2.** à moins que finalement il (ne) choisisse – **3.** à moins qu'on (ne) me propose de rester – **4.** à moins que la grève (ne) continue – **5.** à moins que tu (ne) veuilles – **6.** à moins de parvenir – **7.** à moins qu'il (ne) fasse trop – **8.** à moins de pouvoir persuader.

6. 1. avait – **2.** téléphone – **3.** si vous étiez venu(e)(s) – **4.** je n'aurais pas été obligé et je serais – **5.** nous ne pourrons pas – **6.** vous verriez les choses / vous auriez vu… (en cette circonstance) – **7.** nous aimerions – **8.** elle continue.

7. 1. reproche – **2.** menace – **3.** reproche – **4.** souhait – **5.** regret – **6.** gratitude – **7.** souhait – **8.** excuse.

Bilan

1. Si vous ne l'aviez pas aidé,… – **2.** Si elle lisait les petites annonces… – **3.** S'il travaille un peu… – **4.** Si tu pars… – **5.** S'il n'y avait pas eu cette grève… – **6.** S'il faisait mauvais temps… – **7.** Si elle avait été plus aimable… – **8.** J'irai si tu y vas aussi. – **9.** Si vous ne vous dépêchez pas, on sera en retard – **10.** Si vous êtes seul, si vous avez besoin d'amour, n'hésitez plus, tapez 3615 LOVE…

7. L'EXPRESSION
DE L'INTENSITÉ
ET DE LA COMPARAISON

1. 1. plutôt – **2.** vraiment / très – **3.** nettement moins – **4.** super – **5.** énormément – **6.** beaucoup – **7.** tellement – **8.** très / vraiment.

2. A. 3, 2, 1, 4 – **B.** 6, 8, 7, 5.

3. On peut ajouter l'adverbe *très* devant l'adjectif dans les phrases 1 et 7. Dans les autres phrases, c'est inutile et incorrect puisque l'adjectif exprime lui-même l'intensité.

4. 1g – 2e – 3f – 4d – 5h – 6a – 7b – 8c.

5. *Réponses correctes* : **1.** son moindre défaut – **2.** plus petit que moi – **3.** à la plus petite difficulté / à la moindre difficulté – **4.** beaucoup mieux – **5.** bien meilleur – **6.** bien pire / bien plus mauvaise – **7.** plus petite – **8.** qualités moindres.

6. 1. Les chats ont plus de patience que les chiens. – **2.** Elle connaît autant de monde que moi dans cette fête. – **3.** Les Français font plus d'enfants que d'autres Européens. – **4.** Il est tombé moins de neige cette année. – **5.** Pour avoir une bonne santé, il faut manger autant de légumes que de fruits. – **6.** J'ai beaucoup moins de travail depuis septembre grâce à l'informatique. – **7.** Dans son jardin, il y a autant d'herbes folles que de fleurs. – **8.** Il a moins d'ennuis avec ses voisins depuis qu'il a coupé son immense cerisier.

7. 1. Il regarde moins la télévision que sa sœur. – **2.** Il pratique autant le tennis que l'équitation. – **3.** L'une a perdu plus / moins de kilos que l'autre. – **4.** En 1950, les automobilistes étaient moins rapides qu'aujourd'hui. – **5.** Voyager aujourd'hui est plus facile qu'autrefois. – **6.** Avant 68, la journée de travail durait plus longtemps qu'à présent.

8. 1. C'est le plus haut sommet d'Europe. – **2.** C'est le moyen de transport le plus rapide et le moins cher. – **3.** C'est le gangster le plus dangereux. – **4.** C'est la voiture la moins encombrante. – **5.** C'est le plus vieux pont de Paris. – **6.** C'est le plus court chemin d'un point à un autre. – **7.** C'est l'examen le plus important. – **8.** C'est l'écrivain français le plus célèbre.

9. 1. c'est le meilleur désinfectant – **2.** c'est le moins cher – **3.** c'est l'enfant le plus gai que je connaisse – **4.** c'est le mois le pire de l'année – **5.** c'est le moindre / le pire de ses défauts – **6.** le pire cauchemar – **7.** je n'en ai pas la moindre idée – **8.** les plus petits.

10. *Réponses correctes* : **1.** le meilleur – **2.** c'est mieux – **3.** est meilleure – **4.** la meilleure – **5.** le meilleur – **6.** meilleur – **7.** il vaut mieux – **8.** c'est meilleur / mieux.

11. 1. supérieur à – **2.** la même cravate que – **3.** autant de patience que – **4.** inférieures à – **5.** meilleure que – **6.** supérieurs à – **7.** le plus beau château de – **8.** le pire de.

12. 1. de plus en plus chaud – **2.** de moins en moins longs / de plus en plus courts – **3.** de plus en plus mal – **4.** de moins en moins timide – **5.** de plus en plus lointaines – **6.** de plus en plus favorable – **7.** de plus en plus difficile – **8.** de moins en moins rare / de plus en plus fréquent.

13. 1. Plus vous mangerez, plus vous grossirez. – **2.** … plus tu la sermonnes, moins elle t'écoute. – **3.** Autant cette coiffure te va bien, autant elle lui va mal. – **4.** Plus on fait d'exercices physiques, mieux on se porte. – **5.** … plus vous avancerez, plus il reculera. – **6.** Moins tu en raconteras… et mieux ce sera. – **7.** Plus j'apprends le français, plus (moins) j'apprécie cette langue. – **8.** … autant il est désagréable, autant elle est adorable.

Bilan

Réponses proposées : Anne est plus grande que Suzanne, mais elles ont le même poids. Anne a les cheveux plus courts que Suzanne.
Autant Anne est timide et sérieuse, autant Suzanne est expansive et gaie. Elles sont aussi travailleuses l'une que l'autre. Elles vivent toutes les deux à Paris, mais Anne vit chez ses parents alors que Suzanne vit seule dans un studio. Elles ont passé le même bac scientifique, mais Anne a mieux réussi, elle a eu une meilleure mention que Suzanne. Elles font actuellement les mêmes études.

N° de projet : 10195797 - Dépôt légal : mars 2013
Achevé d'imprimer en France sur les presses de Jouve, Mayenne - N° 2075275R